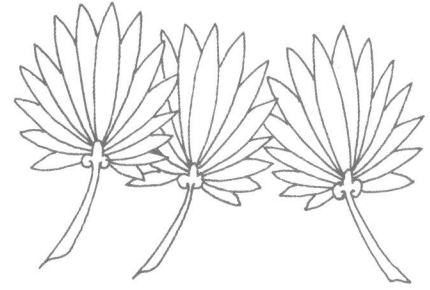

超企业的创新历程

『北京大学三井创新论坛』系列丛书·第一卷

北京大学出版社
PEKING UNIVERSITY PRESS

图书在版编目(CIP)数据

卓越企业的创新历程/厉以宁,武常岐主编. ——北京:北京大学出版社,2012.1

(北京大学三井创新论坛系列丛书·第一卷)

ISBN 978-7-301-19826-1

Ⅰ.①卓… Ⅱ.①厉…②武… Ⅲ.①企业管理:创新管理-研究 Ⅳ.①F270

中国版本图书馆 CIP 数据核字(2011)第 252626 号

书　　　　名：	卓越企业的创新历程
著作责任者：	厉以宁　武常岐　主编
策 划 编 辑：	贾米娜
责 任 编 辑：	刘　京
标 准 书 号：	ISBN 978-7-301-19826-1/F·2981
出 版 发 行：	北京大学出版社
地　　　　址：	北京市海淀区成府路 205 号　100871
网　　　　址：	http://www.pup.cn
电　　　　话：	邮购部 62752015　发行部 62750672　编辑部 62752926 出版部 62754962
电 子 邮 箱：	em@pup.cn
印　　　刷　者：	北京宏伟双华印刷有限公司
经 　销　 者：	新华书店
	730 毫米×1020 毫米　16 开本　15 印张　230 千字 2012 年 1 月第 1 版　2012 年 1 月第 1 次印刷
印　　　　数：	0001—5000 册
定　　　　价：	38.00 元

未经许可,不得以任何方式复制或抄袭本书之部分或全部内容。

版权所有,侵权必究

举报电话:010-62752024　电子邮箱:fd@pup.pku.edu.cn

北京大学三井创新论坛简介

2006 年3月，由北京大学与日本三井物产株式会社合作创办的"北京大学三井创新论坛"在北京大学光华管理学院举行。国家发改委、科技部、商务部、北京市政府有关领导、北京大学校长许智宏、三井物产社长枪田松莹、日本一桥大学教授野中郁次郎等出席本次论坛并担任顾问委员会成员。北京大学校长许智宏院士和三井物产社长枪田松莹签署合作协议、并召开理事工作会议。

"北京大学三井创新论坛"由北京大学国家高新技术产业开发区发展战略研究院承办，每年在北京大学公开举办六次讲座。论坛秉承国家"科教兴国战略"以及胡锦涛总书记在全国科技大会上关于坚持走中国特色自主创新道路、为建设创新型国家而奋斗的指示精神，通过搭建中日优秀企业与中国政府之间交流平台，积极推进中国企业界与世界500强企业之间的交流合作，努力探讨具有中国特色的自主科技创新之道。

三井创新论坛是一个高端的论坛，演讲嘉宾主要来自政府部级以上领导，国内权威专家，世界五百强企业、大型央企、知名民企总裁。言论凸显三井创新论坛的高端性和前沿性，深刻认识经济发展现状以及规律性，把握管理创新主流趋势，对社会、经济、教学科研、企业生产以及中日交流均产生积极的影响。

序 一

当前世界经济面临着新的挑战,而中国经济也步入了新的发展阶段。如何鼓励和推动创新是中国经济乃至世界经济未来增长面对的重要挑战,也是提升中国产业和企业竞争力的重要内容。2006年中共中央、国务院做出了"建设创新型国家"的决定,自主创新受到党和国家前所未有的重视。加快培育和发展新一代信息技术、生物、新能源、新材料、高端装备制造等战略性新兴产业,是当前中国提高国际竞争力、掌握经济发展主动权的需要。

北京大学作为国家培养高素质、创造性人才的摇篮,科学研究的前沿和知识创新的重要基地,以及国际交流的重要桥梁和窗口,长期以来不断致力于我国基础科学和应用科学的创新事业和人才培养。为了进一步推动中国企业界、学术界与世界一流企业之间围绕创新问题的交流与合作,2006年北京大学与三井物产株式会社经协商决定设立冠名讲座"北京大学三井创新论坛"。三井创新论坛以创新为主题,内容包括:国家在科学技术发展方面的政策和规划,高新技术产业发展的新趋势,中外优秀企业在知识创造和科技创新方面的经验以及成功案例,创新和创业以及企业研发能力等议题。论坛的目的正是推动以创新为基础的经济增长和社会进步。

"北京大学三井创新论坛"的演讲嘉宾主要为国家部委副部长级以上专家型领导、中国和日本在创新方面卓有贡献的优秀企业的总裁以及国内外知名专家、学者。受邀演讲者都具有极高的学术水准、创新的思想、丰富的实践经验、宽阔的国际视野和杰出的管理能力。

"北京大学三井创新论坛"自创立之日起，已有三十多位专家、学者和企业界人士发表演讲，产生了很好的效果，为中国决策层、企业管理层与世界一流企业之间的交流及相互了解提供了机会，特别是对于中日企业和学术界有关创新方面的交流及合作搭建了平台。

"北京大学三井创新论坛"由北京大学国家高新区发展战略研究院和三井物产（中国）贸易有限公司联合承办。现在呈现在读者面前的这一系列丛书由北京大学国家高新区发展战略研究院根据各位演讲者的发言整理而成，并由北京大学出版社编辑出版。本系列丛书凝聚了这些专家、学者以及政策制定者在创新创业领域多年来的智慧结晶和宝贵经验，其主要目的是使更多的读者能够从这些杰出人士的演讲中汲取新知识和新思想，受到新启发，从而为创新型国家的建设发挥更大的作用。

厉以宁
北京大学光华管理学院名誉院长
北京大学三井创新论坛理事长
2011 年 11 月 3 日

序 二

进入21世纪,国际政治经济形势发生重大变化,国际化、网络化、信息化、智能化、一体化加速发展,新产品、新服务、新的管理机制和模式不断涌现,产业升级换代的步伐明显加快,知识成为推动一个国家社会经济发展的第一生产力,创业与创新也随之成为时代新的主题。国家之间的较量从以经济为基础的综合实力的较量逐步转变成以科技和知识为基础的创新能力的较量。当今世界大国几乎无一例外地将自主创新视为国家发展战略,并积极创造有利于自主创新的环境,促进各行业自主创新。作为发展中的大国,中国人口众多,人均资源、能源比较匮乏,经济虽保持长期的高速发展,但经济发展依然依赖于粗放型发展模式,这种发展模式给资源、能源与环境带来的负荷尤为沉重。转变经济发展模式、调整产业结构、推进产业升级迫在眉睫。实现由粗放型经济增长方式向资源节约型经济增长方式的转变,建立国家创新体系是我国当今和以后经济发展过程中一项紧迫而十分艰巨的重要任务。因此,胡锦涛总书记在党的"十七大"报告中也强调,要提高自主创新能力,建设创新型国家;要坚持走中国特色自主创新道路,把增强自主创新能力贯彻到现代化建设各个方面。

建立国家高新技术产业开发区是我国政府调整产业结构、推进产业结构升级换代、鼓励并推动企业自主创新的伟大举措。早在1988年,经党中央、国务院的批准,科技部就开始在各省陆续批准设立国家高新产业技术开发区,经过二十多年的发展,高新技术产业开发区的数量已经由最初的54家发展到现在的88家,高新区的工业产值也以惊人的速度持续保持高速增长,截至2010年年底,国家级高新区工业总产值达8.4万亿元,营业总收入达10万亿元。历史赋予高新区的功能也不断拓展,最初国家设立高新区的目的是使其成为对外开放窗口、深化改革实验区、向传统产业扩散高新技术及其产品的辐射源,如今高新区在传承最初功能的基础上还承担着汇聚高端人才、推动知识创新、促进新兴产业发展、拉动经济发展等新的功能。面对经济发展国际化趋势日益增强,知识创新、技术变革迅猛发展,产业结构调整、更新换代速度明显加快,在国际竞争更加激烈复杂的新形势下,为深入研究影响高新区"二次创业"发展的重大理论与实践问题,从战略的高度、在全局上推动和指导全国高新区的"二次创业",2002年10月,科技部决定与北京大学共建服务于全国高新区的发展战略研究基地——国家高新技术产业开发区发展战略研究院,著名经济学家厉以宁教授为首任院长,北京大学光华管理学院众多知名教授以及科技部若干专家领导也分别承担研究院的重要工作。国家高新技术产业开发区发展战略研究院整合北京大学及其他高校和研究单位的专家资源,联合全国各高新技术产业开发区内的专家学者和管理者,从事有关高新技术开发区和高新技术发展的高水平学术研究,为中国高新技术产业开发区提供服务。为从根本上推动高新技术产业的发展,研究院积极致力于促进知识创新、传播创新思想理念的活动,为此,2006年3月,北京大学国家高新技术产业开发区发展战略研究院开始承办"北京大学三井创新论坛"。作为高端创新论坛,"北京大学三井创新论坛"每年举办六次,演讲者均为副部级以上政府官员,国内权威专家,世界500强、大型央企、知名民企总裁,论坛紧紧围绕创新主题,围绕当今世界创新趋势,深入论述与创新相关的新产品、新技术、新方法、新模式、新思想,为社会各界架起一座通往创新之路的桥梁。至今"北京大学三井创新论坛"已在北京大学成功举办33次,听众近万人,每次论坛的成功举办都在社会上产生了不同程度的积极影响。为更好地传播创新思想,使得"北京大学三井创新论坛"惠及更多致力于创新的人,应广大听众的强烈要求,北京大学国家高新技术产业开发区发展战略研究院决定对以往论坛嘉宾演讲内容进行整理,编撰成"北京大学三井创新论坛系列丛书"。

值"北京大学三井创新论坛系列丛书"即将发行之际,逢国家"十二五"发展规划的开局之年,在党中央、国务院深入贯彻落实科学发展观、构建社会主义和谐社会的重要时期,为应对国内外错综复杂的经济环境,实现我国经济继续保持又好又快的发展、国家和平崛起以及中华民族的伟大复兴,摆在经济发展面前的困难异常艰巨。要克服这些困难,就要求党和国家不断追求创新革新的新思想,不断开创创新革新的新局面,所以我们比以往任何时候都需要创新,需要创新思想和理念。借力于"北京大学三井创新论坛",希冀"北京大学三井创新论坛系列丛书"能为广大政界、商界、教学科研机构的创新活动提供坚实的基础,为体制机制创新、新产品新服务创新、新思想新理念创新提供积极而有益的帮助。

创新是一个民族进步的灵魂,是一个国家兴旺发达的不竭动力。作为发展中的国家,创新不仅关系着企业的综合竞争力,还肩负着国家振兴、民族崛起的重要使命。谨以本系列丛书献给那些致力于创新的人。

武常岐

北京大学光华管理学院教授

北京大学国家高新区发展战略研究院院长

2011 年 11 月 3 日

目录

第一篇　开坛之讲——三井物产发展现状　/　1
　　枪田松莹：日本三井物产株式会社社长

第二篇　民营企业与自主创新　/　15
　　厉以宁：北京大学光华管理学院名誉院长

第三篇　创造知识的企业——领导力与创新　/　39
　　野中郁次郎：日本一桥大学名誉教授

第四篇　不断前进,超越自我　/　55
　　陈永正：NBA（中国）CEO

第五篇　管理者的能力与创新能力　/　69
　　王登峰：国家语言文字工作委员会副主任、教育部语言文字应用管理司司长

第六篇　文化与时尚在经济发展中的作用　/　95
　　陆昊：共青团中央书记处第一书记

第七篇　发展可再生能源，建设生态文明
　　——无锡尚德光电产业的创新创业历程　/　109
　石定寰：国务院参事，中国可再生能源学会理事长
　施正荣：无锡尚德太阳能电力有限公司董事长兼CEO

第八篇　创新推动中国房地产业发展　/　135
　孟晓苏：幸福人寿保险有限公司董事长、中房集团董事长

第九篇　全球金融趋势变化
　　——日本银行业的发展方向　/　167
　北山祯介：三井住友金融控股集团董事长

第十篇　危机下的困境和金融业的前景　/　187
　迈克尔·科尔：德意志银行投资银行总裁

第十一篇　世界潮流与日本及日本企业
　　——综合商社所扮演的战略性角色　/　205
　寺岛实郎：日本综合研究所会长，多摩大学校长，三井物产战略研究所会长

作者简介　/　223

后记　/　229

第一篇
开坛之讲——三井物产发展现状

演讲嘉宾：

　　枪田松莹：日本三井物产株式会社社长

一、中日合作谋共赢

　　2006年,日本的经济逐渐呈现出复苏的势头,自从1990年以来,长期困扰日本经济的金融机构的不良债券问题、企业裁员所导致的就业设备以及债务等问题已经基本得到了解决,这可以说是日本经济恢复的一个背景。日本经济虽然已经开始复苏,但也是从泡沫经济崩溃后持续十年来的病态状态中缓慢摆脱出来,日本的年增长率只有1%到2%左右,这与年经济增长率高达10%的中国是无法相提并论的。

　　回顾以往,日本也曾和现在的中国一样,经历过经济高速增长的时期。在20世纪的五六十年代,在从农业向制造业的产业转换以及农村向城市的人口移动的背景下,伴随着资本设备的扩充和高端化以及发达国家的技术引进,日本一直保持着10%的增长率。当时日本所经历的情况和现在中国正在发生的许多事情都很相似,比如说1964年的东京奥运会和

1970年的大阪世博会，与2008年北京奥运会和2010年上海世博会是一样的。之后的日本经济，尤其是进入了20世纪70年代，先后经历了1971年的日元升值，1973年的浮动汇率制，在1974年和1979年的石油危机以后，逐渐步入了4%的稳定增长期。但是，导致增长率持续放缓的最大原因既不是汇率也不是石油价格的上升，而是产业转换和人口移动结束后，人们的收入水平的提高，以至于耐用消费品、房屋等与人民生活密切相关的物质的需求已经基本上得到了满足。此后，日本一直持续着收入水平提高与增长率放缓并存的成熟化的进程，并且经历了过分要求高增长的泡沫经济期和其副作用所引起的长期低迷期，现在日本正要迎来2%增长率的成熟期。

那么，在经济发展中领先一步的欧洲各国、美国以及日本，虽然其发展的程度有所不同，但可以说都已进入了经济成熟期。在经济增长已经放缓、业已进入成熟期的各国，也就是市场蛋糕不会再变大的情况下，企业为了谋求效益的最大化，必须走在时代的前面，不断创新，以提出解决新需求、新课题的方案。而且这些勇于创新的企业活动，不只停留在国内市场。处于成熟期各国的企业，通过商品出口、投资以及进军海外等形式，在发展中国家谋求创造和变革，从而不但为这些国家的经济发展作出贡献，也创造了很多商业机会。

现在中国的经济飞速发展，由于其庞大的人口规模，使得各个发达国家的企业从开始在中国建立生产基地，到现在在中国发展消费市场，都在竞相拓展事业规模。而这种趋势不仅成为企业发展的原动力，也成为推动中国经济迅速发展的重要因素，可以说是一种双赢的关系。中国经济是否持续发展，对于日本的经济和企业来说也是非常重要的。

正如日本经济高速增长已经结束一样，收入水平的提高将逐步影响中国经济的发展，但这还需要相当长的时间。日本结束高速经济增长期，也就是1970年的时候，当时人均GDP按现在的货币价值换算是1.5万—2万美元左右，假设这一水平是最初的上限，那么，中国要达到这一水平还需要将10%的增长率保持20年。

但是，长期持续高增长，不但需要妥善的财政金融政策，还必须克服基础设施建设以及社会制度完善等各方面的问题。另外，即便我们能够保持经济的高速增长，也难免出现人口问题、城市问题和收入差距等各种各样的社会问题。日本曾经在高速经济增长期的末期,也就是1960年年末,也经历了污染问题和伴随城市人口过于集中引起的过疏、过密的问题。这种现象在中国已经有所体现,2006年开始实施的"十一五"规划中也提到了相应的解决方案。今后中国经济将持续不断地高增长,那么,其中需要克服的最大课题,我想也就是今天我要讲的主题,即资源、能源以及环境方面的制约问题。

拥有13亿人口的中国,如果经济不断持续发展下去的话,将对世界资源、能源的供给产生巨大影响,而且二氧化碳等温室效应气体的排放也将对环境产生巨大的冲击,当然这不光是中国所面临的问题,随着能源供给不断紧张、资源价格上涨以及温室化效应,将影响到世界各国甚至各个企业和个人。另外,已经消耗了大量的资源、对地球环境已经产生负荷的发达国家也应该承担巨大的责任。这些问题必须由已经完成经济发展的发达国家和正在经历经济发展的发展中国家双方共同协调来解决。在这个时候,不仅需要政策层面的支持,也需要企业通过商业层面的创新来作出贡献。

在这个领域,拥有能源高效利用和环保技术的日本企业,应该可以作出很大的贡献。在经济活动中的能源效率换算成单位GDP消费量以后,日本的消费量是美国的一半、德国的60%、中国的10%—20%左右,可以说日本经济的能源效率是非常高的。换言之,这也显示了日本企业在今后能源供给不断紧张情况下独特的优越性。与此同时,也可以说出口能效高的日本产品,或将高效的日本的生产工艺转移到世界各国,对于缓解整个世界的能源、资源供给的紧张情况,减轻对环境的负荷都是非常有效的。

我们三井物产一直以来以各种各样的形式支持日本企业在海外的商品销售和事业开拓,这些活动对减轻世界的资源、能源以及环境问题都起到了一些作用。另外,本公司通过开展在资源、能源、环境等领域的工作,也发挥着更加直接的社会作用。

二、国际化的三井物产

接下来,我想简单介绍一下三井物产的企业概况及其特点,然后再详细阐述一下我公司在资源、能源、环境等领域的经营战略。

三井物产是一家向世界各国的客户销售各种商品服务、提供衍生的融资服务,以及从事能源、钢铁原料等资源开发,并在消费者服务等成长领域开展事业的一家综合性的贸易公司,三井物产集团员工总人数截至2005年9月一共是40 209人。2005年3月的结算结果是该年度利润为1 211亿日元,按2005年3月末的日元兑美元的汇率来折算是11.3亿美元,总资产是75 934亿日元,折合为美元是707亿美元。另外,我们拥有600家有关联的企业,在世界76个国家,我们共开设了157家分支机构,形成了一个涵盖全世界的经营网络。

介绍一下三井物产的事业结构,将国内的13家营业总部和海外分支机构按决算时的产品服务来分,可划分为金属、机械、信息、化学产品、能源、生活产业、物流、金融市场等板块;按地区来分,可分为美洲、欧洲、亚洲以及其他地区四大板块。

如上所述,三井物产所开展的事业涉及领域十分广泛,而且相应的组织结构也分为多个事业总部。他们共同的基础就是改善创造价值链的能力。所有的商业都可以看成是从生产所需的原材料及零件、设备的生产与销售,经过商品的生产与销售等不同阶段,最终将商品和服务连同附加价值一起交付到需求者和消费者手中的一条完整的价值链。我刚才讲过,我们把这条链叫做价值链,而三井物产的作用并不仅限于这条链中的某个环节,而是为了实现链的完整性,通过发挥市场营销、融资、物流及风险管理等一系列的职能,不断创造新的价值链,并完善已有的价值链。

在这里,我们通过丰富多彩的商业活动,在国内外各个企业及政府机构等事业伙伴的现有关系的基础上,建立起了很好的网络,而且还有承担风险的财务能力,以及帮助实现高效物流管理和事业风险再分配的业务技能,这些因素成为实现这条价值链的强有力的支撑。虽然在每条价值链的定位上,本公司会根据商品和产业的不同而使其有所不同,但上游积累的伙伴关系和技能将有利于下游的发展,而相反地,下游的力量也会有利于上游的发展,这样一个结构是不会改变的。

以汽车为例解析价值链,本公司首先通过确保铁矿石、矿山的权益来保证稳定的矿源,然后向钢厂运输矿石,接着是成品钢的销售,再到汽车的销售和物流以及废旧汽车的回收、拆解及塑料的再利用等,本公司在价值链的所有阶段中都发挥着作用,提高了整个价值链的效率。

就是因为本公司拥有上述市场营销、物流及风险管理等高效的职能以及广泛的事业领域及品种繁多的商品、众多的合作伙伴,才能够提高整个价值链的效率。我想,这正是我们公司的综合实力,而且在这个基础之上,能够实现各个价值链的创新,这也是我们三井物产本来的优势和作用之所在。

三、战略经营领域

今天我提到的资源、能源、环境等领域,是全世界正在面临着的需要从长远的角度出发来解决的大问题。从价值链的角度来讲,就是要求从用资源生产产品的上游部分到将其转化为最终商品或能源的中游部分,还有利用这些能源和商品的企业者和消费者所构成的下游部分,都必须实现创新。换言之,世界上所有的国家、地区,甚至是价值链的所有环节都蕴藏着很大的机会,对于在全球开展事业,并以整个价值链的影响力为武器的本公司来说,已经清楚地认识到这是一个能够发挥实力的有价值的领域。所以本公司的基本经营战略就是要超前世界及社会的变化,运用公司的综合实力,创造和改善价值链。公司下属的众多的事业总部,正在以各种各样的方式开展着丰富多彩的经营活动,在这里我想先给大家简单地介绍一下三个领域的情况,即分别位于价值链上游部分的资源开发、中游部分的基础设施、下游部分的最终需求者所处的社会生活部分。

首先是资源开发的领域。在该领域,我们曾经以确保能源稳定供给、为资源匮乏的日本作贡献作为事业开展的目标。但是近几年来,这种想法稍微发生了一些变化,这是因为刚才我也讲过,随着经济全球化的发展,资源和能源的制约问题已经完全超过了某个特定的国家或地区的经济范畴,而成为一个全球化的问题。换句话说,无论在世界何处开发资源,或者是供给到哪里,都会对世界各国有益处,甚至于对日本的经济和中国的经济都是有贡献的。我们开发天然气等清洁能源,或者说在世界上的某些地方利用这些资源,都会对改善世界环境有帮助,这种信念就是本公司在资源开发领域的基本姿态。

另外就是方式的转变,我们曾经通过与资源保有者建立稳定的供给关系,来确保资源的供给。但是近几年来我们也开发自有矿山、油田、气田等,在开发阶段的参与方式逐渐增多。本公司在资源领域的投资,基本上都与大规模的资源公司等中间商共同展开,将操作委托给中间商,而本公司则发挥贸易公司的基本职能,也就是市场营销、融资、流通和风险管理。

在铁矿石方面,我们与 BHP Mitsui、Kestrel[①] 等两个公司以澳洲为中心开发了四个项目,在印度西萨果阿的股份持有率为51%,在巴西通过发尔帕公司对世界上最大的铁矿石生产厂家实际持有股份。三井通过刚才这些项目,2005年3月份实现生产量3 700万吨,规模仅次于 CVRD(巴西淡水河谷公司)、里奥廷托、BHP Mitsui 等大规模的资源公司,位于世界第四位。本公司还通过合作开展了三铬铁矿石项目,以已有项目为主,不断扩大生产量。

在煤炭方面,本公司同安哥拉美洲及 BHP 等世界首屈一指的资源开发公司合作,在澳洲开发了7个项目,2005年3月本公司的份额生产量为780万吨,其中铁矿用煤是530万吨,发电用煤是250万吨。本公司将继续以供需关系日益紧张的原料煤为主,扩大毛拉、吉亚满库里库等已有项目的规模,同时在俄罗斯的德尼索思塔亚矿山未开发的地区拓展事业。

接下来是石油和天然气方面,除了在欧洲、中东的 LNG(液化天然气)项目以外,我们在俄罗斯和泰国也有相应的权益,正在开发的萨哈林二期以及澳洲的油田建成以后,本公司的年份额生产量将会从2005年3月末的4 000万桶增长到2010年3月末的8 000万桶,也就是会增长一倍。

刚才都是一些传统的能源贸易,除此以外,我们还顺应世界上削减二氧化碳排放量的潮流,积极开发化石原料的替代能源,并促进其事业化。在近年来备受瞩目的生物能源领域,我们也在其大批量生产流通使用等方面积极开发各种各样适用化的项目。在南非,我们同蒂森克虏伯集团共同开发了用植物生产柴油替代能源的项目。另外在巴西,我们同巴西的国营石油公司开展合作,研究用甘蔗生产石油替代能源(如乙醇)。

第二个事业领域就是我们正在开展有助于资源有效利用和减轻环境负荷的基础设施事业。在该领域,本公司的投资分配定位在能够确保长期稳定收益的领域,具体包括,与高效能源生产有直接关系的电力及天然

---

① 编者注:Kestrel 是位于澳大利亚昆士兰州(Queensland)的矿业企业,为力拓集团所控股。

气产业；在环境方面，主要是垃圾处理设备和上下水道设施，等等。

电力事业方面，我们同英国的大型电力公司 International Power 合作，2004 年年末，收购了美国一家电力公司的有价证券，2005 年又收购了英国一家复合火力发电站。在欧美，我们参与风力发电，在巴西收购了一家参与天然气配给的公司，在环境方面我们正在此领域不断扩大事业范围。

另外，在将来受成本制约比较大的环境基础设施建设方面，本公司已开始通过《京都议定书》的 CDM①，开展清洁能源发展机制方面的尝试，CDM 是指，通过向境外国家提出有关技术资金方面的合作，就可以购买相当于部分或全部削减量的排放权，并用于本国的排放。中国蕴藏着很多丰富的 CDM 的商机，如果我们把 CDM 排放权当做一种资源的话，中国就是巨大的排放权供给国，比如说近几年来，中国的煤矿瓦斯爆炸事故经常发生，其原因就是甲烷的自然排放，如果我们把它作为发电的燃料有效回收利用起来，不但能够防止瓦斯爆炸事故，为煤矿的安全生产作出贡献，对能源供给也将起到一定的作用。本公司已经利用 CDM 的机制，在辽宁省和重庆市开展回收煤炭开采时所产生的甲烷等工作。而且，我们还同中国政府及企业以回收温室效应指数较高的复氯化氮化合物等 CDM 为主，开展一体化合作。我想，今后我们将更加积极地推动这方面的工作。

除了中国，我们还在爱沙尼亚、越南、印度尼西亚、智利等各个地区开展了废弃物处理厂等利用 CDM 机制的一些项目。在中国，我们今后也将在废弃物处理厂、水力、风力发电等替代能源项目和试验等 CDM 领域不断扩大事业范围。

如上所述，本公司除自行策划一些 CDM 相关的事业以外，还同美国的排放权中介公司合作，开展排放权交易的中介业务。

另外我们也十分关注于削减整个社会能源消耗量及有助于减轻环境负荷的公共交通系统的建设，通过避免人们对私人交通的过度依赖，避免对能源和环境产生的较大风险。

在这个领域我们在中国与智利携手在重庆开发单轨电车，从而在很多

---

① 编者注：CDM 是指清洁发展机制，是《联合国气候变化框架公约》第三次缔约方大会 COP3（京都会议）通过的附件 I 缔约方在境外实现部分减排承诺的一种履约机制。其目的是协助未列入附件 I 的缔约方实现可持续发展和有益于《公约》的最终目标，并协助附件 I 所列缔约方实现遵守第三条规定的其量化的限制和减少排放的承诺。CDM 的核心是允许发达国家和发展中国家进行项目级的减排量抵消额的转让与获得。

国家通过销售和租赁等方式提供车辆供给，其中我们向巴西大量出口了中国生产的火车。在日本国内，为了开发更加快捷和高效的交通系统，我们还参与了大阪市的橡胶轮胎式轻轨，也是第二代路面电车（TRONSROLL）的开发工程。TRONSROLL 是法国公司开发的，采用橡胶轮胎式轻轨，是集巴士与轻轨的优点于一体的第二代路面公交系统。本公司承担了进口车底的核心任务，从 2006 年 6 月起在大阪开始试运行。该项目的开展主要是为了引进新的城市交通方式，通过从驾线上引来的电力使橡胶轮胎运行，不存在尾气引起的环境污染问题，轨道设计也非常灵活，在 90 度的拐弯处也可以运行。我自己也曾经坐过这种车，感觉非常舒适，也没有什么噪音，可以说是一种非常不错的第二代路面交通系统。日本各个地方的公共团体和企业也非常感兴趣，已经有超过一千家的企业和团体前来参观考察。通过我们公司的介绍，这项法国公司开发的 TRONSROLL 技术已经成功引进到天津经济技术开发区，工程预计在 2007 年开始动工。

第三个领域是以价值链终端的需求者和一般消费者为对象的工作。在以消费者为对象的广泛的领域内，我们也在不断努力扩大节能及环境友好型商品服务的市场，虽然这涵盖了消费品价值链的所有环节，但是其中一个比较具体的例子就是使用 LOHAS[①] 商标权的事业，LOHAS 就是兼顾健康与环境的售后方式。在美国这种说法代表了近年来新的消费潮流，另外这种说法已被使用在迎合上述领域的商品和服务商身上，本公司迎合 LOHAS 的概念，通过把 LOHAS 商标贴在有利于资源、环境的商品上，并将其推向市场，在促进这些商品销售的同时，提高日本消费者的环保意识。

另外，我们也尝试一些以实现从价值链终端消费者向价值链上游的回流的循环再生事业。在日本，节能和环保的措施方面，已经开始启动了涉及普通消费者的包装用塑料、家电产品以及汽车等各类商品的循环再生利用制度。

作为与上述领域相关的事业，本公司已同东芝携手在札幌市开发利用

[①] 编者注：LOHAS 由 lifestyles of health and sustainability 的头一个字母组成，是指一种重视环境和健康，崇尚可持续发展的生活方式。其产生的背景可以理解为是对高度发达的经济社会所带来的各种生活方式的一种反思。

废塑料工业的事业,而且与三洋携手开展废旧家电的处理事业。

除了刚才介绍的各种单独的循环再生事业以外,我们还积极参与到以实现零排放为目标,通过将废弃物转化为其他产业领域的原材料,使最终废弃物排放量降到零的生态工业园区的建设中,从而构建资源循环型社会。本公司参与建设的北九州市生态工业园区,就是在北九州市郊区引进循环再生工厂和与环境相关的实验研究机构,本公司不仅参与了该园区的土地出售和房地产事业,而且向园区内的汽车、塑料品以及 PCV 的循环利用厂家投资。在汽车的循环利用产业,不仅能对 90% 的报废汽车进行循环再生,而且可以实现二手汽车零件的再利用,这里面可以用的东西将作为二手零部件使用,所以厂家会库存大量的保险杠和车门等各种各样的零部件,以应对客户的需求。

这些工作需要细致周到地应对,而且成本比较高,但是从地球资源和环境的角度来看是一项非常有意义的工作。另外我们也参与到 PCV 废弃物处理的事业中。促进 PCV 废弃物的处理是 21 世纪最重要的课题之一,作为一种非常有用的原材料,1929 年人们开始生产能够在各种领域使用的 PCV 化合物,后来人们发现 PCV 包含对人体有害的化合物,1994 年日本开始禁止生产和进口使用 PCV,并规定在 2016 年 7 月 15 日以前全部处理完毕。北九州市生态工业园区的 PCV 废弃物处理设备是高压变电器和高压电容机等设备,PCV 是一种非常不易处理的材料,在该处理厂也用高于变压器成本价格数十倍的费用进行 PCV 废弃物的处理。但是我们如果不妥善采取环保措施,就会让下一代为我们今天所欠的账埋单。所以,我们认识到这项事业的意义非常重大。

刚才我从三井物产所开展的事业中,集中选择了今后将会与中国经济产生密切关系的资源、能源、环境领域,并从价值链的角度出发,对资源开发、基础设施、社会生活三个方面做了一下介绍。

再次回顾这些丰富多彩的事业内容,诸位可以发现,首先它是遍布世界各地的,这不仅是因为本公司开展的工作是全球化的事业,而且同时也反映出资源、环境、能源的相关问题已经成为地球规模的问题。

另外,本公司的事业已经拓展到了上游、中游及下游的所有环节,我想诸位也已经看出来了,这不仅反映出价值链的所有环节都蕴藏着创新的商机,也预示着,不站在整个价值链的角度选择最合理的方案,就不能解决全世界在这一领域所共同面临的一些课题。

我们从企业的投资分配战略角度重新整理刚才提到的这些工作，就可以得到以下的结论。首先，铁矿石、煤炭、石油、天然气等传统的资源开发事业，现在仍是本公司最大的收益支柱，而且今后也将会是主要的收益来源。其中，中国经济的持续发展和由其带来的世界经济的稳步增长，是最大的前提。其次，由于短期内资源价格将会存在大幅的变动，所以能够带来稳定收益的基础设施建设事业具有减轻资源价格变动对收益所产生影响的优点，在收益性和稳定性两方面都有很高的期望值。最后，我们把乙醇等替代能源的开发以及利用CDM机制的环境事业，包括新型公共交通系统及循环再生事业等今后可望飞速发展的事业领域定位为战略领域，并将通过资源开发事业积累的财富进行重点开发。

如上所述，虽然本公司在资源、能源、环境各个领域中所发挥的作用，以及公司内部对事业的定位都大相径庭，但是这些事业都有一个共同之处，就是通过完善和创造价值链实现创新，这正是本公司发挥自身优势、拓展事业的根本所在。

刚才我也提到过，我们三井物产在完善和创造价值链的过程中，必不可缺的是通过各种贸易机会与国内外各个企业及政府等事业伙伴构筑强有力的网络，承担风险的资金实力，以及实现高效物流管理和复杂的风险再分配的业务技能。拥有这些技能的正是三井物产的每名员工，他们在日常的生活中、工作中经常主动寻找课题，并为了解决这些课题而抱着一种责任感和工作热情去尝试一些小的革新，也就是积累着创新。他们通过这些积累，增强了挑战更大革新的决心，也掌握了完成革新的能力。所以我认为，只有他们这些人才的力量才是本公司事业开拓的关键，也是公司最大的财富。本公司一直以来都非常重视人才的培养，为了实现事业的全球化，我们不仅向海外派驻员工，而且还通过留学、培训等形式向国外输送很多人才，让他们有机会学习到当地的语言、文化和商业习惯。

从1979年起，我们就同中国当时的外经贸部，也就是今天的商务部建立了互派留学制度，本公司每年派遣六七名留学生在中国接受汉语及中国社会方面的学习。另外，本公司也已经累计接收了一百多名中国留学生，让他们在日本接受培训。这次讲座的开设，也是上述事业的一种后续。在中国的"十一五"规划中,把创新战略定位为重要的国家战略,可以说,培养实现创新的人才对国家、对社会都是具有重大意义的投资。

我想,通过这些讲座,听取各商业领域现实存在的创新的实际经验,并亲身感受这些人的一举一动,对于在座的每一位以及中国未来的发展都具有深远的意义。参加今天这个讲座的诸位,将来一定会有许多机会与三井物产的人才面向新时代携手创新,而这也会对促进中国的发展、激活日本的经济起到一定的作用,我衷心企盼这一天的到来。谢谢!

四、师生互动

提问:非常感谢枪田松莹社长给我们带来精彩的报告,使我们对三井公司有了一个全面的了解。我想请问枪田社长,您是如何管理这个有着130年历史、4万多员工、产业分布世界各地的老牌企业,又是如何激发每一个员工都始终保持创新精神的呢?谢谢。

枪田松莹:这是一个很难却很实际的问题,如何使这么多员工都保持活力,我想主要是从他们如何认识本公司的价值观着手,让他们能够认识到本公司在世界上存在的价值,而不是让他们追求一个最大化的定量意义。我们做的事情是对全世界、全人类非常有意义的工作,通过这样一个工作,使很多东西能够产生更大的附加价值,达到更高的收益。这样,三井物产对世界作出贡献的同时也受到了世界的尊敬。我们使每个员工都有这样一种理念:我们这个公司,我们每个员工,我们这个集团是在为全世界作贡献,是受到世界尊敬的公司。通过这样的教育使我们的团队精神能够得到最大的发挥。

提问:请问日本是《京都议定书》的签字国吗?如果是的话,请您谈一下《京都议定书》对日本产业界创新的促进作用。

枪田松莹:日本当然是《京都议定书》的签字国,并且议定书本身是在京都签订的,所以日本对签订议定书起了很大的作用。当然,签订之后日本面临着非常严重的问题,那就是削减二氧化碳排放量。我们要想削减排放量,不仅要从技术上,还要从产业方向上付出很大的努力。但既然我们已经签订了议定书,不管付出多大的努力,做出多大的牺牲,也要履行我们的义务。

提问：您好，请问您觉得三井物产的创新模式具有普遍性吗？它的普遍性的基础是什么？

枪田松莹：我们的创新主要是从整个价值链当中来实现的。像创新这样精确的事情，在现代全球化的大趋势下，除了日本的这些综合商社可以有这种创新能力以外，其他的地方恐怕还不太具备这种能力。

提问：在社长的讲演稿里面提到了一些关于煤炭利用与开发的内容，请问作为三井物产株式会社来说，煤这种原材料是作为初级能源使用，还是作为一种洁净技术开发？开发情况如何？

枪田松莹：三井物产现在开采的煤炭主要是用于钢铁冶炼和火力发电。

提问：非常感谢枪田社长的精彩讲演。请问传统上日本企业对于雇员都是采用终身雇佣制，三井公司是不是也对其雇员采取终身雇佣制？另外，非常想听听枪田社长对于终身雇佣制与企业创新之间相互关系的看法，谢谢。

枪田松莹：首先我想说明，三井物产是终身雇佣制，从该职工在三井物产就业以后，只要他本人不提出辞职，就可以工作到退休，所以说我们应该是一个终身雇佣制的企业。终身雇佣制与企业创新之间的关系是一个非常难回答的问题，由于我们是一个终身雇佣制的企业，企业员工就有一种稳定感，他可以在为他提供的非常稳定的环境下一直工作下去。由于工作是稳定的，所以他会对他所从事的专属部门的工作非常熟悉，会对自己所管理的部分有一些新的创意。因此总的来讲，终身雇佣制对于创新和提出新的想法应该是有好处的。

提问：非常感谢枪田社长的精彩演讲，听了您的演讲和刚才的回答后，我感受到三井物产是一个既对企业本身负责，又对社会负责，取之于社会、服务于社会的企业。我的问题是，三井不管是在能源领域还是在环境领域都有前瞻性的创新性思考，那么对于中国关于能源、环境、资源的"十一五"规划目标，枪田先生有怎样的发展建议？谢谢。

枪田松莹：我认为中国现在处于高速发展的过程当中，目前中国是全世界发展速度最快的国家之一，当然我也注意到"十一五"规划是一个非常完美的规划。中国在今后的发展过程中，对于能源的设想，比如降低单位能源的使用量等，都是很好的。

提问：枪田先生，刚才您在演讲中提到三井物产在煤炭的综合利用方面有很多的技术。现在随着中国能源的开发，在西部地区新建了许多大型电厂。在对能源的利用，特别是对煤炭的综合利用和环境保护方面，三井公司有没有和中国西部企业进行合作的考虑？

枪田松莹：日本过去也曾经大量使用煤炭进行火力发电，在煤炭发电时会有一些粉尘和有毒气体排出，必须对排放的粉尘安装设备进行处理。这些设备会提高整个发电的成本，因此在降低成本方面有一些难度。但是现在美国有一种技术，先把煤炭转化成煤气，再用煤气进行发电，这样排放出来的气体的污染会非常小。目前日本也在进行这方面的研究，如果需要合作的话，三井可以为这方面的技术合作做出一些努力。

提问：社长您好，我提出的问题是，三井公司的创新课题是如何确定的？因为我发现在中国的企业中，企业的生产方和科研方是相互脱节的，企业的销售人员经常抱怨产品没有创新性，而科研人员又抱怨他们研究的产品市场不认可，或者花费大量物力财力研究的产品已经过时。我想请问，三井的研究课题是怎样确定的？这些研究是由三井内部机构完成的，还是依托日本的大学或者科研机构来共同完成的？谢谢。

枪田松莹：三井物产的价值链当中流通的部分比较大，所以我们在研究开发新产品方面的占有量不是很大。但是我们有一部分科研是从基层生产现场产生的，先由基层提出预算，再上报审核来决定是否开发。在开发阶段，有时以内部机构为主体，聘请外部研究人员辅助开发，有时委托大学和研究机构共同开发。从目前的经验来看，从基层现场得出的科研课题更切合实际。

提问：枪田先生您好，请问三井物产株式会社对员工的创新思维有没有比较独特的培训方法或体系？

枪田松莹：三井物产在这方面没有什么特殊的培训体制，主要是让员工在自己的工作范围内努力地思维，努力地创新。因为三井物产所涉及的领域太广泛了，很难进行统一的创新思维培训，只能在工作中发挥各自创新的积极性。

提问：司马光在《资治通鉴》中把人分为四类：德才兼备的是圣人，德才兼亡的是愚人，才胜德的是小人，德胜才的是君子，请问社长您认为自己是哪种人？

枪田松莹：以前我也大概翻过《资治通鉴》，我想我不会把自己定位为愚人。

提问：枪田先生，请问日本对于煤炭中的煤干石是如何开发利用的？对于高炉煤气的回收有什么具体的做法值得我们借鉴？

枪田松莹：现在日本已经不开采煤炭了，因为在日本开采成本太高，现在三井物产所生产的煤炭都是来自海外，主要来自于澳大利亚。在开采煤炭时遇到煤干石，日本是否会把煤矿开采完以后回填，具体情况我了解得甚少。

提问：在中国，处于转型期的一些大型国有企业和政府的关系很复杂。请问像三井物产这样实力雄厚、有影响力的企业，和本国政府应该保持一种什么样的关系是最有利于其长期发展的？谢谢。

枪田松莹：在三井物产启动的一百多年前，日本也曾经历过大型企业基本上是国有的，在以后的不同经济时段、不同机遇中，逐渐转变为民营企业的阶段。我想，现在中国也正处于这样一个阶段，以后中国也会有大批的国有企业转变为民营企业。

提问：三井物产是一个多元化的企业，请问多元化的企业是如何实现各个业务单元之间的协同的？如何通过局部的创新实现整体的创新？谢谢。

枪田松莹：三井物产涉及的范围非常广，我们的做法主要是在人事变动方面非常频繁，通过不断地变动、不断地进行团队的组合，使人事之间有一个横向的联系。另外我们的员工在刚进公司、工作第 9 个年度、工作第 15 个年度时分别有进修的机会。通过这种横向的进修，可以使员工更加了解企业的内部，从而增强自己的协调能力。关于创新问题，三井的创新现在主要来自于基层，我们的经营管理者经常在一起讨论如何使企业更加具有创新性，使企业向前发展。

（时间：2006 年 3 月）

第二篇
民营企业与自主创新

演讲嘉宾：

厉以宁：北京大学光华管理学院名誉院长

一、中国经济发展现状

最近几年中国经济都是以8%到10%的高速度在增长，所以大家感到很奇怪，为什么中国的经济这几年能够以这么快的速度增长呢？主要是四个原因造成的。

第一个原因，投资依然是带动经济增长的主要因素。现在我们的经济增长主要是依靠追加投资，我们都知道一个大项目，不是一年投资就能够完成的，一旦项目启动以后就要连续不断地投资。现在可以看到，全国是热气腾腾，从东北的满洲里一直到云南的西双版纳，整个中国都是一个大工地，到处都在如火如荼地建设，这是投资带动起来的。所以曾经有人担心，中国在开完奥运会以后，会不会有经济滑坡，现在可以肯定地说是不会的。某些国家之所以出现经济滑坡，主要是没有后续的投资热点，没有新的投资场所，而中国不存在这个问题。东北的振兴、西部的开发、中部的崛起,再加上沿海率先实现现代化,这些都蕴藏着巨大的投资机会。所以,投资不会因为奥运会的结束而停下来。施工队伍很快就会转出北京,因为全国到处需要施工队伍,这是第一个原因。

第二个原因,消费在升级,人们的需求在趋向多样化。现在消费的升级跟需求多样化在经济中已经表现出来,所以消费也在增长,尽管消费对经济的拉动作用,现在还不如投资。

第三个原因,当前的中国正处在固定资产大规模更新的阶段,因为现在我们大量的技术,都是在20世纪90年代初购买和引进的。当时对环境保护的要求不像现在这么严格,对资源消耗率也不像现在这么重视。但现在就不行了,如果不及时更换设备,就不符合环保的标准,就要被淘汰出局。如果不注意降低资源消耗率,竞争力就会下降。因此,我们正处在一个固定资产大规模更新的阶段。

第四个原因,民营经济在中国的现阶段已经起着重要的作用。根据2005年年底的统计,在GDP当中,国有经济与国家控股经济所占的份额是35%,外商投资和港澳台投资占15%,民营经济占50%。今年的统计结果还未公布,估计在50%以上,预计未来五年内民营企业的比重可能占到70%以上,这将对中国经济起重要作用。民营经济跟国有经济不一样,国家不能够直接控制,只能用政策来引导民营企业的投资。现在民营经济投资的热潮是方兴未艾。

综合以上四个原因,我们的经济增长应该有一个很好的前景。既然经济增长的前景乐观,我们就要探求究竟这个高速度增长——7%以上的都叫高速度——还能维持多久。现在经济学家普遍认为至少可以维持15年,可能多了要20年,甚至更多。原因何在?为什么高速增长能维持这么长的时间?这要从世界经济发展的阶段性来看,纵观各国的经济发展,一般都会经历这样四个阶段。

第一个阶段,叫前工业化阶段,即工业化以前的阶段。这个阶段的特点是这样的,农业占的比重很大,工业和服务业比重都很小,而农业是不可能持续高速增长的,即使有一年增长快,也可能是因为天气特别好等原因,不会持续高速增长。所以在这个阶段,经济增长率是低的,这是前工业化时期。

第二个阶段,叫工业化前期。工业化前期,农业占的比重逐渐下降,工业比重逐年上升,但服务业比重相对还是较小。这个阶段经济是可以高速增长的,因为工业比重在上升,而工业是只要你追加投资,又有市场,就可以使经济实现高速增长。

第三个阶段,就是工业化后期。工业化后期是农业比重进一步下降,工业的比重继续增大,但速度渐渐放慢,而服务业则以更快的速度增长,并且会占据第一位。这个阶段,经济同样可以高速增长,因为它是靠服务业和工业共同带动经济的增长。

第四个阶段,就是后工业化阶段。这个阶段,农业占的比重已经很小,但保持稳定,工业上升到第二位左右也保持稳定,而服务业的比重是最大的。今年,发达国家进行了一次评估,服务业占到70%多。这个格局不可能实现高速增长,因为三大产业间的比例已经基本稳定,能够维持中速增长已经很不容易了,很可能是低速增长。

根据以上四个阶段的描述,可以看到当前中国处在什么阶段:中国正处于工业化的中期,也就是说,当前中国正处在上述第二阶段向第三阶段过渡的时期。所以根据这个阶段的特点来看,在今后15年到20年内,我们仍然可以保持经济的高速增长。

二、中国经济高速发展过程中的困难

也许20年之后,我们的服务业也上升到第一位了,工业、农业比重下降,而经济还是以增速增长,而且增长率也不会太低。因为中国地域广阔、人口众多,所以我们首先对这个经济的前景应该有一个认识,但是不要忘记,我们经济的增长,虽然从理论上分析完全有可能高速增长,但能不能实现还有待进一步考察,因为我们还会遇到一些困难。

我们遇到的第一个困难就是环境的制约,环境能不能承担得住这么连续高速的增长所带来的负担。

我们遇到的第二个困难就是资源的短缺,现在国内一般是从三个方面来分析的。第一个方面,是土地资源有限,要发展就要用土地,既要保持我们的农业用地,又要保持工业发展、交通运输业的发展,等等。第二个方面,是淡水资源短缺。本来我们的淡水储存量就比世界平均数要低,而现在中国的水大约什么情况呢,可以用四句话来概括。第一句话,北方水少了,干旱;第二句话,南方水多了,一个季节来说多了,洪涝;第三句话,全国水脏了,环境污染;第四句话,不少地区水土流失了,不注意生态保护。水少了、水多了、水脏了、水土流失了,所以淡水资源短缺是摆在我们面前的一个大问题。第三个方面,就是能源资源短缺,特别是某些矿产,我们国内供给是不足的,是稀缺的,对我们经济的发展会有制约。

我们遇到的第三个困难就是农民购买力太低,这也成为我们当前经济中的一个突出问题。因为我们刚才讲过了,我们的经济增长现在主要靠投资在带动,但投资造成的需求,不是最终需求,只是中间需求,所以这种情况之下,我们一定要扩大内需,而最要紧的是提高农民的收入,增加农民的购买力。农民的购买力如果增加了,就是中国经济长久高速增长的动力,那困难就解决了。全国9亿农业人口,2亿多农户,如果每家买一个电冰箱,买一个彩电,装一个空调,将来有一辆摩托、一辆小汽车,每人有一部手机,这个市场全世界到哪去找?

我们自己国内有9亿农民,如果每人每年添几套新衣服,全国的纺织品就够了,如果全国的农民每人每年添双鞋,还怕国外把我们的鞋烧了?不用怕。所以,关键在于农村市场。这个市场没有打开,内需还不能成为保证GDP增长的因素,这是第三点。

我们遇到的第四个困难就是人才的不足,可以说高尖端的科学人才、科研人才还不够,从基层看,熟练技工也不够。中国是人力资源丰富的国家,这是没有问题的,可是劳动力要分层次,恰恰是最需要的人才是不够的。单讲经济管理方面的人才,真正懂得现代金融的人才、懂得现代财务管理的人才都不够,其他的也一样。按照世界发达国家的标准,一般是熟练技工占三分之一,一般技工占三分之一,粗工占三分之一,而中国现在熟练技工只占整个工人的5%,到处缺少熟练技工。人才这个问题如果不解决,同样会给经济增长带来障碍。

对于上述几个问题我们要想办法来克服,而针对不同的问题要用不同的办法来解决。首先,对于环境制约问题,现在着重是从三个方面考虑对策。第一是加大环境监管的力度,而且必须严格监管。第二是大力推进循环经济,循环经济最简单的说法,就是废物要利用,废水要回收,废气要回收,尽量做到减少物质消耗,充分利用回收的废物,这既节约了资源又减轻了环境的损害。第三是大力开展环保工程,治山、治水、治江、治湖、植树造林、改良土壤、防止沙漠化,等等。这样的话,我们就能够在可持续发展道路上前进。

其次,对于资源短缺问题,一方面要节约使用,另一方面要大力开展这方面的科技投资,争取科技有突破。比如说淡水供应问题,最近我们到天津调查,天津滨海新区有一个工程已经进行得相当成功,就是海水淡化。过去海水淡化成本高,现在已经降到了四块多钱一吨水,他们自己说如果能再降一点,降到四块钱以下,那海水淡化以后的水,就能够供商业使用。这个问题如果解决了,辽宁、河北、北京、天津、山东——环渤海干旱的这五个省市——水的供应问题就解决了,它比南水北调要便宜,而且它没有消耗,连带着副产品——盐化工——也发展起来了。对于矿产资源,还有能源问题,第一,探石油、天然气、深井,过去到地下 6 000 米,8 000 米,10 000 米,下面还有宝藏,因此要加强勘探。第二,充分利用科技太阳能、风能、将来的沼气能,太阳能发电现在有突破。最近我们在江苏江宁实地参观用硅片来建发电厂,太阳能发电不是简单地照明、造林,现在是利用供电修太阳能电场,操作方案我们看了一下,是 30 万千瓦。假如这个问题能够解决,如果是新疆,太阳能电一输进来,会解决很多输送的问题。还有风能,风能发电现在也在修一些大的电厂,内蒙古、沿海一带是比较重视风能的。还有重硫,重硫是什么东西呢?硫盐、流沙,在过去都不值得开采,石油价格便宜,谁来开采这样的东西,现在已经可以利用这些。听说咱们正在研究一种新的技术,可能是从国外引进的,过去油从地下挖出来,送到炼油厂去炼,现在不必要了,直接插管子下去,在地下分离,然后油自己就出来了。所有这些我们都可以想到,资源短缺问题也会逐渐地好转。

再次,对于农民收入的提高,现在制度方面采取了几大措施。农民专业合作社 10 月份在全国人大常委会通过了,现在这个农业的合作组织跟过去不同,它不是自上而下,而是自下而上,自发组织,而且在法律上讲明了,除了农民以外,企业也可以参加。企业参加以后,把整个农村就搞活了。土地使用权的合理转移、转让、出租等也都在推行,但是技术方面同样需要大力加强。我曾到吉林考察过,玉米一丰收,当地政府就愁,玉米太多了,怎么办。但我今年去他们告诉我,现在玉米是供不应求,为什么今年玉米供不应求?他们给玉米找到了新的出路,做酒精,酒精掺到汽油里面去，对环境的污染减少，所以很多玉米是去做酒精了。还有直接用玉米生产化工醇，化工醇就代替了石油了，化工厂原来是用石油做纺织品、做橡胶，现在被用玉米做的化工醇代替了，这就节省了石油，就给农产品找到了新的出路，既提高了农民收入又解决了国家的问题。还有，现在在南方，养鹅很盛行，很多地方都在养鹅。过去农民都不太愿意养鹅，怎么现在非常愿意养了？因为过去鹅与鸭子的市场价格差不多，养鹅也多挣不了多少钱。现在养鹅除了卖鹅肉之外，还卖鹅肝。将鹅肝运到法国，一个鹅肝比一个鹅都贵。在东北养牛厂，牛的加工值的提高也带动了农民致富：牛肉可以卖钱，牛皮也能卖钱，但牛最贵重的东西没有利用，就是牛的内脏。以前经常将牛内脏作为杂碎做菜吃掉，现在牛羊杂碎可以做成生物化学制品，生物制品是制药厂非常重要的成分。上述表明科技在帮助农民致富方面起了很大的作用。袁隆平的杂交水稻，在南方非常受欢迎，因为产量提高了，南方的水稻是种两季稻，产量过去是一亩地几百斤，现在提到1 200 斤，就是600 公斤。所以，通过科技，不仅能节省耕地，还可以提升农民的收入。

最后，是人才的培养，那就涉及我们的教育怎么才能以素质教育为主，为将来培养更多更好的有用人才，同时要大力发展职业技术教育。我们接着就转入下一个问题：自主创新的迫切性。

三、自主创新的迫切性

对于自主创新的迫切性，一开始我要先讲几个数字。第一个，中国的出口产品中，拥有自主知识产权品牌的不到10%，第二个，中国对外技术依存度高达54%，第三个，中国国内拥有自主知识产权和核心技术的企业，只占企业总数量的万分之三，第四个，中国企业的研究开发支出只占企业销售收入的0.56%，国外已经达到2%左右甚至还多。所以从这几个数字可以看得很清楚，我们一方面讲中国经济增长前景很好，遇到些困难，用自主创新来突破，而克服这些困难，我们要拥有自主知识产权，而我们现状是拥有自主知识产权的企业比例较低。这种现状如果不解决，那我们上面讲的增长的前景，就要打一个问号。我们可以从以下两个方面来说明。

第一个方面,中国现在的对外贸易中,很多是贴牌生产,品牌是别人的,自主知识产权在别人手里,中国作为一个制造业的基地,仅仅起了加工的作用。我们所收到的钱是加工的费用,而加工费用是很低的,中国的加工贸易平均利润率在3%、4%,大部分钱由拥有品牌知识产权的国外企业获得。

第二个方面,应该看到最近的情况还在发生变化,东南亚的经济,特别是越南经济发展相当快。现在越南的工人的工资只有中国工人工资的40%,而越南工人跟中国工人一样很勤奋,很能干,所以一些外商企业,逐渐朝那边转移。我们没有新的优势代替劳动力成本的优势,如果说没有新优势,那我们怎么来维持那么高的增长率,所以这个问题很迫切地摆在我们面前。

现在,国有企业尽管在经济中占的比重是35%,可是35%都是大企业,民营经济虽然占50%,但绝大多数是中小企业、个体户。那么,为什么国有企业在自主创新方面要受到很大的限制呢?我们发现主要是这样一种问题:它的机制还不健全。一般问到国有企业,你开展自主创新吗?回答都是当然开展。但是说是说,实际上它的工作人员以及它的经理,没有太大的积极性,除非你分配给他们任务要完成,那他们就做,一般的他们不做。他们想,如果事情干好了,好处我们并不能多得到,如果事情干不好,因为是创新,总要有一些实验、失败,还有一些浪费,上面就要追究责任了,谁都怕那个责任,而利益也得不到。因此除非上面来任务,没有上级分配的任务就没有这种主动性、积极性,这是其一。

其二,因为机制不灵活,摊子比较大,所以说要顺应市场潮流的变化比较难,而且也没有这种激励。并且很重要的一条,我们经常讲国有企业在自主创新过程中,要宽容失败,要允许失败,大家都这么说,但是实践上没有这么做。我曾经做过调查,说是要宽容失败,可谁会宽容呢,都是要求马上做出成绩出来,但是一个创新可能要很长的时间,要失败很多次,所以国有企业很难做到创新。所以这样的话,我们民营企业是自主创新的主力,因为中国的自主创新成果70%来自民营经济。民营经济在体制上恰恰避免了国有企业的这些问题。

和国有企业相比,民营企业主要有三个相对的优势。第一个优势,机制比较灵活,能够适应市场的变化,能够抓住机遇。第二个优势,自身承担投资风险、开发风险,敢于承担实验中的失败,如果失败了,再继续做,没有人来追究责任,钱赔了是企业的钱,不是国家的钱,也不是别人的钱,因此它有这个机制,它自己承担了。第三个优势,民营企业能够以多种方式实行制度创新,因为它自己决策,不需要审批。有些民营企业可以购买别人已经有的成果再加工,认为还有发展潜力,还有余地,可以自己做决策。它可以在约定的时间内租别人发明的技术,我不买你的,我租你的,我租十年,租五年。它还可以用参股的方式,跟别的企业合办一个企业,共同来生产对方的专利。所以在中国民营企业中遇到这些问题,可以有多种形式来比较顺利地解决,而国有企业却难以解决。这就解释了为什么到现在,民营企业在自主创新中占了70%的成果。

那么,怎样充分发挥民营企业自主创新的潜力呢?民营企业创新已经取得了成绩,但还可以继续发挥,还要充分发挥。因为刚才我们讲过了,中国的研究开发费用,只占销售收入的0.56%,还有很多潜力没有发挥出来。所以第一个,一定要从小业主意识,转变为现代企业家意识,这是民营企业自主创新中非常重要的一块。大家都知道,中国的民营企业家,很多是从农村出来的,在过去计划体制下没有什么工作。一般的民营企业一开始规模很小,所以小业主意识一般都比较重,小业主意识最明显的,就是说,有一种小富即安的思想,认为不容易搞到现在这个位置,"差不多就行了"。现在看来这个意识要消除,要实现从小业主意识到现代企业家意识的飞跃。一定要懂得"双赢"的道理,不要始终抱着小业主意识,就是"肥水不流外人田"的思想,我有一点就行了,就到此为止,而是应该具备双赢、共赢的思想。只有在双赢、共赢这种情况之下,才能够把局面打开,就是说"肥水要流入外人田"。

我们在光华管理学院经常跟同学们讲一个故事,在座的有人听过了有人没听过,就是龟兔赛跑的故事。同学们说这个有什么听头,我在幼儿园就听过了,但你听到什么呢,兔子骄傲,半路睡觉了,乌龟跑第一了,是告诉你什么呢,告诉你人不要骄傲。北大光华管理学院也讨论这个事,但没那么简单。为什么,龟兔赛跑难道只赛一次吗,第一次兔子输了,兔子不服气,要求赛第二次。第二次龟兔赛跑,兔子就吸取教训了,就不睡觉了,就一口气跑到终点,所以第二次是兔子赢了,乌龟输了。乌龟就不服气了,乌龟说,咱们赛第三次,前两次都是你兔子指定路线跑,第三次由我指定路线跑,兔子想反正我跑得比你快,于是就跑了。兔子又跑到前面,快到终点时被一条河挡住了,兔子过不去了,乌龟慢慢地爬到河边游过去,乌龟得第一。他们两个就商量跑第四次,怎么老赛,还是合作吧,优势互补,于是就优势互补,陆地上兔子驮着乌龟跑,过河的时候乌龟驮着兔子游,共同达到终点,达到双赢。这个故事对我们有一个重要的启示,对民营企业家也是一个启示。第一次赛跑的时候,当你处在劣势的时候不要气馁和松懈,要坚持到底,等待对手犯错误。第一次龟兔赛跑开始,兔子跑前面去了,乌龟一看,完了,他跑那么快,我还有什么办法,我弃权吧。但是他没有。兔子睡觉输了,乌龟坚持跑,得了第一,乌龟坚持不懈等待对手犯错误,所以第一次是这种启示。第二次是什么启示呢,要善于把潜在的优势转化为现实优势。兔子能跑,这是潜在的优势,第一次赛跑他睡觉了,不发挥出来,结果输了,第二次就不同了,兔子一口气跑到终点,把潜在的优势转化为现实的优势,就取胜了。给我们企业家重要的启示就是不要去津津乐道你的潜在优势,不要去迷恋你的潜在优势,没用,重在转化,潜在优势转化成现实优势才有用,这是第二次启示。第三次启示是如果原来的策略不管用,要及时调整策略,改变策略,不能再死守原来的策略。第二次赛跑完以后乌龟得了一个教训,假如按照原来的路线跑,只要兔子不睡觉,永远是他赢,我绝无胜利可能,那怎么办,改变策略,换条路线跑,一条河使得兔子的优势发挥不出来,因此第三次龟兔赛跑乌龟赢了。第四次赛跑的启示,合作、优势互补、双赢,都是建立在相互信任的基础上,假如不是这个情况,陆地上兔子驮着乌龟跑,兔子耍坏,一翻身把乌龟摔成了重伤,过河的时候乌龟耍坏,往下一沉,把兔子淹死怎么办?所以必须是相互信任,这样才能够双赢。

前几年听说在幼儿园有一堆漫画书,其中有一本叫《新龟兔赛跑》,给小孩看的动画书,我看了看,跟我讲的龟兔赛跑不一样。但我认为这种书是不能让小孩看的,那书是讲一个什么故事呢?是这样:龟兔赛跑之前,乌龟让他弟弟埋伏在终点,兔子快跑到了他弟弟就出来,乌龟长得样子差不多,兔子哪分得出来哪个是哥哥哪个是弟弟,所以乌龟就赢了。这样教小孩是不行的,我们做企业的要以诚信为本,不讲诚信,用偷奸耍滑的办法取胜,是不能让小孩学的。所以这个道理一定要让企业家懂得,自主创新靠一个企业的力量是不够的,要协作,跟那些企业要优势互补,这样的话我们才能够往前走。

　　同时也必须让企业家能够懂得一个道理：市场是可以创造的，市场是一个动态的量，不是一个静态的量。我们光华管理学院给 EMBA 讲课，讲这么一个故事，一个生产木头梳子的工厂，找四个推销员来，让他们每人带一批样品、带个订单去推销梳子。到哪里去推，到和尚庙推。到了晚上第一个推销员回来了，你卖多少，一把没卖掉，怎么会一把没卖掉，和尚说他光头，没头发，梳子对他没用。一会儿第二个回来了，你怎么样，销了十来把，你在和尚庙里能销十来把梳子，那不错，你谈谈经验吧，我对和尚说，梳子的功能不仅是梳头发，木头梳子还有第二个功能，经常用梳子来刮刮头皮，对止痒、活血、健脑、名目、美容、养颜都有好处，这样就推销出去了。一会儿第三个回来了，销了好几百把，来谈谈，我到庙里仔细观察一番，香火挺旺，香客磕头，磕了几个头以后起来头发有点乱，我看到这个情况就直接去找了方丈。你看你庙里的香客多虔诚，你们怎么不关心他们，我怎么关心他们，你每天早上在每个客堂放几把木头梳子，梳子挺便宜，头发乱了，香灰掉了弄弄头发，用了就不要了，他拿走就拿走，再换，梳子也不值钱，可以给香客造成庙里关心他们的很好的印象，他们就来得更勤，你庙里香火就更旺了。方丈说有道理，销了好几百把。最后一个回来的，销了好几千把，他说他直接找了方丈，跟方丈聊天。说有人跟你庙里捐钱吗，有，送东西吗，有，有关系需要打通吗，有，你得有礼品回赠他们，而木头梳子是最好的礼品。方丈笑了，这个木头梳子算什么，因为是木头梳子，两边可以刻字，正面把庙里最好的对联刻上，反面请方丈你写几个字，日行一善、行善为本、佛在心中，人家觉得有纪念意义，留下了，这样的话，你庙的名字就真正刻在人的心目中，你办事就更方便了，给你捐钱的就更多了。有道理，订购了好几千把。

　　连和尚庙里都可以推销梳子，说明市场是可以打开的，一定要有这样的观点。我们经常说，问题不在产品性质的本身，而在产品性能的推广。今天的手机跟六年前的手机是完全不一样的，因为它多了好多新的功能，可以做录音机、照相机，可以看电视，好多功能进去了，这个产品就一直在销，一直在更换，以后的功能还不断地换，市场就这样被创造出来了。这就表明市场是可以创造的，这样的话我们的自主创新就应该朝这个方向走，这就是一个现代企业家的意识。作为一个现代企业家，应该懂得任何困难都是可以克服的。常言说,一个和尚挑水吃,两个和尚抬水吃,三个和尚没水吃。以前认为是这样,现在的管理学认为错了,应该是一个和尚没水吃,三个和尚水多了吃不完。

为什么这么说呢?有三个庙,这三个庙离河边都比较远,过去的小和尚值班挑水,挑一担回来路太远,水往缸里一倒,今天就挑这一担,太累。在第一个庙里,三个小和尚商量了,一人挑太远、太累,咱们分三段挑,我挑第一段坐下来休息,你挑第二段坐下来休息,第三个人挑回庙里去,三人一协作,一会儿就把缸里的水挑满了,所以第一个庙考虑协作。第二个庙,老和尚把三个徒弟叫来,徒弟你们去挑水,我们的庙立下了新的规矩,今天谁的水挑得最多,晚上吃饭多给他加一道菜,谁的水挑得最少,菜减半或者吃白饭。三个小和尚是你追我赶,一会儿就把缸里的水挑满了。这个靠的是什么?靠的是体制改革,引进了新的机制。第三个庙,三个小和尚,每天挑水,看见周围有好多竹子,咱们把竹子砍下来,打通它连成一个疏水管道,这样的话,装一个轱辘,第一个小和尚舀水,水桶上去了,第二个小和尚用漏斗灌入水槽流到庙内,第三个小和尚在庙里头,这个缸装满了装那个缸,三个人轮着换。这叫技术创新。所以,要么协作,要么体制上做改革,引进新的机制,要么技术创新,三管齐下,没有不能被克服的困难。我们的民营企业、民营企业家一定要突破小业主意识,这就为我们的自主创新打开了更广阔的道路了。

第二点,就是要重视人才,让优秀人才进入企业,这方面有企业自己该做的,也有政府该做的。从政府方面讲,为了使民营企业有足够的人才,政府应该给民营企业解决一些重要问题。最近我们在江苏南京开会,一些民营企业讲,为什么我们引进不了优秀人才,他的户口问题、人事档案问题、福利待遇问题,还有一系列问题还没有配套解决。这一方面需要由政策配套解决;而另一方面,从民营企业方面讲,一定要明白企业的竞争,归根到底是人才的竞争,要善于用人,要用人之所长,容人之所短。人都有长处,都有短处,你用人是用人之所长,对其短处要提醒他改正,这样的话人才才能进来。五个手指头伸出来,都说我应该排第一位,个人说个人的长处,大拇指说我最粗,二拇指说我最灵活,中指说我最长,无名指说我最珍贵,你怎么最珍贵,结婚戒指戴在我这里,最后轮到小拇指,你有什么长处,最小最短,你抠鼻子抠耳朵那不算,你有什么长处,小拇指不慌不忙地说,朝圣拜佛的时候每次都是我领队。所以说都有长处,我们一定要善于用人,一定要懂得现代经济学中的人力资本的配合。

机器、厂房、设备是物质资本,人身上的知识、技能、经验这些是人力资本,人力资本在某种意义上比物质资本更重要。可以举一个最明显的例子,第二次世界大战中,德国跟日本遭到猛烈的轰炸,工厂毁了很多,可为什么他们战后能很快地起来,是因为德国和日本的人力资本存在,人力资本没有被毁掉,有人力资本在经济很快就能恢复,这就是个很明显的例子。所以我们说,作为一个现代企业,一定要懂得人力资本的重要性,任何财富都是物质资本和人力资本共同创造的。

现在要提一个问题,既然物质财富是人力资本和物质资本的投入者共同创造的,为什么利润要全部归物质资本的投入者,而人力资本的投入者只能从成本中取得自己的工资,这不合道理,所以在现代经济学中提出了共享经济的结论。共享经济,就是由物质资本投入者和人力资本投入者来分享利润,所以出现了一系列的改革政策,股权激励制度、股权奖励,这些都是从人力资本的作用而引申出来的。股权给奖励,还有股权以外的高奖励,等等,都从利润中开支,是有道理的。在这里一定要认识到一个问题,民营企业也好,国家政府也好,一定要认清一个道理,谁是最大的受益者?

讲两个故事,一个故事在春秋时代,鲁国政府有条规定,凡是鲁国人到国外去看见有鲁国人在国外沦为奴隶的,可以垫钱把他赎买出来,赎买出来后,回国到政府去报账。孔子有一个学生叫子贡,到国外去,果然看到鲁国人在国外有沦为奴隶的,他就垫钱把他赎买出来。赎买出来回国没有到政府去报账,于是有人就夸他,这人多高尚,在外国赎买了奴隶回来不报账。孔子在《论语》里提到了这个事情,认为这种行为是不对的,妨碍了更多沦为奴隶的鲁国人被解救。你赎买奴隶没有报账,别人就夸你人品高尚,假如再有这种情况,有人看到鲁国人沦为奴隶,他就要想,我垫不垫钱把他赎出来,那我报不报账?我不报账就丢了一笔钱,如果去报账别人就会说我,你看以前有人赎买奴隶不报账,而你却来报账。他就想我找这麻烦干吗,就假装没看见绕道而行,所以这种不报账的行为,实际上妨碍了更多沦为奴隶的鲁国人被人解救出来,这是一个故事。

第二个故事,孔子有个学生叫子路,有一天在河边走路,一个行人不小心掉到河里,在急流中快被淹死了,家属就喊救命,子路就奋不顾身跳到水中,在急流中把那个人救起来,家属感激得不得了,就重重地酬谢了他。酬谢他什么呢,送给他一头牛,春秋时代一头牛很贵重,子路兴高采烈,把牛牵回家,行人指着他的脊梁骨就议论起来,说下水救人固然不错,可是人家家属给了这么贵重的礼物他都好意思拿回家,可见人品不怎么样。孔子知道了,就表扬子路,说你做对了。孔子说他的行为实际上是在向社会宣告,只要你冒险救人,家属无论给多重的奖赏你都可以拿回家,这就会鼓励更多的人下水救人,就有更多的快被淹死的人会获救。

这两个故事告诉我们,我们看问题一定要从谁是最大的受益者这个角度出发。我下水救人,得了一头牛,我得的小,最大的受益者是将来掉到水里快被淹死的人,我赎了奴隶报账我没吃亏,而最大的受益者是沦为奴隶的鲁国人,所以这个问题要这样去看。就像我们刚才讲,一个企业,你给那些科技人员、有重大发明的人股权奖励,看起来他得了好处,实际上最大的受益者是企业,因为企业的高科技进一步发展起来了,这样的话企业就可以打开更大的局面。这样的话,我们就能够加快我们在自主创新方面的步伐。

怎样来充分发挥民营企业自主创新的潜力呢?刚才讲了两点,一个是观念的转变,从小业主意识变成现代企业家意识。第二个是要善于用人,引进人才,要采取更好的激励政策。第三点是要坚持走产、学、研相结合的道路,一定要明确自主创新的主体是企业,而不是政府。政府起什么作用,政府是服务者、是扶植者、是组织者,现在把这三点解释一下。

第一是服务者,政府是为企业服务的,是为整个自主创新服务的。第二是扶植者,新兴的行业一定要政府扶植,因为新兴行业在整个市场经济中刚开始的地位是弱的,一定要政府的扶植,在一定期间要给它免税,给它税收的优惠和金融的支持。第三是组织重大攻关项目、基础性研究,这必须由政府来组织,因为它没有直接的商业利润。此外,重大意义的项目,个别企业力量是不够的,比如说,人造卫星、宇宙飞船,这样的项目还得由政府来组织。对于庞大的工程,政府要拨专门的经费,让更多的企业参与,政府的位置一定要摆对。企业是自主创新的主体,但是光靠企业不够,必须跟高等学校、跟科研院所结合在一起,所以要产、学、研三结合,这样的话就是以重大项目为依托,企业是主体,产、学、研结合一定能产生很多自主创新的新成果。

刚才讲过了,在这个过程中,一定要宽容失败,不能够急于求成,任何一个项目,要想实验成功,可能要失败很多次,假如你不宽容失败,也许会有成果,但顶多是小成果而已,大的突破是不可能的,大的突破一定要经过很多次失败以后。所以,社会上要尊重科研成果,也要宽容失败者。在这里提出一个重要问题,就是创意问题。

创意是创新的基础,没有创意就谈不到重大的创新,有人讲了两句话,我觉得也不是完全没道理。第一句话,创意需要疯子。这是人家开会时提出来的,科学家提出来的,创意比创新难。第二句话比这个说得婉转一点,创意需要浪漫主义者,比疯子好一点,这个也有道理。而我们现在尤其缺乏创意,教育制度成为一个创新的绊脚石。前不久在海淀区教育总结大会上我讲过话,当时几个报纸都登了。现在读博士期间要发表论文,这种做法实际上是没好处的,博士生就是博士生,把论文写好就成了,论文只要有分量就成了,论文写出来没有发表就不能答辩,这是为了凑文章。有很多在校的博士生全去写文章了,文章要发表,那么腐败之风就来了,为了文章发表,不断投,不但没稿费,还要赔钱付版面费,而且发表的文章,可能跟他做的题目毫无关系,他把大部分时间花在这方面,所以我觉得这样是培养不出创意人才的。

同样,在评职称时一定要看质。假如一篇文章实在是好,比十篇文章都有用,那么就可以破格。如果我们只看量不重质,这种方式实际上是扼杀了人才的成长,对我们整个自主创新是不利的。

再有,我过去当了好多年的国家社会科学基金的评委,大概做了15年。改革开放之初,那个时候风气比较正,现在我不做了,可是现在别人还以为我是,就老来信来电话,要来拜访我向我请教,我也不知道是什么事,也不知道要向我请教什么,来了就带了一大堆礼品来,靠这种方式来评奖,这个风气就坏了。甚至说提供一个现在评委的名单就能得多少钱,若把名单附上电话号码得钱就更多,这是绝对不行的,科学道德败坏就在这里。我们北大应该带头维护良好的学术气氛,当然博士生交一定量的论文是制度问题,反正我那次讲话时教育部的同志也在,他说记下来了。

发挥企业自主创新潜力的第四个方面,就是一定要有品牌意识。人家是这样形容品牌的,品牌是市场的敲门砖,你要真正进入市场,占领市场,敲门砖就是品牌,足见品牌的重要性。品牌的创立是不容易的,所以有人说,根据产品的生命周期,品牌也不是一劳永逸的,你要创立一个品牌,就要花力量维护品牌,保持这个品牌,不断创新才行。任何品牌,都要靠不断创新来支持,我们的企业家一定要认识这个道理。品牌问题如果能够解决了,我们的出口就是没问题的,我们不用去贴牌生产。可是现在不行啊。我上个礼拜还在广东东莞,东莞的很多工厂,在给外国品牌加工产品,牛仔裤、衬衫等,这些工厂收加工费,然后贴上外国品牌,在国外市场卖,当然利润是外国品牌赚,所以我们一定要重视这个问题。不要说我们现在已经是世界制造业大国,没用,我们只是贴牌生产,我们要做创造中心。

  讨论完如何发挥企业自主创新的潜力之后,就要考虑如何切实解决民营企业在自主创新中的融资问题。现在中国的民营企业融资难,这个问题已经成为普遍的一种认识,为什么融资难,主要是以下几个原因造成的。第一个原因,过去长期以来,银行的贷款是希望找大客户,不愿意给民营企业的小客户贷款。比如我们民营企业规模普遍不大,但我们正在做大。我们只需贷款 100 万,也许更少,50 万,银行觉得太麻烦。如果贷款给大客户,一笔贷款就好几千万,甚至上亿,多简单。后来我们就反映这个问题,现在银监会终于做了规定了,每个银行把大笔贷款业务和小笔贷款业务分开计算,小笔贷款必须完成多少。

  为什么会这样呢,因为银行有银行的难处。在我们国家,一部分人对民营企业有另外的看法。我举个例子,我带了政协经济委员会调查组到广东调查,那个调查报告后来送到中央了。

  在开座谈会的时候,都是民营企业家,他们都不敢讲话。我主持会议,他们认得我。有个民营企业家就开始发言,他说厉教授,请你回去向中央反映,不管家猫野猫逮了耗子就是好猫。我就笑了,我说邓小平没这么讲,邓小平说的是不管白猫黑猫,你怎么分成家猫野猫,你把自己当野猫看待是不对的,别人把你当野猫看待同样是不对的,都是中华人民共和国的公民办的企业,都在中华人民共和国国家工商局登记办企业,你怎么把自己比做野猫,所以说这个话不对。尽管这么说,野猫这种歧视仍然存在。

  有一个银行工作人员是我们北大光华管理学院的学生,我有一次碰到他,我问他有些民营企业效益也不错,为什么贷款不受批准。他说这个问题很复杂,你是我老师我跟你讲真话。我贷款给十个国有企业,有九个国有企业都没有还款,我就可以写报告说,他们是国有企业,目前遇到困难,是否对他们再延展一段时期。过去我贷款给十个民营企业,九个都还钱了,一个没还,上面来追账你为什么贷款给他,你跟他是什么关系,你收了他什么好处,查得没完没了。他怕了,所以他就不敢贷了。最近稍好一点。农村的那些比较小的农户,更借不到钱,他唯一能够存钱的地方是邮政局,因为银行县城以下的都撤掉了,就邮政局存在。邮政局是很方便的,可是邮政局过去只存而不贷,收了存款以后往哪交,交到中央银行,又用于城市贷款。还有特别是农村本来就缺资金,通过邮政局这个系统把钱就更进一步集中到城里,所以人家说以前的邮政储蓄是伸向农村的吸血管。最近已经准备将邮政储蓄所改成邮政储蓄银行,既存又贷,这样情况就会好一点。信贷员的终身责任制也改了,过去如果贷款追不回将来升级升工资都有问题,这个问题现在也改了,不再实行贷款的终身责任制了。

但始终有一个问题没解决。我到日本考察,日本有地区性的中小银行专门帮地方的中小企业贷款,而中国现在没有。应该大力发展民营的中小银行。现在在山西平遥、四川的一些地方搞了一个叫只贷不存金融机构,这个名字挺怪,只贷不存,这是什么意思呢?比如我们十个人,每人出一千万,十个民营企业合建一个金融公司,这个公司资本一个亿,你可以做贷款,贷款仅用这一个亿来做,用完为止,你能收回多少你再放。这就不符合金融机构的规律了,金融机构都是有存有贷的,哪有一个机构像邮政局这样只存不贷,而这种又是只贷不存。所以都要改,融资问题一定要解决。

第二个是证券市场的问题,这是民营企业自主创新中将来很重要的一个融资来源。中国证券市场、中国的股份制在全世界是绝无仅有的,为什么?其他国家都是在市场经济发展过程中自然形成的,中国是在计划经济转轨到市场经济过程中产生的。我自始至终参加了股份制改革的这些工作,因此我了解情况,反对的声音非常大。一些老的经济学家,还有一些老干部,他们不了解股份制,认为这哪行,国有企业都股份制,都上市了,那社会主义生产资料所有权到哪去了,等等。当时阻力是很大的,1980年中国体制改革的时候我就提出来,存量增量都要改,分两步走,实行双轨制。有些国外回来的人不了解情况,认为我们搞的股份制不伦不类,不符合国际规格,但如果让他来搞,可能到现在还没有股份制呢。因为那个时候,必须是这样子搞,一开始跟西方一样,是不合适的。

但是到了本世纪初的时候,矛盾就越来越多了,因为存量波动是大波动,在全国人大调查,国有企业改成股份制,国有股东占80%,最高的占90%,至少都百分之六七十,一股独大,股东会都没法开,都不来,所以说机制没有变,董事会一个面孔,就管增量股份化,凑点钱,以捞钱为主,机制管理存在漏洞,所以中国的股份制必须进行第二次改革,就是存量改革,这就是现在所说的股权分置改革。股权分置改革提出来以后,像流通股的持有者,让他们来得到一些补偿,当然有的经济学家,以及国有股的大股东都这么想,我的钱怎么能给那些流动股的持有者呢,这不是国有资产流失吗,因此他们不干,实际上他们不懂这个道理。当初国有企业改股份制的时候,发了招股说明书,说明书上有一个承诺,就是说国有股暂不上市,因为国有股暂不上市承诺了,所以股票发行的时候增量溢价就那么高,一比六,一比八,甚至一比十二。今天国有股上市违背了当时的承诺,招股说明书的承诺,根据《中华人民共和国合同法》,你违背了承诺就破坏了合同,就应该用调解方式解决,给受害者补偿,所以一定要过这一关。证监会采取了补偿的办法,例如十送三,十送二。股权分置改革以后,将来都是单股,是全流通体。

改革之后,国有企业机制就变了,股份制企业机制也变了,所以中国的股市前景是看好的,今年以来,大部分企业的股权分置改革,可以说基本完成了。但是越是在这种情况之下,越要加强监管,因为正是股市往上走的时候,如果放松了劲,再出现黑幕、漏洞、诈骗、内部交易等,就给现在好不容易恢复到这个局面的股市又带来大问题,所以我几次呼吁,越是在这种时候越不能放松监管,而是要加强监管。

从现在来看,中国股市前景只要在加强监管条件下,还可以稳步前进,这样的话对于自主创新,对于有知识产权的企业有极大好处。什么叫做新经济,有人就经常提新经济,这个词用了很多了,或者叫知识经济。这种解释还不准确,什么叫新经济,什么叫知识经济,可以这么说,新经济等于技术创新加资本市场。没有资本市场,单有技术创新,不能称为新经济。你可以看,美国还有其他一些国家都是一样的,都是大学里几个年轻人,加上几个刚得了博士学位的学生、科研所几个年轻的人员,聚在一起研究,有了研究成果,被投资基金看中,被投资创业公司看中,资金一注入,推到创业板去上市,一上市成倍地上升,就进入市场。然后到适当的时候,创业投资者一退出,又支持其他的企业去了。所以整个资本市场的作用,实际上是把科研研究成果转化成技术商品,然后让技术商品被社会知道,高新科技产业就是这么起来的。现在国内有几家很有名的企业,施正荣的那家公司叫尚德,他就到国外证券市场一上市,整个就起来了。我们还有很多这样的公司,这对我们来说有非常重要的意义。民营企业自主创新,如果不跟资本市场结合在一起,小打小闹,当然会有成绩,但是最后的影响不太好。推到创业板市场,或者主板市场,再或者到国外去上市的话,可以说,整个中国的民营经济也好,国有经济也好,自主创新的道路就变得畅通了,这是在当前我们要解决的一个重要问题。

  在这个过程中我们要认识到一点,就是说,我们要鼓励更多的创业基金的成立,鼓励更多的创业投资公司的成立。我曾担任全国人大《证券法》起草小组组长。《证券法》出台后,我又成了《投资基金法》起草小组组长。这个小组讨论的时候很激烈,最后分成两部分,一部分是《证券投资基金法》,另一部分是《创业投资基金法》。讨论的结果是先推出证券投资基金,当时起名叫《投资基金法》,结果出台的是《证券基金法》,《创业投资基金法》在当时还不成熟。几年过去了,现在应该到《创业投资基金法》成立的时候了。总之,中国的自主创新在资本市场利用方面,还有很多路需要走,但前景总是看好的。

  下面再谈谈民营企业自主创新中需要注意的几个问题。第一,民营企业不要去贪大。希望自己做大做强,这种口号是错误的,应该首先是做强,做强以后可以做大,也不一定非做大不可,小而强也行,做大就得铺摊子,很多民营企业投资的失误就在这个问题上,摊子一铺大,资金链一中断,就全盘崩溃了,所以民营企业一定要在自主创新方面稳扎稳打,先做强再说。在自主创新中,绝不要贪大。第二,从事自主创新活动、风险投资活动的民营经济,甚至一般的民营企业都应该自己建立一种预警机制。因为企业开始在市场运行,有好多财务指标上的警戒线。问题出来了,自己知道问题在哪里,就早采取措施。现在很多民营企业,前两天还鼎盛,一下就垮掉了,也没有一个预警机制,不知道问题在哪里,特别是资金链断裂以后全盘崩溃。所以这个问题一定要注意,对我们民营企业来说,在自主创新中,要建立自己的预警机制。第三,要重视知识产权的保护问题,知识产权保护,对民营企业的主要作用在两个方面。一方面要尊重他人的知识产权,另一方面要维护自己的知识产权,同时要不断创新,不断用新的知识产权来替代到期不受保护的知识产权。第四,对民营企业来说,应该要了解到自己的社会责任问题。这是今天民营企业应该普遍认识的问题。从理论上说,传统的经济学理论、管理学理论都是这么说的,投资利益最大化是企业的目标。这就跟企业的责任矛盾了,企业的社会责任分两个层次:第一个层次是法律层次,比如说你必须注意环境保护,不能污染环境,污染环境就违反了企业的社会责任,这是法律层面的问题。你必须依法来对待自己的职工,不能够体罚,不能够搜身,不能够克扣和拖欠人家工资,还有必须依法纳税,不能偷税漏税,这也是法律层次上的社会责任问题。你必须生产合格的产品,不能生产假冒伪劣产品、有毒的产品,等等。你如果做了这些也就违背了法律。第二个层次是道德层次,企业在力所能及的范围内,根据自愿原则,愿意捐钱给社会公益事业,或者捐钱办社会公益事业。

道德层次问题跟股东利益最大化、投资者利益最大化,是否有矛盾?我们说,传统观念上的确是有矛盾,但是从现代管理来讲,这是不矛盾的,可以从经济和社会两个层次来分析。先从经济上分析,近期利益跟长期利益的统一,你如果捐出一元钱做社会公益事业的话,你近期的利益可能受到损失,但是长期利益是受益的。因为通过公益事业,搞好企业跟社会的关系,跟社区的关系,对你长远的发展是有好处的。还有从货币收入和非货币收入的角度考虑,同样是统一的。你捐献出去钱可能导致货币收入减少,但你举办、参与社会公益事业时非货币收入在增加,因为你关系好了。第三个,有形资产和无形资产的关系,你参加了捐献活动有形资产会减少,但无形资产是增加的。企业形象好,企业跟当地的关系好,企业的声誉上升,这样的话,就没矛盾了,近期利益与长期利益统一,货币收入和非货币收入统一,有形资产跟无形资产统一,从这个统一的角度讲,股东利益的最大化和社会责任,是不矛盾的。

这还不够。这是从经济的角度,从社会的角度讲,因为人不仅是经济的人,还是社会的人,从人是社会的人出发,我们可以看到,企业生产的是什么东西,难道仅仅是产品吗?仅仅是服务吗?当然,你生产优质产品,提供优良服务,这都是产品。不仅如此,从人是社会人的角度出发,培养人跟生产出产品同样重要,企业不仅是产品和劳务的供给者,也是新人的培养者。你把投资人、管理者、全体职工都培养成关心社会、有高道德标准的新人,是企业的成功之处,一定要意识到这一点。作为一个社会的人,应该关心到这样一点。就是说,我们不仅应该注意这一代人的生活,更应该注意下一代,再下一代,子孙后代的生活。子孙后代生活在一个优良的环境中,必须有个好的自然环境,必须有一个好的社会环境。你把空气都污染了,河流都污染了,把环境都破坏了,就违背了法律的责任,同时又没有尽到企业道德的责任,没有为子孙后代考虑。企业有责任为良好的社会环境作出贡献。此外,企业管理者,作为一个社会人,应该懂得一个道理:一个人的幸福依存于周围人的幸福,如果周围的人都幸福了,你才会感到真正的幸福,所以企业应该看到这方面的社会责任。

这里讲个故事,一个小孩在路上走路,碰到一个神仙,抓住神仙的手,神仙爷爷,请你告诉我,什么是天堂,什么是地狱?我听大人老提这几个字,我始终没弄清楚。神仙说了,这还不好懂,你跟着我走就懂了。小孩就跟了神仙走。神仙把他带到一个大房子里,左面一大间,右面一大间,神仙说咱们先看左面这一大间吧。门一打开,是一个高台子,下面是长桌子,桌子上放了筷子,台上放了鸡鸭鱼肉,馒头面包。门打开,进来一批饿汉,有这么多好吃的,可是筷子是三尺长的筷子,夹到的菜没法送到自己的嘴里,有东西吃不着,就把筷子丢了坐在地上哭。神仙就讲,看见了吗,这就叫地狱,咱们到另外一间看看。一样的摆设,一个高台,三尺长的筷子放到桌上,鸡鸭鱼肉,进来一批饿汉,一个个吃得兴高采烈,眉飞色舞,他夹菜给我吃,我夹菜给你吃。神仙说看到了吧,这就叫天堂。就是说一个社会,如果人只顾自己,过的就是地狱般的生活;一个社会建立在互信、互助、互爱的基础上,这样的社会,就是天堂般的社会。所以我们企业应该懂得,我们的目标是建立和谐社会,是建立在互爱、互助、互信基础上的社会,这样的话,我们对社会责任就有更清楚的认识。

在自主创新中要注意的最后一个问题,是要懂得什么是企业家。教科书上讲企业家是什么,是有眼光、有胆量、有组织能力的人。有眼光,他能够发现别人所不能发现的赚钱的机会。有胆量,敢于决策,敢于冒风险,去取得潜在的利润。只有胆量敢于冒风险,下边没有决策也不行。有组织能力的人,就善于把生产要素组合在一起产生高效率,这就是企业家。但是现在看来还不够,教科书上讲,应该有社会责任,就是说财富即责任,你有这么多财富,实际上就证明了你负有多少责任,所以我们一定要把企业的责任放到面前,企业家应该是有社会责任才行。当然也不能排除企业家站得高,看得远。我们要看到中国的前景,要看到世界经济发展的前景,要懂得企业的前景跟企业的社会责任。

我们任何管理,都要从最基本的工作做起,在北大光华管理学院训练的学生,基本功一定要扎实,跟做企业一样,基本管理一定要做好。最后再讲一个笑话,一个动物园里面,铁丝网里关了一群袋鼠。第一天管理员发现跑掉了一只袋鼠,那个铁丝网这么高,袋鼠都能跳出来跑走,真厉害,加高铁丝。第二天,又跑掉了一只袋鼠,袋鼠能跳那么高,又加,一直加。晚上袋鼠就笑了,不把门关好,光加高有什么用?在光华管理学院学习的人一定要强调,基本功要做好,基本管理一定要做好,这样才能谈到自主创新。谢谢大家。

四、师生互动

提问:厉老师您好,您刚才提到在激发民营企业创新潜力的过程中,政府需要发挥重要的作用,您知道目前我国有53个高新区,在园区中民营企业达到80%以上,多数从事的是高新技术产业。我想问,高新区作为政府的派出机构,在行使政府职能方面如何扮演您刚才提到的服务者、扶植者和组织者三个重要的角色?

厉以宁:我到几个国家的高新技术区看了,的确是这样,对扶植者体会特别深,高科技产业必须要得到扶植。关于服务者,要使高科技企业办事方便。作为组织者,特别是重大项目攻关的组织者这一点,高新区政府要继续发挥作用。我相信高新技术区的管理是一个特殊的管理方式,在很多地方还有一些行政的职能,怎么来发挥得更好?这还要不断地总结经验。我相信,在中国的高新技术产业的发展过程中,在民营企业的发展中,高新区能起到更大的作用。

提问:您刚才提到企业的社会责任问题,您怎么看待现在有些政府把这种社会责任作为一种摊派，推给一些比较弱小的民营企业？

厉以宁：这是不对的，我们讲过，一个是法律层面，企业必须遵守；另外一个是道德层面，道德层面应该是建立在一种自愿的基础上，当然政府可以号召，但不能摊派，这是我的看法。

提问：前一段时间国内有些人认为，民营企业税收的税率太高，有的学者说中国的民营税率在世界上排第二。最近我看到一个消息说，全国人大正在讨论一个法律草案，说要对这个制度进行改革，您对这个问题怎么看？

厉以宁：税收问题要从几个不同的角度看，首先是外资跟内资。内资里头不仅包括国有企业，还包括民营企业，内外企业所得税税率是不一样的，外资低，内资高。这一点国家正在准备改革，要统一税制，将来的具体方案会出来的。还有一条，就是民营企业在某些方面，或者说企业所得税方面，跟国有企业一样，但在一些方面，民营企业比国有企业的税率要高。关于这一点，首先，很多民营企业属于中小企业，它不能开增值税发票，所以别人采购的时候就不买你的东西，因为有增值税发票就可以抵税，可以退税。所以很多民营企业一直呼吁改革税率，这是一条。还有一条，大家知道叫计税工资，外资企业的工资是计入成本的，按照国际惯例走。国有企业的计税工资的起点是 3 000 块钱，3 000 块钱以下免个人所得税。而民营企业过去是 800 块钱，现在改到 1 600 块钱，在南京那个会议上提出来了，这个问题需要逐步地改，这也是我们呼吁的问题。

提问：最近我在一个报纸上看到，在很早的时候，10 年前或者 20 年前一些民营企业创业的时候，有好多相对不正当的东西。现在在重庆有一个报道，重庆市政府准备对一些民营企业在原来创业过程中的一些不正当手段不予追究。刚才厉老师谈到民营企业创新过程中有一个社会责任，企业家概念有一个社会责任，就这个问题我想问一下，原来的民营企业创造过程中的社会责任感，跟现在的企业家有什么不一样的地方？现在很多网站也风传，国家也正在查国美的老总。我相信这些东西在很多的民营企业创业过程中都有，这些社会责任和您讲的社会责任有什么不同，您是怎么看待的？

厉以宁：我刚才回答过这个问题，我们把社会责任分成两个层面，一个是法律责任，一个是道德责任。对一些民营企业家，在创业初期时的一些问题,要分性质。因为任何东西都有一个底线,如果在底线以上就可以商量,如果在底线以下,比如你是靠贩毒致富,那就毫无可谈的了,就突破了底线,所以应该实事求是,依照法律处理。有一种罪叫"投机倒把罪",这个罪如何执行?就是依照具体情况具体对待。

提问:在一些技术创新方面的文献里面,关于对技术创新的激励大概分这么三个层面:第一个是国家层面的激励;第二个是市场层面的激励;第三个就是企业自身层面的激励。我感觉不管是从国家层面对创新的激励,还是从市场层面对创新的激励来说,民营企业都处于一种比较不利的地位,您讲的一些例子也证明了这一点。但是您又提到,技术创新的70%都是由民营企业做出来的,那么我是不是可以这么说,这三个层面的激励中,企业自身对创新的激励,对技术创新的作用更大?在这个方面,我想问一下厉老师,您认为从企业层面对创新激励的机制,大概分哪几个部分,这些因素哪个对创新的促进作用最大,为什么民营企业在创新方面做得比国有企业更好?

厉以宁:首先这个问题的分法只能分两个层次,一个是国家层面的激励,一个就是市场和企业层面。因为企业做得好,在市场上就能得到更多的回报,这两个是一样的意思。国家层面的激励会越来越多,国家应该采取公平待遇,不管是谁,有科研项目就要公平竞争。为什么民营企业中有市场的激励在里面?我只要发明出来,我干得好,市场有更多的回报,我就愿意干,而且责任自负,所以说还是个机制问题,但是国家层面是必要的,需要我们呼吁的是公平待遇。

提问:您说的创业基金的法律的出台,周期会有多长时间?

厉以宁:这个很难讲,《证券法》从起草到最后通过是六年半,《投资基金法》从起草到出台是四年。三四年间,可能是这样的,但不一定出法约,可以先出法规。这样的法规现在已经有了,现在很多部委,最近都有文件对创业投资方面有所规定。

提问:我是昨天晚上听到您这个讲座的消息,昨天晚上我们宿舍进行了一场比较激烈的讨论,我发现一个特别大的问题,现在,作为大学生,对创业的形式特别热衷,我想请教厉老师,能不能给我们在座的同学一个建议,谢谢。

厉以宁:有两点很重要,一个就是要认识到,在美国很多地方创业者都是年轻人,因为他们没有包袱,很容易搞出新东西,但是一定要懂得大学生的团队创业,一个人做是不行的,最好你们几个大学生在一起,将来毕业以后自行创业,搞点贷款,让税务局给你们免一点税,搞个小公司出来,这是一条。第二点,要有市场竞争的概念,因为你在做,别人也在做,不然的话你最后怎么能够证明你的就一定比人家的强。但是现在这个时代,一定要充分掌握信息,你要知道同一个东西有哪些人在研究,哪些地方在研究,不然你可能白做。所以这两条是最要紧的。

提问:有一种意见,说中国的民营中小企业,很难获得一些资金,这些资金更多地流向了大中企业。在中国,现有的风险投资包括美国的一些风险投资,更多的都不是雪中送炭,而是锦上添花,是不是存在这种情况?如果存在,厉老师觉得以后会怎样发展?

厉以宁:是这样的,风险投资不是给贫困企业、小企业的救济金,所以雪中送炭这个词是不妥的,不是救济金。它是什么呢?是参股,看你有发展前途了再给你投资,这当然要选好的了,选有前景的。要把这两个分开。创业投资,从来都是谁最有发展前景,就能获得投资。

提问:在民营企业自主创新的过程中,您如何看待自主创新和引进国外先进技术的关系,在自主创新过程中如何处理引进国外先进技术和走出去?

厉以宁:这个问题比较大一点,因为我们现在的自主创新方面,很多地方是不如国外的,要向国外学习。但是有两种,一种创新叫原始型创新,一种叫引进后再加工的创新,不一定都要原始型创新。很多方面,我们可以跟国外合作,把国外的技术引进来以后,在这个基础上再创新,这两种都是可能的。走出去的问题也是这样的,走出去也包含了我们是哪个行业,如果是扩大贸易就需要品牌,如果是建厂就可以跟对方合作,如果人家有品牌也可以,有知识产权也可以,方式是多种多样的,并没有固定的格式。

(时间:2006 年 12 月 26 日)

第三篇
创造知识的企业——领导力与创新

演讲嘉宾：
    野中郁次郎：全球创新理论大师

一、企业差异化之研究

    最新的《哈佛商业评论》再次刊登了我在1991年所写的《知识创造企业》这样一篇论文，到今天已经有17个年头了。在我写了这样一篇文章之后，我都有哪些思考，想做什么样的事情，有什么样的课题，我想向大家做一番介绍，也想听听各位的意见。

    谈到管理，首先出来的一个词就是战略论。那么企业的战略论到底是什么呢？很多人给出不同的定义，但是如果追究它的终极内容的话，我想应该把它归结到以下这个问题，即企业为什么会有差异？我觉得这是我们最终要回答的一个问题。要想回答这样一个问题，并不是一件非常容易的事情，尤其是在战略论里。作为大师基本上都是从美国来的人，比如大家很熟悉的迈克尔·波特先生，在我们学院有一位和我一起写书的朱先生，还是波特先生的好朋友，9年前他曾经得过一个迈克尔·波特奖[①]。该奖项用来评价并且表彰日本企业中在战略方面做得比较好的一些企业,波特先生的理论就是,企业有差距的根本原因,是在市场上的定位。是否有一个好的定位很重要,这是他的基本思路。

所以这里面包括,新进入者的一些威胁,然后是供应商的力量,或者是有没有其他的替代产品和服务,另外还有买方的力量,这些因素决定了竞争的程度。要想在竞争中取胜,而且获得最大化的利益,我们就应该有一个很好的市场定位。正是这种市场定位决定了企业的差异,这是波特先生的想法,我觉得这是非常好的。他是从逻辑或者分析的角度把握市场,一共提出五个因素,而且把这些因素变成了可测的一些变量,也就是对一个假说的验证。他的这种做法可以说是非常优秀的,我们可以通过统计学,从科学的角度加以验证。但是如果极端地去推进他的这种学说的话,就成为环境决定论了。

大家都知道马基雅维利,他被称为社会科学之父,他在中世纪提出了"命运论",他说未来一部分取决于命运,另外一部分取决于我们的意志。我们不能屈从于命运,我们要知道命运,而且要抢先一步采取行动,要有一种很好的洞察力,能够先人一步,这是需要勇气的,这是马基雅维利所说的理论。在战略论方面,我觉得也不是所有的一切都是由环境决定的,我们有自己的主体的自由意志,我们能够改变环境,我觉得有这种想法是正常的。这就是所谓的以资源为基础的观念,也就是环境不是问题所在,重要的是我们要获得,而且活用别人难以模仿的资源。在这里,被人所知的是核心竞争力。我的好友普拉哈拉德,提出一个所谓的核心竞争理论,就是跟环境没有关系,我们要创造出别人不能够模仿的资源,而且去灵活使用,只有这样才能够获得成功,而且这也会造就企业之间的不同,差距就在这。我们现在所做的事情,就是要创造出一种不同的战略论。我其实对军事战略也是很感兴趣的,也研究军事战略学、战略理论。亚洲诞生过战略论,我觉得一个是孙子,另外一个是毛泽东。游击理论是从中国诞生,然后传遍全球的一个战略。对于企业的经营管理,我们也要创造出自己的理论,要有这样的一种意愿。刚才我提到了,欧美比较注重分析学、

---

① 编者注:2000年7月,以日本一桥大学为主,日本产学界联手推出"波特奖",表彰那些能够提出独创性策略且实践后能够持续达到获利绩优的企业,曾获奖企业有佳能、武田制药、万代等日本优秀企业。

经济学这种科学的探索方法,我们却想提出一种相反的理论,这到底是什么呢?

经济学方面,也就是波特所说的产业结构的分析,或者是资源分析,这是新古典论的一些说法,没有考虑到人的因素。人在哪儿呢?我们创造战略,而且实施这个战略都应该是人啊,以人为本的这种战略论,我们要把它创造出来,我有这种想法。还有一点,以人为本、以人为中心这个战略和人的幸福能不能结合在一起?战略和伦理,一般的人都认为它们是互相独立的,互不发生关系的,但是如果有可能的话,就要以人为中心来形成一种使人获得幸福的战略经营,这是我的想法。

二、知识创新的过程

如果从战略这个角度来考虑的话,知识创新并不是要获得准确的市场定位。最好的市场定位,不是要活用别人难以模仿的资源,而应该是更注重于创造未来的一种东西。战略就是创造未来,是我们的梦想,我们的理想,我们的一种假说。我们要实现它,然后使其真正成型,而且最终从中获得利润,也就是所谓的创新。在战略根基的地方,是创造未来,而作为它基础的又是创新。如果是这样的话,创新是什么呢?那就是创造出新的知识来。它是一个知识创造的过程,我是这么认为的。正因为如此,战略创新都是把自己的这种思路朝着真理的方向去实现,而且是在动态的、在人与人的交往之中来加以实现的,并使它成为一种颠簸不破的东西,这就是我们所说的知识创造。

在这种思路的背后是存在着这种背景的。我们创造出的知识到底是什么呢?我们认为可以把知识分成隐性的知识和显性的知识,而且它是一个螺旋上升的过程。非常重要的一个概念是隐性的知识,这是 Michael Poanyi[①]说的话,他是一个哲学家、科学家。他说我们知道的比我们说的更多,还有一个更重要的是什么呢?知识。它不是一开始就客观存在在那儿的一个东西,而是我们的主观创造出来的东西。所有的知识都是主观的,是在一种默契隐性之中存在的,也就是说知识是我们本身的一种思

---

① 编者注:Michael Poanyi,中文译名迈克尔·伯尔尼,英国哲学家,代表作为《个人知识:迈向后批评哲学》。

路、想法，我们的一种承诺。它并不是一个客观的东西，而是我们自己要做什么，是梦想，是思想，还是过程。有这样一个主观的过程，我们才能够产生知识，因此每个人的知识是不一样的，而且这个知识是有人格属性的，是一种承诺。个人的知识，一方面是个人的，同时也是全人格的、带有承诺的一种东西。我们必须有这样一种知识观。同时，有一位叫Whitehead[①]的人说，我们的主观信念，我们的思想，要让它客观化。但是能不能达到一个绝对真理，谁也不知道，可能我们一般都认为是一个真理的东西，也许会出现一个不同的观点、不同的角度。因此我们要相信有绝对的真理，然后不断地对一个假说进行验证，不断地验证下去，所有的知识都有一半真理的成分。我对他的这种说法是赞同的，所以在这个意义上，我想告诉大家所谓隐性的知识，主观的这样一种知识，是知识创造的源泉所在。

隐性知识是主观的，显性知识是客观的，它们不断地转化，成了真正的知识，而且形成一种创新，这是我们的思路所在。同时隐性知识，刚才已经说了，是一种承诺，是我们作为一个人想要做的事情，而显性知识，它是主体和客观分离的，是冷静地进行分析的一种客观的东西。显性知识的重要支柱是能够超越经验，但是同时，我们也会经常得到反省的机会。我们的隐性知识，是一个主观的东西，如果我们太过于相信它的话，就可能出现偏差，所以我们必须不断提升自己的隐性知识，改成显性知识，而且不断地进行反省，朝着真实、真理不断地进行实践。

以上所说的就是我提倡的知识创造理论的根本所在。关于知识创新的思路，首先是社会化，就是从直觉里头，我们会有某些发现，而且这种发现，我们必须要把它表达出来，叫做 externalization，把自己的直觉、思路变成一种概念，对这个概念彻底分析，使它形成一个很好的体系，而在此之后，进一步实践，使它形成一种形态，我把它称为 combination，一种融合，是通过一种螺旋式的运动，把个人的知识变为集团的知识，把集团的知识变成组织的知识，然后丰富个人的知识，就是通过螺旋式上升的方式，使知识不断升华，这就是知识的创造，就是知识创造的思路。

知识从个人、到集团、再到 socialization 的传播过程就是所谓的社会

---

① 编者注：Whitehead，中文译名怀特海，英国数学家、哲学家，"过程哲学"的创始人。

化、共同化，这是一种直接经验。通过直接经验，大家都能够共享隐性知识，进一步创造出新的隐性知识。而且每个人之间，都能够不断地共享这种东西，并且使它不断地丰富，然后形成一种语言，通过对话或者是反省的办法，使它形成一种概念，形成一种言辞，或者形成一种故事，在这个基础之上，进行彻底的分析。个人的智慧成为集团的知识，集团的知识成为组织的知识，进一步膨胀，进一步实现。个人、集体、组织，就是个人的一个思路成为言语，然后言语成为一种形态，然后个人的东西被这个集团和组织承认，最终不断地创造出有利于环境的知识、智慧。这就是通过一些具体的技术，或者是产品、服务的形式，来提供给社会，并且使社会的知识、智慧进一步丰富。因此，从这儿出发，我们又能够用它来触发出新的隐性知识，再通过这种社会化的表达和融合（我们把它称为 SECI 这样一个模型），永远使之不断发展下去，这就是我所说的 SECI 模型的基本想法。

三、SECI 模型

在 SECI 这样的知识创造的模型的基础上，我们可以得出一个企业的模型。这是一个非常简单化的模型，首先是有一个愿景，然后通过对话后再去实践，是这样的一个过程。对于这个愿景、对话、实践，来支持它的首先有一个驱动目标，经过螺旋式的上升，会不断地产生新的知识，这个知识会使得我们整个环境越来越丰富，这就是一个动态的企业创造知识的模型。

我们来简单地对其中的因素做一些说明，首先是愿景，它非常重要的一点是我们为什么存在。所谓的存在论，就是我们的组织、我们的企业为什么要存在？这就是所谓的愿景。那么由此可以来考虑我们如何存在，这就是接下来的驱动目的，当然会有各种各样的目标，即我们的驱动目标，因为愿景是一个理想，在理想和现实之间，驱动目标可以起到一个桥梁的作用，使得理想和现实当中，不断地产生这种关系。当然这中间可能有些具体类似于数字的目标，或者我们行为的规范，通过对它们的追求，可能会不断地产生出一些矛盾来，通过解决这些矛盾，新的知识就会不断地被创造出来。在这里有几个公司的案例，比如说佳能公司会追求"现金流"。经营者会制定一个目标,比如说简单对一个销售目标来说,可能不是特别复杂,如果目标是一个利益,当中就会有各种各样的因素。但是谈到"现金流"的话,当中的因素就更为复杂了,具体来看,"现金流"的概念,比如说我们把它作为我们的一个驱动目标,整个机构、整个组织将会进行最合理化的一个运动。在生产部门,比如说尽可能减少库存,也会带来现金流。还有研发部门,如果加快研发速度,也会带来现金流。此外经营部门、销售部门,加强供应链的管理也会带来现金流。那么各个部门,在各个时点进行他们各自的思考,这就是我们所说的把现金流作为目标的时候带来的东西。

另外是"对话",对话是在不断地创造新的知识的一个对话。可能各位比我更加熟悉吧,比如辩证法,正反统和,黑格尔、马克思、毛泽东都倡导过,黑和白不仅仅是形式理论,而是要不断提高生产性。虽然是彻底的自我主张,但是它同时又非常有远见,或者谦虚。有可能我也会错,那么通过这样一个循环往复,可能会增加与别人的对立。但全球一些比较优秀的大公司,我们会对他们做各种各样的分析研究,不管怎么说,他们都有一个共同点,就是人们都非常谦虚。虽然他们会有个人的自我主张,但是他们也会充分地去考虑对方的立场,非常谦虚地去解决争议,会通过这种否定的方式解决对立。

接下来是实践,在实践当中我们也经常会运用到辩证法。我们一定会通过实践不断超越我们的目标,就是说通过实践来进行分析,这个分析是在实践当中做的,这是毛主席实践论的一个观点,跟这个观点非常相像,在实践中进行分析也是这样一种思维。在这样一种情况下,企业将会不断地进行创新,另外在这里还有非常重要的一点,就像我刚才提到的一个模型,这个模型最终实现统一的应该是需要一个领导力,leadership。再就是对话、实践,然后是知识资产,还有产生知识的环境。将这些全部进行综合以后,使它能够产生新的知识的话,就需要一定的领导力,就是说这个领导力是一个新的概念。我今天在这里想要强调这一点,phronesis,我们叫做真知灼见。

真知灼见的概念是亚里士多德最初提出来的,今天可能大家都已经对它比较冷漠了,它指的是什么呢?亚里士多德说到,知识一般会分成三种,一种是所谓的理论知识或者是我们把它称为显性知识。第二种就是技巧。一半是隐性的,还有一半可能是显性的,现在已经有很多是可以数字化了的。最重要的一点就是真知灼见,实践智慧。这是科学的知识和艺术综合产生的第三种知识。它是一种什么样的知识呢？首先它是有伦理观的,对于好坏会有一个判断的能力,我们的现实是每时每刻都在变化的,因此一模一样的事情是不可能两次出现的,这在社会科学和物理学现象当中都会提到,就是说同样一件事情不可能出现第二次,只会有一次,那么这时在事实背后的本质是什么？抓住这个本质进行正确的决策,就是我们说的 phronesis,真知灼见。

英语当中对 phronesis 有各种各样的解释,一种解释是,进行资料的鉴别,或者是动态的平衡能力,一种把它说成是实践的智慧。另外还有一个提到伦理的解释,它是指在一个特定的场合和时间下与人之间的一种关系。管理上的决策,并不是一个一般论,都是针对特殊的时间、地点,是在一种特殊环境当中所发生的。加拿大一位学者也经常与我们合作研究,他提到所谓的管理没有一个最佳的方式,都是按照不同的情况进行判断的一种能力。问题是应该怎样培养这种能力,或者说 phronesis 由什么样的能力构成？我们把它分为六种因素,也就是说是由六种能力来构成的。第一点,判断什么是好什么是坏,也就是判断能力。而且是在一种特别的情况下,对此做出判断决策的能力。第二点,营造一种动态的情景,也就是说能够给大家营造一种场。第三点,在现实中怎么鉴别本质的能力。第四点,这个本质如何能够通过语言、概念或者是故事情节这种方式,使得组织结构内的其他人来共享,并且来实现的能力。第五点,创新不仅仅是追求理想,如果仅仅是这样是不会成功的。善与恶,是一种背离的关系,想知道善就要知道恶,所以它是一个政治的逻辑。第六点,也就是说,从一到五的这样一种能力,并不仅仅是个人的力量,而是使整个组织都能共享这个能力,实际上我觉得第六点是决定性的能力和因素。我们把六个能力通过一些具体的案例来跟大家做一下介绍。

我们这里所举的例子,是我们具体研究的一些企业的领导人,只是列举一些最高决策层的情况,对一些中间层以及中间领导层,我们也在做这方面的研究,但是基本上都会归纳到我们下面所述的六种情况中来。

第一,对好坏进行判断、分析的能力。亚里士多德在一本叫《伦理学》的书的序言当中是这样写的,人从本质上来说在行为时,是想行善的,这是一种叫人本善的考虑。所谓的善是什么呢？是本身对他物追求的一个绝对价值,比如说幸福并不是一种手段。再具体地来说,自我实现,自我实现的概念是源于亚里士多德这儿的。金钱实际上是为了做什么的一种手段,不会成为自我的一种价值所在。

我接下来要谈到的企业的高层经营者有三位,一位是本田公司的创业人本田宗一郎,然后是佳能公司的CEO,还有"711"便利店的经营者这三位。还有一位进行社会创新的动物园园长,我也会给大家做一个介绍。什么是善？关于这一点,我们大家一起讨论。今天枪田社长也在场,所以在回头讨论的时候,我们也希望跟他有一个互动交流,听听他的一些现实的感受。至于本田宗一郎,他非常强调的一点是技术必须要赋予哲理,金钱和技术实际上只是一种手段而已。没有哲理的技术是没有意义的,真正的技术是哲学的一个结晶,这就是本田先生的哲学。"711"便利店现在在北京也开了很多,它的CEO的想法是应该如何符合消费者的需求,就是说能够真正满足消费者的需求。客户的需求或想要的东西,并不是可以显形的东西,对于看不见的东西应该怎么办？所有的员工必须要通过假说来进行追求。

最近在日本有一个比较热门的话题,在北海道有一个旭山动物园,因为没有什么人来参观,所以很多人建议把它废掉,而且里面没有明星动物,没有熊猫,大猩猩也死了,只有一些常见的动物。如何把这个动物园建成日本第一的动物园？这个动物园的负责人提到,动物也有自我主张,因此在冬天这个动物园内的企鹅可能也存在运动不足的问题,本来作为企鹅来说,它自己很想能够到动物园外去走动,所以这个动物园就拆除了围栏。

第二,也就是如何营造动态情形的能力,来共享context。所谓的场是什么呢,刚才我也提到,它与时间、地点有密切关系,如果相关性能够共享的话,就能够创造出新的知识来。在这个场里,我们是否是真正共享了这样一些context,在讨论的时候,我们会重点讨论一下这部分内容。最重要的一点就是,here and now,现在这里的context我们要共享,这是最重要的一点。要实现这一点,最直接的一个办法就是face to face,面对面。这样我们的隐性知识就互相共享,这一点非常重要。

所以我们必须要有关爱还要有接触,我们只有共享了这些东西,我们的知识才能共享,只有在这种情况下,我们才可以进行一种最直接的对话。创造这样一种状态,有各种各样的因素,但是场、状态,并不是指空间物理意义上的地方,而是要共享我们目前这种相关性关系的一种状态,这是最重要的。

因此从这意义上来说,我们刚才提到的 SECI 这种螺旋形上升的形式,也就是显性和隐性的知识,在这种情况之下,不断升华,且必须是互动的,这是我刚才所说的 SECI 的过程。我们要提高它的效率,需要有一个 context,也就是一个状态,前后关系,需要有这样一种场合,只有这样,才能使我们的效率更高。最重要的还是互相所拥有的感情,也就是喜怒哀乐,大家能够共享,都能够认识到我们是在一起生活的,一起生存的,这种共鸣能够成立的话,就是我所说的场合状态。

与此同时,在这样一个状态、场的情况之下,我们还要有一些自我的组织,还要对于目的和我们的承诺达成共识,对现在这里的这种相关性,我们要有一个共同的体验。另外建成一个开放的场,把自己的知识,自己的感情全部开放,如果有可能的话,希望有更多的、拥有各种知识的人来参加,我想应该是这样的。

刚才提到的本田宗一郎先生,他是一个有名的人,能够让气氛变得更好的一个人,他老是在说笑话,笑话说得非常好。笑话,实际上就是一个 timing,就是时机,而且在这种环境、气氛之下,"To joke is to understand human emotion",意思就是说讲笑话就是去理解人的感情,他觉得这是最为重要的,这是本田宗一郎先生所说的话。我们再查一查的话,可以看到本田宗一郎的玩笑一半以上,用日语来说都是带一点所谓的脏的、黄段子的这样一种东西。这种脏的笑话,如果时机不对,就会引发很大的麻烦。正因为如此,我们必须要有即时性,要符合这个场景。实际上就是抓住一个时机,这一点是十分重要的。

佳能公司每天早上八点到九点都有一个例行的晨会,所有的高层高管都会参加这个会议,没有任何具体的议题。每个人都可以去创造出一个议题来。这样会产生什么样的情况呢?如果是这样的话,所有参加的人,对于 here-now,此时此地,都会带来自己觉得重要的课题,会达成一个共享。一方面是共享,同时还会及时地来解决这个问题。这是一个非正式的会议,但是会转变成正式的会议,到九点是要解散的,然后马上就付诸实施。每天早上，从星期一到星期五，八点到九点，这是雷打不动的。

　　这里虽然没有任何新的东西，但是这是最为困难的，而且是最新鲜的。这些知识，会从这种地方、这种场合诞生出来。所谓的战略不是在办公桌前进行分析的，而是在活生生的现实里头，大家有一种共同的认识，关于问题的认识，这样的话，自然而然就会涌现出战略，这是我的想法。与此同时，要创造更多的这样的场，并且使之联系起来，不断地联系起来。作为中心的当然是晨会，这是中心。如果在晨会上不能解决问题的话，就会提交到高级的经营会议上去，然后再到经营战略委员会上去，不断地组成相应委员会。这个会议都是在中午休息的时候开的，是在午饭时间，大家都得吃饭吧，所以出席率百分之百。在这个窄小的房子里头，把他们都关在一起，身体和门都碰撞在一起，都摩擦在一起，来创造出这么一种场，一种状态，因为很窄嘛，所以不可能吃大餐，你只能吃盖碗饭了，所以5分钟就吃完了，剩下55分钟就可以开会，对话了。就是不断地来创造出新的这样的场，而且是连续的，使整个组织都能够受到刺激，就这么点儿事，但是会不断地形成创新，因此有一个小的场，它作为一个中心，然后把这些不同的场不断地联系起来，不断地扩大下去。

　　还有一点更重要的，最近在我们的网络理论里面，有一个所谓的小世界理论，就是通过六级朋友的联系，可以把全球联系在一起，这是一个理所当然的理论。这样的一种场，它的联系的密度是很高的。但是这里的场，它们之间是不联系的、密度很高的场，它们的知识会联系在一起，但是这两个场的知识是中断的，不连在一起的，在这种情况之下要是有一个人在里面率先发挥作用的话，就会使知识产生爆炸。所谓的知识，是一种相关性，实际上，它一定是能够连续的，但是我们的组织呢，把这种联系给切断了，我们要创造的场就是要把这些切断我们的联系的这些东西毁坏掉，把它做成一个互相联系的东西。丰田开发普锐斯这款车就是这么做的，比如其中一个组，它是对于最新的一些技术加以使用，并且创造出新的概念，来创造出新的产品；但是另一个组有一些新的项目小组，跟它没有任何相关性，生产电动汽车的项目。这个小组和这个集团，他们通过一个中间的人，能够联系起来，最终形成了今天的混合动力汽车，也就是普锐斯，普锐斯通过人把非常广泛的、互相不联系的这些知识，联系在一起了。我用一个词来形容就是创造场，创造场有多重要，大家可以从中看出来。

第三，是能够洞察现实的能力，有这么一句话，上帝在细节之中。就是未来的现实，实际上在我们微观的细节里头是存在的，只不过是你能不能发现它。因此我们在这种特定的时间、特定的场所，要找出这种关系后面的本质所在，这是本田宗一郎先生创新的具体案例。他到被称为汽车殿堂的底特律，接受对全球开发车作出贡献的人进行的表彰。在考察中有一次他自己蹲下来，看骑手怎么骑车。为什么蹲下来？他要看到骑手的视线，要跟他相平，也就是把他的感情注入到骑手之中，自己把自己当做骑手，但不是仅仅在那儿看，而是在心里头有一种比之前更进一步的假说，一种假想，这样的一种体验我把它称为真知灼见的体验，这是与普通的体验完全不同的，也就是有问题的意识，在这种情况下洞察现实。

佳能的首席执行官御手洗先生，他总到现场去，把自己的假设和现实不断地进行对比，对于那些微观的现象，不断加以观察。至于铃木先生的逻辑分析，他认为你不要去相信这种普遍的、全球性的原理、真理。这些真理，都是从过去的经验里头诞生的，但是现实是无时无刻不在变化的，万物都是在不断地变化之中。在这种前提之下，你能够把握什么？为此，我们要抛弃过去的经验，否定过去，我们要不断反省在特定的情形之下、条件之下，什么是真实的？即便是离开五公里，"711"连锁店也认为顾客的需求和所想所要也是不同的，因此它要求所有店的工作人员都应该有一个假想，而且不断地去验证，只有这样的话，才能够达到真理、真实。

刚才说到旭山动物园，我认为这是一个社会的创新。旭山动物园里饲养员是与动物最接近的，每天在一起，一般的饲养员不会到外头来，他不是考虑动物园战略的人，考虑战略的人是所谓的办公室的办公人员，这些人对于现场实际上是不熟悉的。但是我们这个叫旭山的园长，他让饲养员创造出新的理念，而且有很多新的尝试。比如对于海豹，他们做了一个圆形的筒，把海豹放在里头，这样就可以365天都看到栩栩如生、真实的海豹，这是饲养员提出的建议。动物学者说海豹是非常怯懦的，即便这样做，它也不会游过来，但是园长说海豹也想见到人，动物园不光是人去看动物，而应该也是动物想见到人的一个场所，这是他提出的想法，而且这种设想进行得非常顺利，做得很好。这就是把人的感情注入到里头，站在对方的角度考虑问题，虽然是动物，但是也可以为它们设身处地想一想。

第四，刚才我说的都是一些微观的东西，在微观的东西里头，我们发现本质,但是仅仅是这样的话,只是一种直觉,我们还需要把它变为一种普遍的概念,或者是故事,让整个组织都能够共享。如果不这样做的话,我们的知识就不能够膨胀,这是本田宗一郎的理念。刚才所说的,在现场把这些技术人员都集中在一起对话,在这种对话中,对刚刚发现的东西以及各种各样的假设,不断加以切磋琢磨,而且大家是站在同一个高度,在互视的角度之下进行对话,不能够俯视也不能仰视,否则的话,是不能够真正形成对话的。同时不仅仅是依靠特别的直觉,而应该不断摸索普遍的理论。也就是说,我们的哲学必须要行动,另外没有哲学的行动,也是没有意义的。

我们看看佳能的御手洗先生,他说我们的目标,是要作为一个数字客观地表达出来的,但是我们应该去创造一个能够实现这些具体数字目标的每个人的故事。这每个人的故事是什么？创造这样的一个东西,就是要做出承诺,使客观的数字成为一个主观的东西,然后实现自己本身的价值,来创造出自己的故事。去创造出这种故事是非常重要的,个人与集团、组织要融为一体,要自己去做这件事情。铃木先生认为光看到树木是不行的,我们要看到森林。但是现实呢,我们既要看到每颗树,又要看到整个森林,是非常困难的,所以他认为对于某一个产品,这个特定的单一的产品,要仔细地、彻底地去观察它,然后做出自己的假设,并且加以验证,这种验证通过自己看,而且要创造出假设验证的故事,你最终可以发现森林。也就是说所有的公司的人员,包括打零工的,都应该对自己所负责的项目有发出订单的一个权限,即每天自己预计需要多少,自己发出订单,在这个过程中,你会发现这个整体。在动物园也是一样,我们要让动物充满活力,让他与人打交道的时候,是充满生命力、充满活力的,我们要给他创造这样的一个场,这样的一个状态。普通的动物园为 Action Exposition 创造出一个充满活力的动物园,这是一个概念的设立,就是从一个现实的、微观的直觉出发,找出普遍的真理。

第五,是一干到底的政治的实施力。我们在这个过程之中,需要对矛盾不断扬弃。现实的创新的过程,实际上就是一个矛盾本身,因此如何利用辩证法对这个矛盾加以解决,是人与人之间相互作用的过程。所以需要一个很深的人与人之间的相互理解,否则是达不到的,而且抓住时机也是十分重要的。因此刚才所说的创造这个场、创造状态,与这一点的要求有很深的关系。

佳能管理者认为他们公司本身就是一个悖论,就是矛盾体,必须不断加以解决,从而不断地前进。所有能够诞生出这种创新的企业,它的管理都是一个过程,没有一时一刻是停止的,我们如何去把握这种过程的动态,如何去抓住这个时机,如何使其联系起来,是公司成功的关键所在。因此在佳能,能做的就是彻底地进行交流,一直交流。

第六,就是刚才我所说的实践智慧或者真知灼见。我们要追求善,而且要有一个及时的决策,如果这种东西能够被整个组织的所有人所掌握的话,无论发生什么样的问题,都可以实时地而且创造性地来加以解决,采取措施。我把它称为一个具有充分灵活性的组织,对于未来的事情,我们如何分析都是没有用的,我们能做的就是朝着一个普通的善来采取措施,但是同时我们要不断地提出一些假定、假设,而且要不断地进行验证,不能有一时一刻的停止,应该是这样一个组织。

如何来实现真知灼见和实践智慧,一个概念就是所谓分销的一种过程,也就是说,让所有的人,都成为这样具有真知灼见的人,战略不是一部分人在办公桌上思考的东西,而应该是所有的人,在不断变化的现实之中来追求真实的一种能力,我们必须让每个人都嵌入其中。在本田宗一郎去世之后,他的经营管理的政策,以文字表述的形式被固定下来:我们要充满野心,我们要有年轻的活力,并且要充满梦想。他所说的就是"梦想的力量",实践是很重要,但是我们同时要尊重声音,尊重这种理论。

在本田,所有的人都要被培养成本田宗一郎这样的人,就是说我们要创造无数的本田宗一郎。不仅高管是重要的,每个人都应该是跑在前面的。也就是说拥有一个真知灼见的判断的能力,而且有这样的一个实践能力,对于组织是十分重要的,每个人都应该有这种能力。铃木也是这么说的,我只有两只眼睛,所以所有的成员都应该有假想,并且去验证,去实践。没有人知道这个社会在将来会怎么变,我们能做的是什么呢?就是对于这些变化,我们要创造性地加以适应,除此以外,别无他途。因此就会形成这样一种情况,在非常狭小的商店里,有工人来观察顾客,去听取、观察顾客的需求,然后提出自己的一个假设,由中层管理人员把六七个这样的假设综合在一起,然后把这个知识与大家实现共享。在此基础之上,中层的管理人,每周二都会与高管进行对话。它是一种多层次的场,所需要的成本是很大的,但是它能够产生知识,这种不断地去假设、验证的过程,就会使我们假设的能力不断提高。刚才已经提到了,实践智慧就是高质量的隐性知识,如果不这么进行假设、验证的话,就不会积累下来,这个就是我们所谓的核心竞争力。而且对于这种假设验证,我们要支持它进行相应的分析。

这个 phronesis 的能力如何培养呢?我们也正在考虑当中,其中一个就是要提高我们的经验的质量,也就是说需要有至高的经验,这个经验需要有意识地通过实践来积累。另外就是实践,不断地进行实践。还有一点,就是我们的素质和教养,如何把它在水平、垂直的方向去扩展?也就是说知识只有通过人与人之间的相互作用产生,人是什么?我们为什么生存?善又是什么?这样一些问题不进行思考的话,我们真正的管理就不能提高到很高的水平。现在美国面临的最大的一个管理问题,就是技术人员有无数,但是这些人往往缺乏一定的素质、涵养,这就是问题所在。他们现在非常强调素质教育,特别是哲学、历史方面。为什么历史重要呢,因为历史就是 context,对于这个稍纵即逝的 context 应该怎么决策判断,这就是我们的 phronesis。为什么哲学重要呢?它是追索问题的本质,另外还有一个 tradition,就是传统,什么是好?什么是善?什么是优秀?我们必须向我们的先辈学习,这些先辈是以什么样的哲学观来考虑的,这是我们必须要学习的地方。这种高标准,我们是不能放低的,而且这种高标准会有后来者不断超越它,这样的话,我们整个组织的标准又会不断地被推高。

最后,phronesis,实际上是采取了什么样的方式呢?也就是我们所谓的真知灼见的方法论,我们来看一下,会有这样的一种上升的方式:首先你的目标是什么,你想做什么?这是我们的第一步。第二步,为了实现它所需要的手段是什么?那么第三步就是要行动,如果没有行动,什么都不会产生,什么也都不会发生。如果我们的这个行动要是发生错误的话,我们就要不断对它进行修正,但是我们的最终目标、共同目标是不能改变的。为了这个目标,我们需要做什么,我们的假设、我们的手段就会不断地修正,然后朝着我们的共同目标去接近。

丰田、本田在这方面是非常相像的。我们看一下本田,它强调现场,也就是说你必须要去现场,并且你要了解各个现状,这就是本田的方式。那么对此,它会形成一个隐性的知识,同时还要加强实践与理论、宏观与微观,就是隐性与显性的融合。丰田也一样,应该丢弃所有以往的成功经验,直接正视你所在的现场,并且要进行分析。如果这样顺利的话,还需要不断地去提高你的目标,这是通用电气的一个方式。杰克·韦尔奇做了众多的分析,大家可以判断一下哪种方式更加合理。实践智慧始终强调要面对现实,另外要不断地从主观上向自己提问,你到底想做什么?

最后我们看一下,企业为了什么而存在?什么是善?作为企业首先必须要不断地有这种问题意识。另外什么是真实的?可能一方面是非常理想的,但同时还会有现实的一面,所以不要无视现实来创造理论,必须要进入到现场,并且在现场不断去追求你的理念。因此所谓的管理,并不是赚钱的一种手段,而是一种生存的方式,这就是知识创造型企业理想的一种理念。

以上是我今天所要跟大家交流的内容,谢谢。

四、师生互动

提问:非常感谢野中先生的精彩讲演。我们的论坛是创新论坛,野中郁次郎先生也反复提到创新,同时您的研究题目跟知识管理和创新非常有关系,因此我想请教的是,通过您的实践研究,知识管理和创新之间的关系到底是怎样的?怎样通过知识管理去创新?怎样把理论研究的结果更有效地用在企业的实践过程中间?谢谢。

野中郁次郎:我今天所演讲的内容,只是知识管理的其中一个部分。企业应该怎样来管理?21世纪的社会已经是一个知识社会了,新的经营理论就是要制造一个新的企业经营的乐园,这就是知识创新理论。

今天我所提到的知识创新理论,可以把它演变为战略,成为创新的基础理论,也可以把它运用到实际的知识创新过程当中。因此知识管理应该说是我们理论当中的一个部分,如何让大家能够共享显性知识?这是一种技巧,但它并不会成为一种理论。而我所说的所谓的经营,都是在创造知识,或者说都要可以对它进行明确的解释,这是我的一个想法。应该说它只是一种新的理论,那么怎样来解释创新?就像我今天所提到的叫创新知识,可能对它是一个最贴切的说法。

提问：日本有很多知识型的大公司，像索尼、东芝，它们有很多颇具实力和财力的研究所，但是新的技术革命却最先发生在美国，请您在知识创新方面给我们谈谈具体原因。谢谢。

野中郁次郎：你这个问题太难了。如何定义创新的等级，我觉得不是一件简单的事情。在产业革命以后日本确实有过一段落后的时间，"科学"这个概念不是从我们这里诞生的，它是西方逻辑实证的理论诞生的东西。没能创造出一些科学的东西来，从这个意义上来说，确实我们是比较落后的。但在物品的制造方面，我们能生产出新的东西。这个过程需要非常多的隐性知识的积累，当然IT也需要隐性知识，而且是很重要的。比方说在做一些研发的时候，你也可能从过去的经验出发，一下就能浮现出新的点子。但是如果是用制造技术在内的一些嵌入性的软件，把硬件和软件结合在一起开发的能力，我觉得日方还是非常先进的。

还有一点，最近有一些新的事例，尤其是在环保方面，对于环境生态进行管理的技术，日本的企业好像是走在世界前列的。如果说真正是一种跨时代的概念的提出，可能日本还没有追上欧美国家，但是日本把硬件和软件结合在一起，平衡方面做得非常好。包括生态环保，使人类和环境结合在一起的技术开发，我觉得在很大程度上日本还是领先的。到底哪个是更高水平的一些知识？我觉得做这个判断是很困难的，但是我认为日本的知识创新也是有自己值得骄傲之处的，这是我的解答。

（时间：2007年7月）

第四篇
不断前进,超越自我

演讲嘉宾:

陈永正:NBA(中国)CEO

这是我过去四年来第三次来北大,大概在我刚到微软的时候,来和同学、老师聊了一次,去年的时候,受光华管理学院张院长的邀请,陪比尔·盖茨先生来北大演讲,这是第三次来,也是刚到NBA,所以我觉得挺有意思,好像我刚到一个工作岗位都要到北大来和大家聊一下,汇报一下工作的情况。

我个人最早是在贝尔实验室工作,然后从贝尔实验室转到摩托罗拉,再从摩托罗拉转到微软,又从微软转到NBA。我想这个生涯规划的问题可能是现在比较热门的话题。我原来在芝加哥大学念书的时候,有一个暑假的生涯规划,我不知道北大的课程里面有没有一个生涯规划。我觉得这是一个很有意思的东西。我想也许先讲一下NBA,再回到生涯规划这边来可能好讲一点,毕竟讲自己是不太容易的。我倒觉得网上讲的比我自己看自己清楚一点。我到NBA的时候,网上也有很多关于陈永正的投票,就跟当初我到微软去的时候一样,我记得我上新浪网看有几千人投票,大概50%的人说陈永正从摩托罗拉到微软大概可以做成功,另外50%

的人说他做不成功。到了 NBA 以后比较有意思,新浪又投了一次票,有 6 000 多人,大概 75% 的人说陈永正可以做成功,20% 的人说大概有点困难,从 50% 到 75%,很大一个差距,我相信不是我陈永正,而是 NBA 在中国大众消费者心目中的形象是比较不一样的。NBA 其实来中国很久了,它成立于 1946 年,现在是 30 个队伍,中间 NBA 和美国另外一个联盟 ABA 也合并过,原来美国有好几个篮球的联盟,经过合并后 NBA 成为美国最主要的篮球联盟。

  NBA 的商业模式有一点跟足球不一样,足球基本上是每一个国家有一个自己的足球联盟,以国家为单位竞争世界杯。篮球不一样,NBA 是把全世界最好的球员全部集中到美国,在美国一起打,现在 NBA 四百多个球员里面 20% 左右是国际的,是从美国以外来的,当然,姚明、易建联、巴特尔大家比较熟一点。NBA 球员的平均薪水,大概是四百多万美元,非常惊人的一个数目。欧洲联盟的篮球高手,大概平均收入是在 100 万美元左右,所以 NBA 的球员的薪水是欧洲的大概 4 倍多,那国内 CBA 球员的薪水大概又差更多了,所以 NBA 基本上是让全世界最好的球员集中在一起打,所以球赛的精彩程度和竞争程度在这里面是非常关键的。当然,谈 NBA 不可能绕过乔丹,其实 NBA 发展到乔丹的时候有一个很大的突破,乔丹把篮球带到一个不同的程度,其他明星其实很难超越乔丹,他把球练到了另外一个境界。整个 NBA 的比赛是最高层次的竞争,加上娱乐因素、多媒体的包装以及很好的场馆经验,感觉看 NBA 就好像到了一个嘉年华一样。顺便打一个小广告,奥运的时候篮球比赛在北京篮球馆,是我们协助北京奥组委设计的,这一次奥运会最难买的票好像就是篮球票,北京篮球馆是全亚洲最好的一个球馆,在五棵松那儿,NBA 会派 25 个工作人员来帮忙布置里面的音响、灯光和节目制作,甚至玩偶都是从美国来的,还有 20 个国际的啦啦队,所以这次我希望在奥运的时候给大家一个感觉,也就是像 NBA 这样的娱乐感觉。在 12 个球队里面,估计有 60 个以上的 NBA 球员,所以奥运是非常精彩的,到 10 月份的时候,我们应该会有两个 NBA 球队到北京来打季选赛,去年我们到了澳门和上海,今年我们会来北京,希望到时候 NBA 球星和同学们有见面的机会。

  中国篮球已经超过 100 年的历史了,按照 CBA 的统计,中国有超过 3 亿人打篮球,可能比踢足球的人多,因为有个篮板就可以打起来,所以通常比较容易一点,当然打小球的人比打篮球的多,中国人打的最多的是乒乓球,接下来就是篮球了。篮球带来的很关键的就是一个团队的精神,所以我觉得篮球明星很容易取得大家的认同。国家现在把全民健身当作五年计划里面一个很重要的项目,以前讲村村要通电话,现在是村村要建一个篮球场。去年中国建了6万个篮球场,像江苏省已经村村有篮球场了,基本配置是一个村里面有一个篮球场,有两个乒乓球桌,基本上让村里的老百姓白天可以在场上晒谷子,晚上拿掉以后可以放电影也可以打球。估计在未来的10年内,按照这个计划中国的每一个村都有篮球场,所以我觉得到时候篮球绝对是中国最大的一个运动,因为农村里面都有篮球场了。20年前CCTV开始转播NBA,我们去年刚庆祝20年,大家如果回想20年前,基本上电视上没什么广告的,NBA那时候在美国转播已经要花不少钱了,我记得是我们的主席到了CCTV以后,主动说要把NBA的球赛给CCTV转播,CCTV说我们不会付转播费,我们主席还说没问题,要让CCTV免费播,希望以后CCTV把一些广告时间给我们,所以我们的模式在中国就和海外不一样,海外完全是他们付转播费,然后全部播了,中国是付非常少的转播费,到今天为止仍然是非常少的,主要是靠大家分享广告时间来做的。但是20年前的决定到现在证明是非常英明的一个决定,这20年来随着在中国的转播,大众对NBA尤其像乔丹这样的球星逐渐认同,到今天我们有姚明、易建联在打,尤其他们都打到明星赛里面,这一路走过来我觉得非常关键。另外,就是美国国家队来中国也好,中国国家队到美国去也好,都一直有交流,我们在去年暑假也请了中国的国家队到美国跟我们的发展联盟一起练球。刚才我也提到篮球不但要求打得好看,更关键的就是要有球迷以及大家对篮球的热情,运动其实是离不开球迷和激情的,那么怎么把篮球的激情,把自己对运动的喜爱转移到球员身上,转移到球队身上是非常关键的。其实我们在运动里面常常面临一个问题,到底人是应该跟着球员走,还是应该跟着地方的球队走,这是很有意思的。美国的大学的NCAA,他们就是64个队淘汰打下来,最后大家还是认同学校。到了NBA或者橄榄球时,是以城市为基础,有的人认同火箭队,有的人认同湖人队,当然里面也有明星,但是即使明星不在的时候,球迷还是认同这个球队,所以这是非常关键的一件事情。

我们每次来都非常感动,中国的球迷和中国的年轻人追星的能力非常强，我发现最近尤其表现在歌星方面。我上次去看周杰伦在北京体育场开的演唱会，那不得了，几千个人站在椅子上，然后挥了两个小时还能继续下去，我在那儿看得都很累，所以我觉得年轻人对自己喜爱事情的热情是最重要的一件事情。实际上这也对，刚才我们在吃饭的时候和几个老师也请教了，现在很多人在研究体育产业这个问题，体育产业里面怎么样把球迷的热情和产业结合起来发展，是非常关键的事情。现在的年轻人通过媒体，对球员、球星、球队，对体育非常熟悉，再加上现在经济实力强了，大家愿意在精神文明上多花点，这是非常好的，在产业化方面也是非常好的一件事情。前段时间大家也说到NBA（中国）到底是怎么一回事，NBA（中国）基本上是把NBA的所有的资产灌入到中国来，包括知识产权，包括我们过去的照片、电视，包括未来的业务、现在的业务，包括所有衍生出来的业务，以及未来要到中国发展的，全部放在NBA（中国）里面，然后在中国引进战略投资伙伴，这是NBA（中国）基本上的情况。我们在中国的业务看起来是包罗万象，很多朋友问我为什么从微软到NBA，我说其实NBA和微软业务很多时候是很像的。在微软的时候有MSN，在NBA的话也有NBA.com.cn；微软有很多消费者的业务，比如手机的业务，NBA（中国）这边要办中国赛，要有许多战略的合作伙伴，或者市场合作伙伴，也是需要和广大的老百姓有一个接触，有很多草根的活动我们必须推到各个城市去，这个和微软是非常像的；微软有不同的行销系统，比如有大客户部，直接对大客户做，有经过市场合作伙伴做的，在NBA里面其实也非常像，体育活动遇到全民的时候，就不能只对客户直接接触，还要靠渠道接触，其实是非常像的；还有，就是提供商品，微软有商品，NBA今天在中国的业务严格来讲是非常分散的多元化的业务。刚才我大概也稍微提到了，我们有数字媒体，也办很多草根的活动，还有商品服务。

电视方面我刚刚提到20年来，现在在大中华区，包括台湾、香港地区总共有51家电视台转播，每个礼拜这边收看的有3 400万人，这个统计数字比较严格一点，必须连续看多长时间以上才算，如果说你只是看了以后转台——一分钟、两分钟转台的话，这个数字可能要乘上三倍，就是1亿以上的人在看。我想最有趣的，姚明和易建联在过年前一天，就是星期六早上打了一场球，那一次大家猜到底多少人看球，外国报纸说是中国有两亿人看球，我觉得那个夸张了，我们看不到那么多的数字，但是如果把现场看加上转播看的人加在一起,超过1亿绝对是有的。美国最大收视率的节目是美国的"超级杯足球",大概那场球有7 000万人看,那我们的易和姚有1亿人看是非常厉害的,从这个角度看,中国的市场以后在世界上是绝对大市场,这是非常关键的一件事情。我们现在也开始做一些节目,叫做"NBA制造",我们希望以后能够做更多方面的节目,我们前段时间想是不是像超女一样做一些篮球宝贝或者是篮球小子这样的节目,后来发觉政府这方面现在规定得蛮严的,对媒体有研究的知道,可能一年就只能做一个这种节目,所以还是在考虑之中,但是我们希望以后在中国有原汁原味自己制作的节目。数字媒体很有意思,现在基本上来讲,NBA.com的流量中,中国的流量已经应该算是最大的了,我在一年前做录影的时候,一个月是2.44亿的点击率,最近一个月是1.6亿,这边说是每个月有1 000万的新用户,其实我们最近看,是有3 000万,网络的成长简直不得了。我们看中国的百度、阿里巴巴、QQ,在市值上面过去一年以内都是翻了一番以上,所以中国网络的前途是非常不得了的。我们的篮球网站现在是最大的一个篮球网站了,如果是以体育频道来讲最大的应该是新浪,可是新浪里面除了NBA的频道还有各种其他的频道,大概新浪的量是NBA量的两倍左右,我们希望我们在网站上面能够继续成长。我们也发觉现在NBA除了电视以外,开始在数字媒体,包括手机——不管手机报、手机电视——上提供内容,这应该有很大的发展潜力,我觉得整个运动的产业才刚刚开始。至于我们运动产业的份额,如果从GDP中体育消费的比例来看的话——中国的GDP里面包含大家买球衣、球鞋,包括看整个体育节目的花费——中国是美国的七分之一,加上中国的GDP成长速度比美国快很多,所以如果有一天中国的体育消费占GDP的比例能够到美国的水平,我估计中国体育产业的发展,应该有十几到二十倍以上的成长空间,所以这个空间是非常非常大的。

我们最近也会出一个线上游戏。有一次联想拿NBA的图像做广告来推销电脑,结果一天卖出3万台,创下联想公司有史以来的一个新纪录。所以,如果说利用NBA这个平台来做市场的促销其实非常有意思,事实上NBA的平台除了是一个品牌以外,还有数字媒体、手机、网络、赞助、办草根活动,很少看到一个平台能够在这些方面全部顾到的,可以说我们NBA是比较特殊的一个情况。我为什么这么讲,你说今天足球有没有一个很明显的足球网站，好像大家都有，但是没有像NBA.com这样的一个网站，然后你说办活动，和球员、球迷整个在一起的话，其实NBA是一个很好的做广告的平台。除了很多传统的外国的企业以外，许多中国的企业也是我们的市场合作伙伴。商品是很有意思的，我不知道大家觉得现在中国，比如说卖球员的球衣，销量第一的球衣是谁的？有人说是科比，很多时候，我们路演的时候问大家，大家都说是姚明，实际上姚明的球衣卖起来是第五还是第六，科比是第一。事实上中国的球迷买很多不同球星的球衣，这证明一件事情，就是在中国，球迷其实非常散，球迷不是说只盯着姚明，当然姚明出来时的收视率要比别人的高三倍以上，但是买球衣，大家对不同的球员有自己的喜好，也就是说在中国，不同的球星有很多喜爱他们的球迷群，这一点非常关键。2008年"梦八队"是科比带队来的，美国已经有两届没有拿到奥运的冠军了，这一点很有意思。大家记得1992年迈克尔带队"梦一队"，每一场都是赢20分以上，后来美国队出来常常输球，这是因为NBA的国际球员多了，像西班牙队有5个球员是NBA的，所以篮球已经变成一个全球的运动，美国国家队不一定就能打赢，包括上个月在五棵松球馆有一个好运女子篮球赛，是中国队第一次把美国队打败，我提这个就是说篮球这个运动已经是一个非常蓬勃，基本上已经很国际化的运动了，竞争力也非常强，美国队不像以前那样总能够打赢。当然这次"梦八队"压力很大，他们觉得再不赢就无颜面对江东父老了。

在NBA我们也开展一些新的商业模式，这个很多是在中国才有的一个情况。我稍微解释一下，比如说NBA的专卖店我们全球就是在一个地方，就是纽约第五大道和52街最黄金的地段，主要是做市场的，了解消费者对品牌和市场产品的喜爱和认同程度，这个专卖店就在我们总部的对面。但是我们发觉在中国NBA的品牌加上大家对NBA产品的喜欢，其实是可以开NBA的商店的，我们最早在做规划的时候，是想五年开500家NBA专卖店，现在已经做到1000家了，对我们来说这是未来最重要的一个规划。我们希望经营NBA专卖店，不只是卖产品，更希望使之成为我们推出活动的一个据点，在那里可以办一些和球迷有接触的活动，所以这是一个挺新的东西。另外，我们NBA的餐厅，或者NBA的VIP俱乐部，或者NBA的咖啡店现在也在开，也把这当成年轻人聚集的一块地方，我们还在研究NBA如何教青年打篮球。我们今年9月、10月和安利会做NBA的比赛,包括训练营,这也是很大的一块业务,我们就是从 NBA 的品牌往外衍生业务。另外还有一块比较大的业务,就是中国篮球队目前遇到一个瓶颈,它没有大的场馆,而且很多场馆设施并不是很好,比如说今年年初到成都打 CBA 的明星赛,天气非常冷,场里面没有暖气,所以球员打起来很辛苦,球迷坐得也很辛苦,加上场馆最多就容纳 8 000 人。一个球队如果做得好,要付球员薪水的话,最大的收入是门票的收入,所以中国没有大的场馆,没有好的场馆,其实是制约了职业篮球的发展。足球好一点,因为足球现在有 4 万人、8 万人的场馆,篮球并没有这样的场馆,北京最大的室内场馆就是首都体育场,也就能容纳 1.1 万人,最近还是特别经过了改装,所以怎么发展一个最好的体育馆是蛮关键的。我刚刚稍微提到了,就是奥运的体育馆是 NBA、我们和奥组委一起设计的,那么我们现在正在研究怎么样在国内建 10—12 个场馆,也是参与设计、参与管理。另外,以前体育馆存在的问题就是,政府出钱建体育馆,建完以后基本上没有盈利模式了,一般都是把体育馆的一部分租给外面当餐厅,办一些活动,然后给全民健身使用,很快场馆就耗损了,也没有钱翻新,政府还要贴钱,所以政府不愿意盖很大的场馆,上海最大是 1 万人的场馆。所以我们现在在研究一个商业模式,就是怎么样让场馆不只是一个场馆,包括它每年能带什么节目进来,包括场馆里面的管理命名权怎么卖,场馆里面的管理怎么做,这对我们未来的发展也是很关键的。有了这个场馆以后,我们 CBA 的球队可以在 1.5 万人、1.8 万人的球馆里面打球,门票就可以翻一番、翻两番。我们知道五棵松奥运篮球馆,可以坐 1.82 万人,还有 47 个包厢、一个餐厅在里面,餐厅是一个平台,可以走出来,你可以坐在平台上看球,也可以唱歌,这是很特殊的一个设计,很少可以看到的。周围是奥运的棒球场,打完奥运以后,棒球场要推掉,大家可能不知道,奥运会结束后只有八个场馆留下来,其他的要不然转交民间,要不然拆掉。场馆旁边还有购物中心和办公楼,基本上这个区域可以盖到 80 万多平方米,现在盖了一半,也就是 40 万多平方米左右。所以这是挺有意思的。上海的新天地大家都知道,如果能把上海的新天地加上一些娱乐,再做一两个足球场和篮球场,也许弄一个足球名人堂、篮球名人堂,这样就把运动、体育、娱乐、新天地这种精神文明集合在这个地方了,基本上成了一个地标性的建筑物,成为老百姓的多功能的活动中心。像这样子的观念我们跟很多地方谈,大家都非常认同这么一个观念,其实我们刚才讲的不只是在篮球本身,其实更重要的是怎么样衍生出来一个产业,这个产业里面不光只是打球,而是把娱乐、文明和体育结合起来。

以上我把 NBA 稍微介绍了一下,现在开始讲生涯规划了。

关于生涯规划,我常常在各种场合,包括在公司里面都和大家讲,到底生涯规划是谁的责任,是你老板管理你的生涯,还是你自己管理你的生涯,我想大家念书念到的是自己管理自己的生涯,而不是老板管理你的生涯。但事实上我们很多同学,尤其我自己,刚到社会的时候,觉得我的发展其实是我老板为主控制的,我自己的控制程度少一点,但事实上并不是这样子。我在贝尔实验室工作的时候,AT&T[①] 还没有分家,有点像政府机关,我第一年上班,30% 的时间在上课,贝尔实验室有无数的课,尤其是给我们这种从小不是在美国念书的员工开设的课程,包含了英文课,还有的课是教你怎么听美国笑话。贝尔实验室大概三成以上是外籍员工,中国人占了一半,他们觉得这些老外在那儿格格不入,美国人讲笑话你也不知道讲什么,所以特别开了文化的课熏陶一下贝尔实验室的研究员,我觉得最大的收获就是上这个笑话课。那个老师一上来就说,你每一年都要出去面试一次,才知道自己的市场价值,对面试的技巧可以不断更新,不断磨炼。我第一年进贝尔实验室,也等于第一年在美国大企业工作,当时我就在想一个公司怎么可能花钱来教我出去面试,这一点我觉得非常非常感谢,这是这辈子对我来讲最大的一个启发。在这个过程中,你就看到企业的文化,一个企业敢给他的员工开面试课,而且教员工出去面试不用怕,这个企业有多大的胸怀,这个企业的文化,就是自己有自信不担心员工出去,出去以后了解你的价值还是要回来在这边工作的。这是题外话,但是对我来讲是非常好的一个启发。我对自己生涯规划的一个体会,就是我每一年都要做一下短期规划,三到五年的中期规划,十年的长期规划。短期规划,多半是你换工作,要不然是,比如我现在在部门里面是做销售的,下一步我要做设计师,或者我从软件开发转到市场开发,或者是我从销售往什么地方转,这是一种。中期三到五年的规划就要想得更宽广,我是不是从这个行业跳到另外一个行业。然后十年的就不一样了,十

---

① 编者注:AT&T,原美国电话电报公司。

年真正要说的是,你想要做什么样的人,你人生的目标是什么,这是十年的规划。我是很幸运的,在刚开始工作的时候有这个机会上了这个课,然后能把这个课按照生涯规划来实施,所以我在贝尔实验室每一两年都换一个工作,也许在同一个部门换不同的工作。我在贝尔实验室总共九年,头四年从软件的设计到客户的服务,到产品的设计,做了三个不同的工作,不同的类型,然后转过三个不同的行业。所以我说不是你老板可以控制你,其实是你自己的责任,要看你想学什么。基本上那四年里面,我在贝尔实验室把一个软件开发的流程,包括软件设计、客户服务、产品设计这三方面都做过了,然后也跳了两三个不同的产品,我觉得这一点可能是比较关键的,你如果没有很好的规划不可能做这方面。然后四年以后我从软件人员升成软件经理,在软件经理时期我做了两件事情,一件事情就是我开始去上 MBA 的课,到芝加哥大学上。第二件事情我发觉我自己做软件做得不是最好的,因为我自己知道我能够做软件,但是跟我们贝尔实验室顶尖的软件人员相比,我知道自己大概不行。那时候在芝加哥办新年的华人晚会,或者在我们自己的城里面办中国人的聚会,我都蛮积极参与的,贝尔实验室里面有替亚洲人争人权的聚会我也参与,后来我发现我个人可能对与人的相处会比对做软件有兴趣,所以我开始转,我上 MBA 时开始从软件设计转到和客户打交道,来研究客户的需求分析。那时候我就开始支持大中华区,这就看个人的一个能力分析。

　　我从贝尔实验室跳到摩托罗拉,其实在当时是蛮大的一个震动,因为我升经理的时间是比较快的,四年升了一个软件管理经理,在贝尔实验室美国人是七年升经理,中国人是十年,所以四年升是很快的。贝尔实验室只有三个副总裁,在中国建立贝尔实验室的徐俊博士是其中之一,他做过我老板,也是他升我做经理的。在职业生涯里面总有所谓的一些你的导师,我命挺好,遇到了好几个对我生涯规划有帮助的导师带着我,所以在那个环境里面大家觉得我升官升得很快,怎么就跳到摩托罗拉里去了,那时候是蛮震动的。那时候我看到,有线电话其实已经饱和了,就和今天一样,今天的电信业务竞争很厉害,电信业务都在合并,我在 1992 年的时候已经在谈这件事情了,那时候我看到传统业务不行了,要走新业务,新业务要走移动通信。中国从 1992 年邓小平南方讲话以后整个经济起来,改革开放步伐加快,所以那时候我就从贝尔跳到摩托罗拉,那时候摩托罗拉第一个在中国盖厂。在摩托罗拉里面我做过市场经理、市场总监,然后到副总经理,也是在一个变动的环境里面。最后从摩托罗拉出来到了微软也是一个尝试,因为摩托罗拉是电信业务,在我离开的时候,也就是2003年的时候差不多已经饱和了,所以我到了微软。软件,包含MSN、互联网,我觉得是一个新兴的事情,尤其在中国。从微软到NBA也完全是一个巧合,完全不是计划内的,而是说碰到这个机会。我在摩托罗拉觉得发展一定要和消费者结合起来,我们还请了人专门研究摩托罗拉在中国的布局,发觉布局在中国是最大的,内容也是最大的。这两年NBA来找我,我就想着NBA好像有3亿人打篮球,有4亿多人看NBA的节目,内容也是唯一的,所以,在摩托罗拉最后那几年我也看到NBA是一个机会就过来了。讲这么多其实只是讲一件事情,大家真的要花时间,看你明后年做什么,三五年做什么,十年做什么,这是对职业生涯最有帮助的。很多机会不是你想了就发生,很多机会是到你头上来的,但是到你头上来你没有事前想过就不会跳过去抓,这是相辅相成的。有时候你要转却没机会,但是如果你始终做规划,你就知道什么是好的,放两三个可能性,有机会上来你就接上去了。

我另外有一个感触,人生中其实好运气没有来几轮,我想可能这边有一些比较年长的朋友,或者到我这样五十多岁的年龄,我就感觉到人生其实是起起伏伏的,一年里面也是有起有伏,五年、十年都是有起伏的,机会过来能抓住就上去了,没抓住的话,下一个机会很久才能来,所以怎么样能够经常抓住机会非常重要。抓住机会一方面是幸运,另一方面也跟你自己常常想这方面,看这个行业密切相关。我觉得这辈子对我最大的影响就是1992年开始到中国来,那时候就是从贝尔跳到摩托罗拉,我运气很好,我在中国坚持做了十几年,也抓到中国经济成长的坡,所以我觉得这一点可能最后还是要归根到我在贝尔实验室上的第一堂课上。

我今天就讲到这,我想留多点时间大家来讨论可能比较有意思。

师生互动

提问:我想问一下陈总,在过去的工作中哪个是最辛苦的,哪个是最有成就感的,哪个是挣钱最多的?第二个问题,与微软以往的人事任命不同,您辞职的时候是不是给了比尔·盖茨一个惊喜?到现在好像您的接班人还没找好。

陈永正:各位同学进入职场以后就会发现,每个工作都很辛苦,并且一年比一年累,大家工作后一定要有这样的心理准备或者体会。第一,你越做越轻松表示你的职业生涯就差不多了;第二,你不断换新的领域会更辛苦;第三,通常来说你的责任越来越大,你就越来越辛苦;第四,我觉得互联网和工作模式的改变,使得地球是平的,工作节奏加快,身心压力很大。我觉得每个工作都有不同,都有各自的快乐,例如在摩托罗拉和微软。但是论工作性质而言,当然还是在NBA工作个人感受最快乐,因为欣赏球赛就是我的工作,我们参与到场馆管理,而场馆一年内会有100场以上的表演节目。

提问:我的问题是现在在移动通信领域,好像摩托罗拉的声音越来越弱了,您怎么看待这次摩托罗拉的战略抉择?您现在的离开是否意味着摩托罗拉的失败?

陈永正:我离开贝尔实验室,是不是贝尔实验室就没有了呢?所以不要这么想。摩托罗拉是半导体、手机和集群的发明人,如此一家创新的公司现在之所以发展得不太好,我认为是它当初的几个重大决定有失误。第一,是把在中国的半导体厂卖给了中芯国际,而不是把美国的厂址搬到中国来。当时中央18号文件里指出增值税可以退回13%,如此高的毛利而摩托罗拉却保留美国的厂址,这是策略上的失误。

第二,实际上第一个GSM手机是摩托罗拉发明的。但是公司决定在美国开发GSM手机,结果造成核心人才大量流失到诺基亚、爱立信。因此关于创新,我个人认为未来创新的产业人人有机会,个个能把握。

提问:您认为外国企业到中国发展,与中国政府的关系有多重要?

陈永正:我认为把公司策略与政府策略匹配起来就是最好的政府关系。每个企业都有自己的发展方向,当公司政策和政府政策相配合的时候,最容易得到政府的支持。

提问:陈先生,您任职的微软、摩托罗拉和NBA,都是跨国公司,能否谈一下跨国公司的社会责任问题。

陈永正:我觉得企业必须有社会责任感。现在很多中国的企业都做CSR报告,所谓CSR报告就是企业把过去对企业责任的贡献做成白皮书一样的报告,发给自己的员工和合作伙伴等。另外,我觉得企业在做慈善的同时,也要让员工参与其中。在微软,员工每年有两天或三天的公司时间做义工;在 NBA,每一位球员都得拿出时间参与社区的服务。社会对责任感的觉醒是非常好的一件事情,这也表明中国的经济、文化发展到了一定的水平。

提问:陈先生您好,我刚才听您提到了职业生涯规划,我现在在上学的同时也在创办自己的企业。如今社会上对大学生创业评价不一,有人支持有人反对,我想听听您对大学生创业的看法。

陈永正:比尔·盖茨来北京四中的时候,学生问他为什么辍学,他说他要是不辍学就失去机会了,所以他必须辍学。你可以问问自己如果现在不抓住这个机会,是不是四年以后就没有机会了,然后再做出决定。

提问:问您两个问题,第一个问题,中国怎样才能有自己的贝尔实验室?第二个问题,您刚才说贝尔实验室里30%是非美国人,15%是华人,为什么15%的华人里没有出现领军似的人物,是我们的性格因素还是学习因素,我们应该怎么做?

陈永正:的确在二十几年前的教育体系下,创新是比较难的,创新不是我们的强项,所以以前在贝尔实验室很难出现领军人物。现在发生了变化,在中国,国家大量投入物力财力发展高科技,现在中国的 R&D 投资是全世界第二或第三,但是投资较散,我们可以把项目集中起来再投资。

提问:陈先生您好,2006年NBA在中国赚了5 000万美元,比整个中国的篮球产业赚得还多,从这个角度看NBA的发展趋势非常好,从NBA中我们能得到什么样的启示?

陈永正:我先说一下,刚才那位先生问起环境的问题,的确美国的大学生从初中就开始动手做软件,一直做到大学,中国学生动手做软件太迟了,大部分到高中、大学才做,现在很多从小开始做的应该是一个改进。其实2006年NBA在中国的盈利是很小的,中国的体育产业才刚刚萌芽,如果把中国的体育产业做好,例如篮球联盟的话,体制上必须进行改革。原来我们发展体育是以拿金牌为主,然后才是全民健身,但是真正做成产业的话,必须要有一个改革的过程,我觉得5 000万这个数字正好证明中国的体育产业才刚刚开始。

提问:陈先生您好,请问今年NBA(中国)计划在校园或者社会上招聘吗？如果有的话，会给我们提供什么样的工作环境和发展空间？

陈永正：以前体育行业要找到合适的人很不容易，通常是挖角。但事实上体育行业的人才要从基础培养，以前我们基本上没参与校园招聘，现在我觉得是时候进行尝试了。

提问：陈先生，我想问一个体育方面的问题，我们看到中国和美国篮球运动员的培训模式不同，美国运动员是由高中联赛、大学联赛、职业联赛层层选拔出来的，而中国是通过开办职业性的篮球学校、足球学校培训人才，但是中国的体育成绩一直不是很尽如人意，请陈先生评价一下这两种培养模式的优劣。您能不能给一个预期，中国体育大概什么时候能在现有的基础上更上一个台阶？

陈永正：这个问题问得很好，美国的培训模式是在中学时以念书为主学打球为辅，到大学时念书和打球各半，学校对成绩有一个最低的要求。而中国体校的发展有两个瓶颈。第一，一些父母不愿意把孩子送到体校。因为家长认为如果孩子在运动上没有成绩，以后的生活会比较辛苦。第二，中国体校的训练时间是一天七八个小时，而外国学校是一天三四个小时。所以外国球员打的时间不长不容易受伤，而中国球员很容易受伤，因此体校需要改革。

提问：请问NBA进入中国时第一个是和哪个部门接触的？您认为文化产业和体育产业的结合点在哪里？

陈永正：其实NBA进入中国最早是依靠媒体。我认为文化产业和体育产业真正的结合点还是在媒体。如今体育越来越多地变成娱乐，体育和娱乐越来越接近，文化和体育在娱乐上经过多媒体、电视、互联网、IT行业的相互结合，已经分不太清楚了。

提问：您好，中国的足球和篮球产业比起NBA来说非常小，请问您觉得中国应该如何发展足球和篮球产业？

陈永正：我认为篮球产业应该要从培训上进行改革。体育产业要发展，一定要提高节目的娱乐性和观赏性。

提问：您是如何促成胡锦涛同志拜访比尔·盖茨家的？能不能简单介绍一下您对他家的感觉？

陈永正：国家领导人的行程不是我们能决定的。因为在三四十年前，新中国成立以后第一艘船是开到美国西雅图的，所以才达成了这个行程。

州长在盖茨家请吃饭,所以盖茨家是当餐厅使用的,盖茨的家很简朴,很环保,而他把钱更多地放在家里的博物馆里,在那里你可以看得到所有诺贝尔奖得主的手稿。

(时间:2008 年 5 月 26 日)

第五篇
管理者的能力与创新能力

演讲嘉宾:

　　王登峰:国家语言文字工作委员会副主任、教育部语言文字应用管理司司长

一、管理者能力三要素

　　第一个问题,管理者的能力。关于管理者的能力有领导力、领导能力、胜任特征、胜任力模型等很多的概念,到底一个领导者,一个管理者,无论是政府机关的公务员,还是企业管理人员,应该具备什么样的能力特点?其实现在讲到胜任力模型,我想很多人都是很熟悉的,这和我们过去讲的能力的一个最大的区别,就是我们过去讲能力的时候,往往是用一些非常笼统的概念来指代或者说明一个非常具体的事情。比如我们选拔一个管理者,我们对他的要求是什么?学历的要求、经历的要求、工作能力的要求,还有其他方面的要求。我们根据一个人的经历、学历和在某一个岗位上的工作成绩,能不能预测这个人换一个地方以后,还能够做得很好呢?这样做其实是没有根据的。20世纪70年代开始在西方公共管理领域兴

起一个所谓的新行政管理运动,其实就是因为发现了这种传统的选拔管理者的方法,其效率、准确性都不高。怎么解决这个问题?由此提出了胜任力模型,把对一个人的能力的笼统的要求,具体化为不管你的学历、经历和其他,就看你在这个岗位上,每天的言谈举止,你的行为表现是什么样的。换句话来讲,我们要选一个企业的项目经理,那么这个项目经理要具备什么样的能力呢?我们可以给他列出很多来,但是用胜任力模型来做的话,那就是我们先选一些在项目经理岗位上做得非常好的人,同时挑一些做得比较差的人,就看这两组人在他们每天的行为表现上有哪些是相同的,哪些是不同的。相同的部分我们就不要管了,不同的部分又可以分为两类,一类就是做得好的项目经理,差不多经常会表现的行为,而做得差的项目经理基本上不会表现。反过来也就是另一类,即做得差的项目经理经常表现的行为,而做得好的项目经理基本上不会表现。把这两种行为放在一起进行分析,就可以构建一个项目经理的胜任力模型。这种研究在西方做得非常多,这样的结果能不能拿到中国来用呢?我觉得这是一个问题。6月份在上海将举办一个跨文化研究的国际论坛,他们也邀请我去,其实跨文化比较存在着非常多的问题,最重要的问题就是我们能不能把在某一种文化下所建立起来的理论和模型简单地照搬到另一种文化上面。为了回答这个问题,我们就做了一个中国的党政干部和企业管理人员的一般性或者是基本的胜任力模型。我们的做法就是我刚才讲的选不同岗位上做得好的和做得差的来比较他们的行为表现,把这些有差别的行为选出来以后,通过统计分析我们得到了这样的一个能力结构。我们可以看到在中国做一个管理者,他的能力结构基本上可以分成三个大的范畴,一个叫管理能力,一个叫人际能力,还有一个叫自律能力,这是我们这个研究里给出的命名,和其他地方讲的可能有比较大的差别。

　　管理能力是指当你作为一个管理者,你是最后下决定的人,你说了算,你带领一帮人去实现某一个目标,或者说当你居高临下、自上而下地去领导别人的时候,你所需要具备的能力,我们把它叫做管理能力,或者领导能力。人际能力是另外一种,当你和你的团队在一起工作的时候,你这个团队本身是无法完成这项任务的,你还必须得到其他团队的支持,这个时候你和其他团队的负责人、管理者,你们两个是平级的,甚至你是他的下级,但是你要想办法让他来帮你,这就是同级之间如何来实现合作,这个时候所需要具备的能力叫做人际能力。第三个方面很明显是自律能力。

我们先来看管理能力的三个要素。第一个叫政治素质,我看到非常多的国内专家讲到领导力,即使在讲到党政干部的领导能力的时候,也很少有提出"政治素质"这样的一个概念,但是我们在研究时发现这个素质是非常重要的。其中包括两个方面的内容,第一个政治素质就是对上的忠诚,你做公务员就得对党和政府忠诚,你做一个管理者就要对你的授权者忠诚,这是对上的忠诚。比如说公务员要不要对党忠诚,这是一个听起来很敏感的话题,其实并不敏感,我在北大做了五年的党委副书记,但是我在接待外宾的时候,国际合作部自动把我的头衔改成"北京大学校务委员会副主任",一开始我没太注意,后来有一天发现了,我就问那个部长,我说你怎么把我变成地下党了?他说对不起,这个是国际惯例。我说什么叫国际惯例?还有哪个国家是共产党执政的?他说因为国外的大学里没有党委。我说但是中国有啊!我们为什么都羞于向外国人介绍这是我们的党委副书记?我到台湾的时候他们很清楚,我到一个地方,领我的人介绍说这是北大的党委副书记,后面还加一句,比副校长高半格,我也不去纠正,因为我知道他是根据地方政府的序列来排的,其实在大学里面党委副书记某种意义上来讲比副校长还要低半格。看上去好像只有中国才有,实际上全世界都一样,在美国要做公务员也要考试,但是考试之前先回答三个问题,其中有一个问题是,你是否愿意接受总统的指令?你回答说"是"。好,你可以去考了;你回答"不",对不起你不用考了。在美国做公务员要对总统忠诚,在中国就是对党,所以政治素质第一是对上的忠诚。但是这一条还不够,还有第二个方面,就是要创造性地执行上级的指令,这个创造性用我们中国的一句成语叫因地制宜,你不能从上面接下来简单地传下去,还要根据具体部门、具体实际来创造性地执行。所以我们可以看到政治素质保证了上下的政令畅通,同时下级在执行任务的时候又不是简单地照本宣科,这是一个组织有上下级关系的时候最好的状态,你说政治素质重不重要?

第二个是领导能力。我指的领导能力是一个管理者通过调查研究能够及时发现问题的隐患,及时提出解决问题的思路,并且要能够做出解决问题的方案,并且能够实施方案,还要评估效果,这是一种从发现问题到解决问题的一整套带有程序性特点的能力。做一个管理者,为什么要具备这样的能力？大家只要想一想消防队的作用就知道了。我们现在特别强调一个管理者要具有处理突发事件的能力，简称"处突能力"。一个管理者在某一个岗位上，他那个地方经常发生突发事件，但他每次都处理得特别好，这样的干部是不是好干部？不是好干部。为什么呢？因为如果总是发生突发事件，就意味着你这个人其实是没有预见性的。消防队最大的功劳是这个消防队从建起来以后就从来没出过火警，消防队的职能不是救火，至少不完全是救火，至少最重要的不是救火，而是不要让火着起来。怎么才能不让火着起来呢？就是要及时发现火灾的隐患。一个管理者的领导能力就体现在你能不能在一个问题变成突发事件之前就已经发现并采取措施予以解决。所以领导能力就是通过调查研究，发现问题，提出解决问题的思路，形成解决问题的方案，贯彻落实方案，检查效果，最后做出评估这样的一个过程。

　　第三个是以人为本。我们经常听到这个词，我们也可以看到节假日领导干部拎着大包小包去关心弱势群体，我说的以人为本，不是说去慰问弱势群体，这是需要的，但作为一个管理者的以人为本是什么呢？是当你做出一个决策，当你要推出一个新的工作方案的时候，你要能够预见到，你的决策所影响到的人是什么样的内心感受。换句话来讲，我决定今天干这么一件事，好，那你要首先判断一下，这件事一旦做了以后，有多少人会受到影响，而且受到影响的人里面有多少人是坚决拥护的，有多少人坚决反对，还有多少人既说不上拥护也说不上反对？为什么要具备这种能力呢？我刚才讲管理是指当你居高临下、自上而下地带领别人的时候，只有做到你所做的决策、所产生的心理效应，你能够预先知道，你才能够有信心把你要做的事情坚定地推动下去。对于管理者来讲，以人为本是指你能够了解别人的感受，但是并不等于说管理者必须照顾到每一个人的感受，让所有的人都高兴，如果你有这样的想法，你永远做不了一个管理者，至少做不了一个好的管理者。比如我们要做一个决定，执行了以后有60%的人是欢迎的；有30%的人是无所谓的，可能不是特别高兴，但是也没有太多反对；有10%会坚决反对，这个时候作为管理者这个决策可以做，但是事先要对那10%的人做好说服、疏导的工作，对那30%无所谓的人也要做一些宣传，这样你的决策推出以后就不会有负作用。你如果没有这种以人为本的能力，那么你在这些方面就会遇到麻烦，这个在临床心理学里面叫做"设身处地地理解别人的能力"。我做过八年心理医学,做心理医生一个最重要的修养是什么?就是任何人给你讲的任何一件事情,你都不要按照你的标准、你的感受去对别人做出反应,你一定要站在当事人的立场上来看他的感受是什么。比如说我在北大做心理医生的时候,很多同学来找我咨询,最多的问题是失恋的问题。我们可以看到有的人活不下去了,有的人觉得无所谓,有的人觉得是新的开始,那么你作为一个心理咨询家要做的是什么?第一步你要了解他的感受,只有了解了他的感受,能把你的理解表达出来以后,那个来访的人才会信任你,才会一步步把他内心的话告诉你,你才可以对他有帮助。这样的素质作为管理者来讲也是非常需要具备的,这也就是为什么在美国临床心理学专业的毕业生里面,做心理医生的只有不到14%,但是将近70%的临床心理学毕业生是做管理工作,所以在座的哪个大老板你们缺高层管理人员可以考虑请我,我是临床心理学家,有这方面的能力。

我们看一下管理能力的三个方面,政治素质、领导能力和以人为本,它可以确保一个说了算的人,一把手,指挥别人的人,跟上级的要求不会有大的走样,而且又能够结合自己部门的实际去创造性地开展工作,能够及时消除问题的隐患,他所制定的决策基本上都能够得到大家的拥护和认可,这就是好样的。

我们再来看第二个方面,人际能力。当你要去带领的人不归你管,不是你的下属,而是你平行部门的,甚至级别比你还高,但是你需要他的帮助,怎么办?这就需要协调能力。协调能力在企业之间是非常容易的,比如我们发现有一个项目,我自己接手,一年需要投入 1 000 万,可以挣到 500 万,但是我联合几家来做,一下投上一个亿,到了年底我的收入可能就不是 500 万乘以 10,而是比这个多得多。那么这个时候你要去拉别人入伙,约别人来和你一起干,协调能力表现在什么地方?第一要能说动别人,要把你的想法和创意说得有吸引力,能够吸引别人,这也就是人力资源里面、管理学里面经常讲的一个词"愿景"。但是我实际上是做语言工作的,我知道这个词是跟着别人学的,最早台湾用这个词,我们最早不叫"愿景",叫"蓝图"、"规划"。第二要定合同,有明确的合作关系和分工。作为企业来讲,其实有这个就够了,但是作为一个管理者来讲,你除了具备这种协调能力以外,还需要具备一种自我约束的能力,才能把这个事情真正做好。自我约束就意味着你除了去请别人来帮忙的时候，说得很好以外，你还真的能够做到才行。其实我们在日常生活里面经常可以看到，有些人讲一件事情真的可以说得天花乱坠，但是他的协调能力很差，谁都不愿意和他合作。为什么？当别人和他合作一次以后，就会发现其实他并不守信用，一传十，十传百，最后就没有人愿意和他合作了。我们也看到在中国的政府机关，包括企业里面，有些管理者其实并不是太会说话的，但是和他合作的人却非常多，大家都愿意和他合作，为什么？很重要的原因是他的自我约束能力比较强，这是带有非常明显的中国文化特点的一个能力。

第三是自律能力。自律能力里面包含着两种，一个是学习能力，一个是工作能力。看上去这两点都不算自律能力，唯一像自律能力的自我约束，反而跑到人际能力里面了，这是一个数学模型，我们之前没有任何假设，但是就是出现了这个结果，而仔细看一下这个内容，就会发现结果是合理的。学习能力包括两个要素，第一，你要及时地熟悉你所分管领域的业务。作为一个管理者我们可能会经常改变领域，改变领域就意味着你首先要学习和了解这个新的领域的特点是什么，或者这个新的领域需要具备一些什么样的素质。我在北大做党委副书记，一直是负责学生工作，中间到地方做了两年的地方官，管经济，管开发区、招商引资和旅游，后来回到北京以后又到教育部管语言文字，这都是一些新的领域，和我的心理学看上去没有什么关系，但是也没有人要求你说，因为你过去不是学经济的，所以你要来管经济先得学经济学，因为你不是做语言文字工作，也没学语言文字，你做这个工作就得先学，没有领导要求你这么干，但是你得自己去学，这就是一种自律能力。而且要及时跟上经济社会发展、科技进步所带来的工作方式和工作内容的改变，这个也是要学习的。2000 年的时候联合国教科文组织有一个评估，过去人类知识的半衰期是 20 年左右，2000 年的时候他们的估计是 15 年，今天 10 年过去了，我估计 15 年都不到，应该是在 10 年以内，也就说你学的那么多东西，过了 10 年一半已经过时了，所以学习是非常重要的，这是第一个。第二个是工作能力，工作能力变成了自律能力，这是典型的中国文化的特点。对于一个管理者来讲，当你在工作的时候最重要的是什么，是自律，而不是聪明才智。换句话来讲，一个大学教授和一个管理者，如何去体现自己的工作能力，应该是完全不同的。我们可以想象一下,一个大学教授怎么才会有名,怎么才会成为大的学者?比如说我要做一个研究,我要经常发表高水平的论文,一个高水平的论文是什么样的呢?由三部分构成,第一部分我要告诉大家我想研究哪个问题,同时我要告诉大家,这个问题古今中外都有哪些人研究过,都提出了一些什么样的观点,得出了什么样的结论,而且我对古今中外每一个人的研究结果都要品评一番,都要找出它的毛病来。同时在这一部分里我还要提出来说,我现在提出一种观点比他们所有的观点都好,第一部分结束。第二部分,我要用实验室的方法,用调查研究的方法,用统计的方法来证明我的这个观点比古今中外对这个问题研究的所有的人都高明。第三部分,我要引经据典、旁征博引再论述一遍为什么我的这个观点比古今中外所有研究这个观点的人都要高明。这是一个教授、一个学者要发表一篇文章所必须具备的三段论,这样的文章才能发表,才能被别人看到,你才有可能出名。如果换一种方式,假如说我想研究这个问题,第一部分我总结一下古今中外都有多少人研究过,所有的人都比我高明。第二部分我用实验室的方法、调查研究的方法证明所有人的结论都比我的好。第三部分我再论证一下我不如别人。那么这样的文章谁会给你发表?所以作为一个大学教授你要去表现自己的能力,体现你的工作能力,说得难听一点就是标新立异。以前有一位领导曾经讲过这样的话,他说在科学研究里面一万个第二都比不上一个第一,所有学者一定要争先。但是作为一个管理者你能这样吗?一个管理者你地位比别人高,你能管着别人,而且你随时随地体现出你比别人高明,这样的管理者肯定是不受欢迎的。我们需要的反而是对自己要求严格,做事严谨,耐心,姿态很低,事事想在前面、做在前面的人,这就叫工作能力。

二、管理者能力的中西方差异

我们讲的是管理者的能力,但是听起来特别是对于大学里的教授来讲,好像没有什么管理能力,这个感觉其实挺对的,当我们在与西方的管理者做一个比较的时候,我们就会发现这个差别还是挺明显的。我们把中国的党政干部和企业管理人员的胜任特征模型里面的 7 个维度一共 21 个项目,分成三组,一是个人指向,是指你这项能力主要反映个人素质和自我约束能力，这里面有8项；二是他人指向，是指你的管理能力是协调人际关系，这有9项；三是事物指向，是用来解决具体问题的能力，有4项。2006年在美国《公共管理杂志》上发表的一个对美国跨国公司高管人员能力的分析有7个维度50个项目，也分成这三组，美国政府目前还在使用的一个公务员的能力框架，有10个维度28个项目。同样地，我们也把这些项目分为三组。先看个人指向，中国党政干部或者企业管理人员，他们个人指向占的权重是38%，和美国公务员差不多，他们是36%，但是都远远高于企业管理人员。而且美国的公务员和企业管理人员的差别更大，差不多是2倍还要多，这说明不管在中国还是在美国，公务员和企业管理者对自己的自律，特别是在公众面前的形象，可能会有一些差别，也就是说政府公务员可能更关注个人形象一些。

我们再来看他人指向，中国的管理者是43%，美国跨国公司管理者是44%，但是美国政府公务员只有25%。当一个管理者在执行他的管理职能的时候，除了按照程序，按照这个官僚机构的安排去推动工作以外，还需要额外地付出人际关系方面的努力，才能够使工作正常地运行，这说明什么呢？至少我们可以假设，在一个组织里面，管理者付出的人际关系方面的努力越少，应该说这个组织结构的效率就越高，也就是说我只要按照级别去安排工作就能够很顺利地进行了，不需要再额外投入人际关系的精力。因此在一个管理者的能力结构里面人际指向的比例占得越大，说明这个组织的结构越不合理。我们看中国的机关和企业的管理者，他们协调他人的能力占到43%，美国公务员只有25%，这说明在中国作为一个公务员来讲，你要把事情办好花在人际关系上的精力要比美国人多。其实这个也很容易理解，美国的国务院有15个部委，是中国国务院部委数的1/2，我们可以想象，你要协调30个部门和协调15个部门所花的人际成本当然是不一样的。我们一直认为美国的跨国公司的管理应该是非常严谨的，根本用不着人际关系，但实际上他们和我们中国的情况很相似。我们仔细分析一下企业的内设机构，其实和政府是不一样的，企业的内设机构之间的差别很大，比如说研发部，企业的研发部就和光华管理学院一样，是属于大学教授扎堆的地方，我说那都是一帮神仙，都是大牌的专家。为什么叫神仙？北大的蔡元培校长大家都知道，当年做校长的时候，北大发生了历史性的转变，所以后来有人和他说，"蔡先生您是北大的功臣"，后来蔡先生讲了一句话,这个历史记载里可能没有,他说"我算不上北大的功臣,我最多是北大的一条功狗"。他为什么这么说?他说大学里有三种人,神仙、老虎、狗,神仙是大学教授,大学教授为什么是神仙,他说有两个理由,第一是云山雾罩,第二是神龙见首不见尾,神仙经常云游,找不到人。老虎是谁?老虎是学生,因为学生是学校的衣食父母,所以他随时会咬人。大学里有一群神仙有一群老虎,神仙老见不到人,老虎这么多怎么办?得有看家狗。蔡先生很不客气地说,"行政人员就是看家狗,我也是,我只不过是有功的狗,所以是功狗"。所以,你作为一个高层管理者和企业研发部的人打交道是一种方式,但是销售部是一线的销售人员,你和这些人打交道的时候可能就是另外一种样子。换句话来讲,企业各个内设机构之间、各个部门之间的关系是不平等的,你需要用一种不同的态度、不同的方式去管理他们,这恰好像中国的政府机关、中国的管理机构,所以他需要有这样的一个比较高的人际关系方面的投入。二三十年以前很多人就关注中国家族企业的发展,而且有很多西方的学者也认为,在跨国公司的高管人员里面,华裔的比重就代表了这个高管团队的效率,因为在他们心目中,华裔,或者中国人是天生的人际关系高手。如果一个跨国公司的高管团队里没有华裔,对不起,大家不认可,后来他们说其实说中国人擅长人际关系也对,但是如果说中国的女性更擅长人际关系,那就更对了。所以后来这个指标就改了,以跨国公司高层管理团队里面华裔女性的比重作为一个指标,而不再是华裔的比重。

最后,最大的差别是事物指向。2005年我和我的研究团队在北京市做了研究,我们访问了将近5 000名管理者,包括公务员,企业管理人员,参与问卷调查的人近200人。调查结果显示,中国管理者解决具体事物的能力不到20%,这进一步印证了很多学者长期以来的一个观点,在中国做事情,真正用来解决实际问题的精力是很少的。也许有人会认为美国的管理者把主要精力放在做具体事情上,但是结果显示,美国的管理者,不管是企业管理者还是公务员,60%的精力没放在解决具体问题上,也超过一半了。而中国的管理者,这个19.4%也是有原因的,这可以从两个方面分析。第一,在中国做一个管理者,只要管好了自己,就可以在这个位置上做下去,而且协调好了各方面的关系,具体做事的时候,有很多人可以帮你,不用亲力亲为,所以用来解决具体问题的精力可能很少。第二个方面的原因,在西方无论是企业管理者还是公务员,都有非常明确的职位说明书,而这个说明书上列的每一项任务都必须自己去做,别人是不能代替的,而在中国,目前公务员没有明确的职位说明书,大多数的企业管理人员职务说明书也没有。这就意味着一个管理者本来应该做的事,只要你把关系协调好,这些事情就可以让别人去做。去年年底我看到中纪委有一个通告,他们提出县级领导干部,每月至少要接待一次上访的群众,市级的领导干部,每年至少要接待一次上访的群众,同时鼓励省部级领导干部要主动接待上访的群众,但是没有定具体指标。我们看,这就相当于职位说明书上的一条,但是我可以保证,没有哪个县长、县委书记会真的每月接待一次上访的群众,但一定也会有人接待,一般是办公室主任或者谁代替县长、县委书记,在我们国家的体制下这也是可以的。但是如果在美国,施瓦辛格是加州的州长,加州的选民要见州长是别人不能拦的,只不过他每周需要拿出两个小时的时间来见,只能是办公室排序,根据打来电话的先后。你打电话说我想见施瓦辛格,因为我是选民,办公室说可以,我看看,但是排到 20 年后了,但即便排到 20 年后也是要见的。他每周要拿出两个小时的时间来见选民,副州长见了行不行,还是不行,这就是管理上的一个差别。通过这个差别我们看到在管理能力方面,其实文化的差别是非常明显的,而且当我们再具体到个人层面、人际层面和事物指向层面的内容的时候,就会发现这种差别更明显。

首先看个人层面,美国的政府和企业都强调个人演讲、表达和写作能力,同时政府官员更强调创新能力,而企业领导人则更强调遵循伦理规范。我们先说第一个,个人的演讲表达和写作能力,在中国的公务员和企业管理者身上,这个能力不存在,不存在不是说没有这个能力,而是不要求,这个不要求本身就很能说明问题,这就是说我们的管理工作,其实很大程度上并不是靠个人魅力,而是靠一种机制来运行,这应该说也是有着明显的文化差别的,因为在中国历史上,从古到今,能说会道并不是一个受人羡慕的评价,却往往是一个带有负面性的评价。孔夫子说一个君子是敏于行、慎于言,最好结结巴巴的才好。关键是第二个方面,政府强调创新能力,企业领导人强调遵循伦理规范,我当时研究这个问题的时候就说美国人是不是搞错了,在我们的印象里面应该是企业领导人更重视创新能力,公务员更强调伦理规范,为什么是反过来?但是仔细想想也是对的,作为公务员来讲提供的是公共服务,就是能够为所有的公众服务,比如2009年中国刺激内需,应对金融危机投入了4万亿,这4万亿是国家出钱,要建设公共产品,有人开玩笑说这4万亿都跑到铁公机上了,铁路、公路、机场,作为公务员来讲提供公共产品就需要别出心裁地满足各方面公共的需求,所以需要有这种创新的能力,而作为一个企业管理人员来讲,伦理底线是企业生存的最基础的前提。有一天我在宾馆里住着,洗完脚以后往床上一坐,脚后跟往床上一踢就掉了一块皮,因为床的边特别锋利,当时我就苦笑,要是在美国我就可以告这个生产床板的企业,而且我相信我一定可以打赢官司,这个官司拖的时间越长企业赔我越多,而且这个企业根本就不敢和我打官司,一听我要告它,立刻就会给我拿钱来,因为我一告它,它的这个产品在整个法庭受理期间就会一块儿都卖不出去,这就是说,作为企业来讲你至少不能伤害到消费者,这是一个伦理底线,当你突破这个底线时,你的企业就完蛋了,所以,即使是因为一个非常自私的原因,使得企业也必须遵守伦理规范,要有道德底线。但这一条中国的企业,至少部分企业做不到。在2008年三鹿奶粉事件出来之前、北京奥运会之后,国外的一家民调机构就做了一个文化吸引力的民调,中国排名第三。三鹿奶粉事件出来以后又做了一次民调,中国的排名倒数第一。有很多流言我们不忍心去看,看了以后觉得无地自容,有一句话是这么说的,我们很难想象一个民族会故意在自己孩子的食品里面下毒,三鹿奶粉事件的本质就是故意在孩子的奶粉里下毒,我相信企业的高层管理人员,直到一线的员工对此是心知肚明的,甚至地方政府相关部门的官员也是心知肚明的,但他们就在故意下毒。今年年初手机黄色网站的问题,也是在故意下毒,今年"3·15"披露出来很多,有一个消息让我瞠目结舌,我们国人每年要吃数百万吨的地沟油,多可怕啊,这是伤天害理啊,你还有什么伦理底线?我们看美国的管理者在这种能力里面是非常合理的,合理就在于让企业家的产品卖出去到消费者手里的时候有一个最起码的底线,不要伤害到消费者,因为你只要伤害到消费者就完蛋了,而且除了产品规定以外,整个法律的一套东西都是非常严格的。相比之下,中国的管理者,我刚才讲第一步强调演讲、表达和写作能力,但是西方的管理者更重视学习、钻研和热情敬业,其实是重视让自己做一个好人,这个好人不仅仅是遵循伦理规范,还要让人说你好。

第二个层面，我们看人际关系的层面，我就想强调一点，西方的管理者都强调倾听，面谈，说服别人，协商和解决冲突，对别人的理解、评估和影响。我想告诉大家的是这里面列到的每一句话、每一个词，包括倾听、面谈能力都有非常成熟的培训课程，这就是西方管理者的人际能力。主要表现在通过自己的操作，通过控制自己的言行，主动地希望别人对自己形成一个什么样的印象，而中国人号称是最擅长人际关系的，但实际上中国人擅长的人际关系主要在哪些方面？主要在于被动地希望别人说自己好，不是针对哪一个群体采取一个措施，而是就把自己装备得好一点，谨小慎微，对别人客客气气，而没有针对别人的态度改变做什么工作。而西方人的人际关系的能力，就是主动地去让别人形成对自己的印象，当年奥巴马竞选美国总统的时候，在不同场合的穿着打扮都不一样，面对大学生的时候穿T恤、牛仔裤、运动鞋，和校园里的大学生没什么两样，大学生看了觉得很亲切，但是面对中产阶层的时候穿的是西装革履，这就是主动地让别人形成对自己的某种印象，这是一个很简单的做法。但是这是西方人强调的人际关系，它其实是在操弄人际管理，通过某些努力让别人对自己形成一个具体的印象，比如应该见谁，穿什么衣服，做出什么样的表情，希望他人对自己形成什么样的印象，这些都是有人帮助策划的，在这方面我们也是有差距的。

最后是事物指向层面，我们看到在解决具体问题的时候，中西方的管理者除了用的精力不同外，解决问题的能力也不一样。比如我们看美国的管理者，包括政府官员和企业管理者都强调宽阔的视野，长远的打算，收集信息，关注环境，注重技术进步和理论指导，对问题的诊断、评估和分析解决能力，以及在精确判断基础上的冒险行为，这句话光华的同志可能都很熟悉，这就是所谓的风险决策，在精确判断基础上的冒险行为，也就是在有风险的情况下，如何做决策，这是政府官员经常要做的决策。比如说今天的天气状态，气候和农作物的关系是非常密切的，当一个寒流来了以后不采取措施庄稼冻死了怎么办？天气预报说有寒流，政府官员就要做决策，要不要采取措施，采取什么措施？大家看《闯关东》，来寒流了怎么办？把煤油、柴火放在地里，寒流一来点上火就可以保护庄稼，但是煤油和柴火不是白给的，得花钱，花钱买了之后放在地里，寒流没来就白买了，寒流来了就可以救下来了。这就是风险决策，这个决策是精确判断基础上的冒险行为。这些问题都需要管理者具备解决问题的能力,而中国的管理者在这方面差别非常大。

三、管理者的创新能力

什么叫创新,英文里面叫 creative,创新就是无中生有,还有一个就是解决问题。我们看"创新"和"创造"两个词,首先看"创"这个字,"创"是一个形声字,左边"仓",表示读音的,"仓"字的右面是一把刀,那么用刀来干什么呢,削,削那个木杆,让它改变,其实"创"就有改变的意思,通过某种动作让它改变。而"造"呢是从"辵"演化来的,表示路或者脚,"告"是表示读音的,"造"字用脚和路来表示,其实就是一种行动,"造"字从汉字的构字来讲是行动。"新"字的左边是"亲",右边是一把斧子,也就是"斤",用斧子来砍和削,跟"创"字其实是差不多的意思,一个是用刀,一个是用斧子,细一点的木头就用刀,粗一点的木头就用斧子。这里面我们可以看到在中文的"创新"或者"创造"的词里面解决问题的成分要大于无中生有的成分,而我们前面看到英文的 creative 里面无中生有的成分要大于解决问题的成分,这个是不是就是中西方管理能力,或者创新能力里面非常重要的差别呢? 为此我们最近也做了一些这方面的研究,比如说我们请管理者写出他们认为最有创造力的人的名字,古今中外的都可以,收集下来以后我们看这些管理人员写出的人名里面外国人一共提到 136 个,这136 个人里面最多的是科学家和发明家,这两组人占到了 72%,其次是商人和企业家,最后是政治家。但是在列出的中国人的名字里面一共有 152个,政治家占了绝大多数,将近 70%,毛泽东、邓小平、秦始皇、商鞅这些人都被看做是最有创新能力的人,而科学家和发明家只占到了 22.3%。这个结果其实就说明了中国人对创新能力理解的一个非常有意思的现象。我们可以看到既有无中生有的成分又有解决问题的成分,而且当中国人看外国人的时候往往觉得无中生有的人有创新能力,看自己人的时候反而觉得解决问题的能力是创新能力。那么中国的管理干部或者管理者,特别是党政干部这个群体的创新能力由哪些因素构成呢? 我们也采用了类似胜任力模型的方法建立了这样的模型,一共有五个成分,工作灵活、激励带动、掌握新技术、敢于突破、善于学习,其中敢于突破和掌握新技术是和其他三个不太一样的,根据我们的研究,我们发现其实一个管理者的创新能力,主要表现在如何将现有的资源加以整合利用,在既定条件的约束下,用独特的方法解决公共服务过程中面临的各种新老问题,并取得成效。我们看第一是整合既有资源,满足特定条件,解决问题取得效果,这就是管理者的创新能力的表现,管理者的创新能力不是无中生有,而是有中生无,用现有的资源、特定的条件解决问题,取得效果。跟美国的公务员做一下比较我们可以看到,这是美国公务员的创新能力的要素,包括计划与策略、政治活动、知识与执行。政治活动是指游说上级和下属,让他们都来支持你。我们可以看到这样的四个维度和中国管理者的五个维度是有很大的相似性的(除了政治活动和激励带动没有简单的对应关系,但是也可以找到部分的对应)。我们刚才讲到西方的管理理念里,包括管理下级和协调下属,中国党政干部的激励带动主要是针对下属,这也是非常有意思的现象,前面讲中国管理者的能力结构或者胜任力模型的时候,我们讲到了三种能力:管理能力、人际能力和自律能力。管理能力是指自下而上领导下属,人际能力是协调同级,自律能力是管好自己,唯独不管上级,而在创新能力里面也表现出这样的特点,这个特点是和西方的管理特点相比一个最明显的差别。我们做一个对比,中美管理者的创新能力的差别体现在,第一个方面,中国人的创新能力更偏重人际中心,美国人更偏重问题中心,也就是中国人更注重人际互动,美国人更注重执行和政治活动。第二个方面中国人的创新能力强调随机应变,而美国人的创新能力强调计划周密,更注重计划和执行。第三个方面,中国人的创新能力更强调学习的过程,而美国人更重视学习的效果。哪些是学习的过程呢?善于学习、掌握新技术都是学习的过程,而西方人就是强调一个知识,你是否具备了这方面的知识,如果你没具备,你说我爱学习,对不起,等你学好了再来。所以我们可以看到,这样一种创新能力的对比也是有非常明显的文化差异的。

四、管理者创新能力与管理能力之间的关系

我们再来简单地对比一下中国管理者的创新能力和管理能力之间的关系,我们发现的是什么呢?政治素质和敢于突破,以及工作灵活和工作

严谨,这两者之间是互相相关的。所谓互相相关,创新能力强调工作灵活,管理能力强调工作严谨,我刚才讲工作能力就是自律能力的一种表现,所以说这两个是相矛盾的。另外敢于突破,就是敢于突破现有的框架,而政治素质强调的是一定要听上面的,所以这里面还是有一些差别的,另外自我约束在创新能力里面没有,这是从管理能力和创新能力的关系来讲的。这就给我们一个很重要的启示,从能力和创新能力的关系来讲,在能力里面,或者胜任特征里面,领导能力反映的是及时发现并解决问题,和自我约束、创新能力是无关的,政治素质里面包含敢于突破的成分,创新能力不包括忠诚的成分,这就说创新能力融入了能力或者胜任特征之中,能力或者胜任特征比创新能力更全面。换句话来讲,对于中国的管理者来说,我们要搞清他的能力结构,能力结构里面就已经包含了创新能力,但是从刚才的比较我们也能看到,在能力里面更注重忠诚和程序化,一个管理者的管理能力更注重忠诚和程序化,而创新能力更注重人际过程和新颖性,也就是要敢于突破。第二个方面,能力更直接地指向目标,而创新能力更直接地指向过程,是中国人或者中国文化的一个很重要的特点。如果一个被大家接受的管理者往往被指责为没有创新能力的话,其实是一种误解,因为在中国人的创新能力的概念下,往往说的是不太严谨,这也是很有意思的一个现象。我刚才讲我是研究中国人的人格,在西方的人格结构里面有一个非常重要的概念,叫"刺激寻求",这样的人的特点就是安静不下来,他的生活不能没有强烈刺激,所以他会喜欢去蹦极。有一次我在一个景点玩时看到,很多人在台子上推推搡搡,我就等着看谁跳下来,结果等了很久也没有人跳下来,我一生气就走了,结果走了没多久就听到一声惨叫,我想坏了,肯定有人跳下来了。这就是西方人追求的一种刺激,但是在中国人看来是什么?吃饱了撑的。所以能力是直接指向目标,创新是指向过程,最后能力更注重严谨和内在品质,创新能力更注重外在的效果,也就是一个管理者,他的能力主要是注重严谨,以及内在品质,而创新能力更多的是要注重外在的效果,让大家一下就捕捉到,实际上你有创新能力,你的创新能力很强的时候,想不让别人发现都难。而在中国文化里面,特别是作为一个管理者来讲就要做一个权衡,因为中国人,中国老百姓,中国上下级的官员、管理者,对管理者的要求不是标新立异,而是严谨、耐心、细致、沉稳,所以这样的一个比对,其实告诉我们一个什么样的结论呢？就是在中国要做一个管理者，要想把事情做好，就必须严于律己。《论语》第二章叫"为政"，其中有一段孔夫子和他的学生子张的对话，子张要去当官了，叫"子张学干禄"，子曰，曰什么？给他提了两个建议，叫"多闻阙疑，慎言其余，则寡尤"，多闻就是见多识广，能说会道，"阙"是停止、怠慢，"疑"是疑虑，就是说你见多识广，能说会道，但是碰到有疑虑的事情时闭嘴，就别说了。紧接着叫"慎言其余"，其余的你都清楚的事情也不要都说出来，要慎言，这样的好处是什么呢？"则寡尤"，"寡"就是少的意思，"尤"呢就是过火，你说话就不容易过头。第二句话叫什么，叫"多识阙殆，慎行其余，则寡悔"，"多识"是知识的识，中文里面"知"和"识"是两个字，"知"是知道、明白、了解，能讲出道理来，这叫"知"；"识"呢是会做。"多识阙殆"，你会做的事情很多，"阙"是停止，"殆"是危险，但是一旦有危险的事情就不要做，就停下来，"慎行其余"，其余的事，也要谨慎行事，"则寡悔"，做事就不容易后悔。孔夫子的结论叫"言寡尤，行寡悔，禄在其中"，说话不要后悔你就可以去当官了，官就在其中。这说的是做管理者一定要谨言慎行，而我们现在又要求管理者要具备创新能力。至少从我们现在看中国管理者的创新能力里面还有一个敢于突破，也就是要标新立异。这个要做权衡，要做比对，由于时间关系我不能再接着往下讲中西方文化的差别，但是有一点在这儿简单地讲一下，和这个有关的，在严谨和创新之间，怎么达到平衡呢？辩证法叫一分为二，但庞朴先生说中国人的思维方式比一分为二还多了一点，叫一分为三，我的理解就是儒家强调的"极高明而道中庸"，这两个极端我都很清楚，但是我不走这两个极端。一个是严谨，一个是标新立异，我两个都知道，但是我既不是标新立异也不是严谨，而是在两者之间找到第三点，那个平衡点，而这个第三点，每个人的选择是不一样的：我特别喜欢标新立异，我就在离这个极端很近的地方；我特别喜欢严谨细致，我就在那个地方找到平衡，做管理者是如此。在中国，我们每个人不管做什么，可能都需要在两个，甚至多个极端之间去找到一种平衡，这就是中国文化里面所谓的既对又不对，既错又不错。中国队大胜美国队，中国队赢了；中国队大败美国队，还是中国队赢了，就是在一种表述里面我们可以达到一种平衡，这样的思维方式正是中国文化最重要的价值之一，这样的价值在西方文化里面是没有的，或者是非常弱的。这就是一种中西方文化的差别，我们用这样的视角看待中国人、美国人，中国文化、西方文化，看待中国管理者的能力、西方管理者的能力可能就会非常清楚。

我也希望通过我今天这个并不是很完整的讲述，能够吸引大家对中西方的文化差异产生兴趣，能够如此的话，我想我的目的也就达到了，谢谢大家！

五、师生互动

提问：王教授您好，我是光华MBA的学生，我有个问题，对于现在很多跨国企业来讲，他们在中国做生意，中层或者高层的外国管理者面对的最大的挑战是什么，怎么融入中国当前的环境？

王登峰：他们最大的挑战，其实是首先要学会中国人的思维方式。记得我刚刚到团委工作的时候，应该是1994年，我在北大团委做了一个"文明修身行动"，是要解决很多同学上厕所不冲水的问题，他们说你做团委书记怎么还管上厕所冲水不冲水，我说这是文明修养。有一个香港地区的客人看到这个报道就跑过来说要给我捐钱，说我这个事做得好，还让我帮他解决一个问题，他说在他的企业里工作的人比他们原来在国营企业里工作的时候工资翻了一番，但是这些人一点都不忠于他，他让我帮忙解决这个问题。我说"我跟你开个玩笑，这是阶级矛盾，不可能忠诚于你"。他说为什么，我说"我可以告诉你，他原来只挣你现在工资的一半，但是那个时候的厂长、经理、车间主任和他们是平等的，他们的工资收入差不了几毛钱，而你现在虽然多给了他们一倍的工资，但是你每天开着车，出入各种高档消费场合，打高尔夫球，那些人觉得你凭什么比我们高那么多"。所以我举这个例子不是想让这个跨国公司到中国来办的企业里面的高管也要这么理解我们中国，但是他要理解中国人看问题的角度和方式和他们是不一样的，首先是思维方式的不同。第二他应该更多地或者首先要融入他的管理团队。这个管理团队可能有中国人也有外国人，这个比例先不去管它，但是这个管理团队要有一个顺畅交流沟通的机制。如果这个机制能够健全的话，可以解决在整个管理过程里面遇到的绝大多数的问题，当然不可能解决所有的问题，但是如果没有这个交流沟通的机制，什么问题都解决不了。所以我想提三个建议，第一最好是由中国通来管；

第二即使你没有那么通,也要有一个机制,让你的管理团队的中国成员能够在这里面有比较多的发言权;最后当然还是谁钱多,谁嘴巴大,谁说了算,但是起码让中国的管理者也要有机会表达他们的想法,我想这可能是一个非常重要的方面。

提问:王教授您好,您刚才讲两者之间取其中,我想问这个"中"有没有什么标准?有没有什么维度?标准是什么?第二,是不是有时候人有两个"我",有的时候扮演一个特定的角色?人如果一直扮演这个角色的话,另外一个真实的自我会不会很累?这两者之间应该怎样平衡?谢谢。

王登峰:先回答第一个问题,其实我刚才已经讲到了,两者之间的平衡最重要的不是你选择哪儿,而是你的选择要很清楚。现在很多人都在想到底是做官好还是做教授好?我在地方工作了两年,回来后很多朋友问我做地方官什么感觉?我说非常好,有时候感觉自己像神一样。因为有一次我去一个地方检查工作,县委书记、县长一大帮人跟着我到处去看,到了一个地方我很不经意地说:"唉,这个地方修条路就好了。"说完我就忘了。回来一个礼拜以后,一天晚上那个县委书记给我打电话,他说"王书记我告诉你一件事",我说什么事,"那天你说修路的那个地方我们今天动工了"。《圣经》里面说,神说有光比较好,于是就有了光;神说有水比较好,于是就有了水。王书记说这地方修条路比较好,于是一周后就动工了。做官员确实很能影响一个地方经济社会发展的进程,这是你最大的成就感。但你不要再指望自己还能像商人那样花钱、还能像教授那样随便骂人。对不起啊,不是所有的教授都骂人,但有的人是骂的,而且骂了以后也没关系,像我们做政府官员的被教授骂了还得老老实实过去说:"对不起惹你生气了,以后还要继续骂。"我想这就是我们讲的两者之间,但是你选择了其中一种,首先要知道这是你的选择,而且你应该很清楚,你选了这个时别的就不能再要了。当然现在有人说教授现在每天拎着包去讲课赚钱,越来越像商人;商人每天拎着包到大学做报告,越来越像教授。这就是在多点之间找不到平衡,找不到平衡就是所有的困扰和苦恼的来源。那么中国人的智慧就是知其两端而用其中,我们知道做教授最大的享受、成绩是什么?受人尊重,社会地位很高,可以随便批评人,不是骂人。那么做一个官员来讲你不能随便说话,不能不严谨,但是你做的决定真的有人给你执行。教授得出的研究成果不一定都能被大家接受,被大家接受也不一定马上付诸实施,但是你做了领导就可以付诸实施。所以每个岗位、每个职业都有它的两面性,你从中做出理智的选择,而且接受这个选择。但是到底选择哪一端每个人都不一样。

第二个问题,是不是有很多个"我"？其实中国人里面的两个"我"是最明显的。一个"我"就是我们那个自私自利的"我",这是由基因决定的；另一个"我"就是我们文化中的"我"。中国文化和西方文化最大的差别在我看来就是对人性的假设。中国文化认为人之初,性本善。每个人都是好人,至少让别人看上去是个好人,一旦让别人发现你不是好人以后,后果很严重,不是好人就不是人。由于我一旦不好了我就不是人了,所以一方面我知道我不是人,另一方面我又要让别人觉得我是人。一个是人一个不是人,两个"我"。你说累,累在什么地方呢？明明你很想要那个东西,但是还要装做不想要,累不累？当然现在我们很多人已经不拿自己当人了,奶粉里可以加毒药,网站里可以下毒,地沟油都可以端上餐桌。但是那是另一回事,其实在任何一个社会里面都有理想的自我、现实的自我、应该的自我。比如做子女的应该孝敬父母,应该在父母身边,但是现在有很多情况使我们做不到,这就是人的决策和人的期望之间的差别。而最对人造成伤害的,其实还不是人的决策,而是人的追求。曾经有人讲过这么一句话,我们现在生活在一个对越来越少的事情知道得越来越多的时代。知识分子就是把一个简单的事说得很复杂,越来越少的事情知道得越来越多,这就是知识渊博。硕士狭窄但很深刻,博士更窄但也很深。你要想知道得越来越多,只能兴趣越来越少,所以我说中国的学位名称,博士是起得最差的,博士应该叫窄士,因为知识面最窄,或者叫深士,深浅的深,他很深。我们生活在一个对越来越少的事情知道得越来越多的时代；换句话说,我们生活在一个对越来越多的事情了解得越来越少的时代；同样,我们也生活在一个能够实现的理想和愿望越来越少的年代。我们对越来越多的理想和愿望实现得越来越少,所以我们现在的人个个都不平衡,因为我们总希望每种愿望都达到同种程度的实现,这在现代社会已经越来越不可能了。所以我们要面对不同的我,其实就是你众多的需求,你既想像官员那么有影响力,又想像教授那么清闲还随便骂人,还想像商人那样很有钱,怎么可能呢？20世纪80年代初大学毕业生找工作就是一要权二要钱三要闲,我很赞赏他们。为什么？因为他们很清楚要权就不能要钱,要钱就不能要权,而要了闲,权和钱都没有了。闲是什么,大学当老师啊。所以从中国文化里我们可以看到很多的这种智慧,能够了解这些的话,就可以很好地调整我们的生活,谢谢。

提问:您好,我是美国投资银行的,我想请教您一个问题,我们在工作中碰到过海外的官员本身也是商人,他也希望在国内的官员兼商人中能够达到一个合作的平衡点,但是有的时候我们很难促成。我想请教一下如何促成合作的高端的平衡?

王登峰:在国外既做商人又能做官员的是有,但也不是很多。在我们国家现在既做商人又做官员的只能算是国企的官员,你如果是一个私营企业的管理者基本上是不可能做官员的。所以如果在西方的管理者里面有既是商人又是官员的,能够找到我们这边的对口的群体的话,我觉得可能只能是在官员里面找,要看他的角色。如果是做生意,那我想你也必须去找商人,而不能找官员。但是至于说怎么去协调?这个最重要的还是看个人。其实在中国的官员和企业家的团体里面,他们的同质性是很差的。我所说的同质性,就是他们的追求、个人修为、做事的态度、价值理念的相似度。你要做这项工作的话,就要对你感兴趣的范畴内的人有比较细致的了解,才能够锁定比较明确的目标,从一般性的建议来讲这是很难做出来的。

提问:王教授您好,我先讲一个故事。我父亲在一个监理公司里面干活,属于石油口,他们做了一个项目,上级来检查,但是上级并不是石油专业出身的,他提出很多意见建议,说这个不能这么盖,那个要拆。之后父亲他们照做,等他走了还得改回来,因为照他那么弄是完全行不通的。站在一个被领导者的位置来讲这是非常无奈的事情,请问,作为一个领导者应该如何作为外行领导内行?谢谢。

王登峰:这是一个虽然很尖锐但确实非常重要的问题。我记得刚才提到一句话,中国管理者的能力尤其是创新能力方面,和西方的管理者相比有一个明显的欠缺,就是对上级的工作,无论是能力还是创新能力都不涉及对创新的工作。在西方的企业管理里有一个叫做管理上司的能力,也就是当上司的指令做出了,而且是错的,怎么和他交涉?这是三级预防,也就是治疗。对上级管理的能力,最重要的是你一定要让他在说出错误的话之前就改变过来,这是西方的管理者,特别是企业管理者非常看重的。在中国这方面确实几乎是一个盲区,这就是为什么在中国自古以来就特别强调官员要德才兼备,以德为先。也就是说我们要求在中国做一个管理者,首先得是一个好人,好人的标准是什么?就是当别人给你提了意见以后,特别是指出你的错误以后不要去收拾人家。而且德才兼备,以德为先的要求主要是什么?是下级对上级的要求,是老百姓对官员的要求。胡锦涛总书记在去年中央组织工作会议上强调我们现在选拔干部的标准是德才兼备,以德为先。当上级出现问题的时候我们应该怎么办?像你刚才讲的这个故事,其实在现实生活中确实会发生,也确实会遇到,这是一个主管的领导,但他不太懂,他就说这个应该怎么改,那个应该怎么改。但实际上从下属来讲首先应该在他讲之前就不要让他讲出这种外行的话来,如果你知道这个人要来了,你首先得了解他,他是什么样的人,会不会讲错话,会不会逼着我们干什么,如果我们不做的话,他会不会不高兴,等等。作为西方的管理学标准来说下属是需要做这个事的,中国人也需要。我前面讲的处理突发事件的能力往往是指出了问题时我们怎么应对,其实还有一种情况就像你说的,领导做出的指令明显是错的,这对一个下属来讲就是一个突发事件。你刚才说你父亲他们监理公司的做法就是上级说怎么改就怎么改,上级走了以后再改回来,这是一种应对的办法,但是不是唯一的,其实还有很多种应对办法。所以作为一个管理者来讲,我们讲的处突能力,特别是面对不太懂行的上级的时候应该怎么应对?这可能是需要一种智慧的,在处理这个问题的时候也要遵循一分为二的原则。直接告诉他说的是错的,他会接受但也会觉得没面子,或者以后再有什么事和他合作会比较难,一般我们不要采取这个办法。另外一个就是你说的,上级说什么就是什么,最后再改回来,但是当他知道他刚走就改了,他那种愤怒比你当面告诉他他说错了的愤怒还要大。这一类的问题我们现在往往把它当做一种笑话,当做是腐败的一个问题,或者是当做官场的潜规则。其实从文化的角度来看,这是中国人长期以来一直没有很好解决的问题。在管理里面当遇到这种问题的时候,我们需要有更多的智慧。

提问:王教授您好,今天应该说收获非常大,对我今后的职业生涯会有很大的帮助和提升。一个问题是作为公司的总经理,上要面对董事长,下要面对一个团队,人们经常说总经理不是人,前后被骂,唯一有的价值就是成长空间特别大,总经理在执行公司的指令时应如何规避这个风险,落实公司的目标?

王登峰:这就是我刚才说的管理者能力里面的一个政治素质,对上忠诚和因地制宜,只不过这里的因地制宜是对你的管理团队而言。正像刚才那位同学提的问题,如果你的董事长错了怎么办?其实这个时候更需要一个总经理的智慧。你所说的上下不讨好很大程度上是由于沟通造成的,也就是说在管理能力里面除了政治素质以外还有一个以人为本。这个以人为本其实就是需要对你的团队里每个人内心的想法有事先的预判能力,这就可以让你在做决策,甚至是讨论某一个问题的时候做到心中有数,而且更应该了解你的董事长,要了解你的董事长的感受,了解你所做的事情在他心目中产生的影响,有了这样一种能力以后,协调上下两方面的关系应该不难。但是这是一个很费心、劳力的事情,如果你的团队是10个人,你就要对付11个人。

提问:王老师您好,非常荣幸能够参加这个论坛,听了您的讲座,我获益匪浅。我是大二的本科生,我想问的是您认为一个管理者的能力是天生所占的比重大,还是后天在参加一些活动中通过不断的训练获得的能力所占的比重大?由此引发了我对大学的一些思考,中国正处于一个转型的阶段,以前是重视专家型的领导,现在变成领导型的专家,说明很多东西即使你不懂你也可以去管那些比你更懂的人,大学里更看重的应该是专业的学习还是关于管理者领导力的培养?

第二个问题,刚才您提到作为一个管理者能够看到两个极端,虽然看到两个极端却又不走极端,这可能也是儒家说的偏中庸的一条道路。但是我觉得像很多领导者有自己的个人魅力,他的个人魅力往往是建立在他走极端的途径上。比如说我,我刚才向老师提问中大家也可以听得出来,我的普通话不是很标准,我是南方人,我的南方口音比较重,我觉得这是我非常大的特色,一个管理者在管理下属的过程当中,有时候走极端还是很有好处的。像昨天晚上看比赛,国际米兰那个教练特别有个性,被人称为狂人,虽然很多人对他不满,但是很多人也因为这一点深深喜欢上了他。作为一个管理者不可能面面俱到。因此我觉得管理者可能有时候要走极端,不一定非要中庸,想听听您的意见。谢谢。

王登峰:第一个问题,管理能力是先天还是后天培养的,我绝对相信是后天培养的。大学不只是人生观、价值观形成的时期,同时也是各方面能力培养的一个阶段。比如,医学院的学生毕业以后要先做住院医生,可以出门诊、开药方,但是他所有的医嘱必须有上级医生把关才可以。我觉得大学生就有点像住院医生,只不过你面对的不是病人,而是你将来要面对的生活,你在大学里面做各种各样的努力和尝试,还有老师罩着你,所以我觉得大学是非常重要的培养各方面能力的一个机会。大家可能觉得我现在讲话很顺畅,也不紧张,可是我刚上大学的时候,老师一叫我起来回答问题我腿就打哆嗦,脑子里面一片空白。后来我就强迫自己,凡是老师提问我都举手,不管会不会,站起来再说,然后我就像今天这样了。所以人的很多能力是可以培养的,但是能力和知识是紧密相关的,要培养能力你必须先"知道",我刚才讲到"知识"这两个字,第一是知道、明白、了解,能讲出道理来,第二是会做,知就是我们现在所说的知识,识就是我们所说的能力,有的人知道了就会做,有的人知道了不一定会做,有的人会做但不一定知道,在大学里面要培养能力首先是要增长知识,我觉得这是非常重要的一个方面。

第二个问题,关于走极端。我觉得其实中国文化最大的魅力就是,当我们强调这一条的时候,其实另外一边就已经准备好了退路。我说极高明而道中庸,并不是说所有的人,所有的情况下都不要走极端,当在某种特殊的情况下我们是需要走极端的。在《贞观政要》里面有一段唐太宗和魏徵的对话,讲德和才的关系,魏征讲我们假如选一个官员,选出来以后发现他是一个贤人,即使他做不好也不过是能力不够而已,不为大害。但如果我们误用恶人,假令强干,为害极大,所以他说做官员必须是才行俱兼,始可任用。这是他的一段话,就是说品行和才干都具备了才能任用。但是他后面又讲了一句,"乱世唯求其才,不顾其行",就是说在乱世的时候,打天下的时候,有本事的全部招来,品行如何顾不上了。你看《封神演义》,姜子牙麾下的将军有几个正经的,但是最后都各归其位了,都成了神了。从这里面我们可以看到中国文化一直在变,变是中国文化最大的特点。中国人民最高明之处在于,以万变去维护、追求和保障我们那个不变的追求,随时随地都在变。"天予不取,反遭其咎;时至不迎,反受其殃。"这是天时,还有地利、人和。当考虑天时的时候要干这件事,考虑地利要干那件事,考虑人和要干第三件事,当天时、地利、人和同时考虑的时候我们可能要干的是第四、第五件事了,这就是中国文化的特点。我们说极高明而道中庸是一般原则,但是乱世和太平盛世,天时和地利又不一样,我们还是要根据当时的情况做判断,这是中国文化的一个特点。相比之下西方人是很可怜的,他们是一根筋,以不变应万变,最典型的是美国。我说这话可能很多人不爱听,美国在 20 世纪时打了很多次仗,从新中国成立以来,越南战争、朝鲜战争、两伊战争、阿富汗战争、伊拉克战争,每一场他都打胜了,但一场都没有打赢,为什么?因为他没学过中国的哲学思想,没有毛泽东思想的指导。就拿打伊拉克战争来讲,美国用了不到一个月的时间损失了五百多名士兵,就把萨达姆政权推翻了,把他从地里挖出来,拿条绳吊死了。打胜却没打赢,到现在美国大兵已经死了五千多,还要打多久,还要死多少人?用小布什的话来讲是 nobody knows,这就是他做事的时候只考虑了一头,他的想法是谁打我,我就打谁。但他没有想到那些被打的人,以及虽然没被打但在边上看的人是什么心态。中国文化的特点就是我既要打,又要考虑让那些被我打的人还要服我,所以才有诸葛亮的七擒孟获。同时还要考虑到边上看的人,看我打他是什么态度,我一定要做到,别人第一次冒犯的时候不打,第二次冒犯的时候也不打,最后边上看的人都觉得你怎么还不打他,这个时候我再去打他,大家都拥护我。美国人不是,他造假,最后让大家发现那个子虚乌有的罪名就把萨达姆干掉了。所以这就是中国文化和西方文化的区别,中国人既要实现自己的目标又要让大家觉得自己还行,西方文化的特点是只要自己的目标,你没有是你自己没有本事,你就自生自灭吧。中国人是我有肉吃,我有山珍海味,也让最穷的人有碗汤喝,这叫和谐。

提问:听了您的演讲受益匪浅,问两个问题,有句话叫"本色做人,角色做事",现在的人都是每天戴着面具生活,角色做得多了,本色迷失了找不到自我。第一个问题就是本色和角色之间如何平衡?第二个问题是我个人的一个困扰,请允许我用一分钟简单叙述一下。我在一个商业地产公司里担任相当于总经理的一个职务,我的分公司发生了这样一件事情:我们的顾客到商户那里买东西时发生了纠纷,商户把顾客打了,结果我们分公司的总经理对这个商户处以高额罚款。商户和我们非常强势的董事长是好朋友,他把电话打到董事长这边,董事长给分公司的总经理打了一个电话让他看着办。最终分公司的总经理做了一个罚单,把罚金的数额下降了几千块钱。董事长得到这个结果之后把分公司的总经理痛骂一通，说他翅膀硬了，没有处理好这个事情，分公司的总经理非常委屈地把电话打到我这里，不知道这个问题怎么处理。明天这个结果就要兑现，现在由我协调这个事情，我今天还找不到董事长，我想请王教授帮我解决一下。谢谢。

王登峰：在中国文化里面，当把所有的人都假设为好人的时候，其实并不是一件好事，他给每一个人都套上了一个枷锁。这个枷锁就是让你不能接受你的现实，不能接受你的本色，至少这个社会、这种文化不能接受你的本色。本色是什么？人都有他的自私的愿望，在性善文化里面，每个人的本色只能在有限范围内表现，要么表现的不是那么恶，要么就是当你表现恶的时候，看到的人不会介意，绝大多数情况下我们都要按照社会的规范约束自己。所以本色做人，角色做事，是非常难的。如果这样的话从老师嘴里说出来，那是糊弄学生。如果从家长嘴里说出来，那是为孩子好，因为他不想让孩子过多地或者过早地受到社会环境的影响。但是在西方强调的性恶文化里面，所有的人都是不好的，但是让他们解放了。解放什么了？你们谁都别说我不好，大家都一样。我不在乎别人怎么看我，反而更容易本色做人，本色做事。我们在中国文化里面是要受到这种影响的，但是到了今天改革开放三十多年里面我们受到西方文化的影响越来越大，中国人对人性善的假设，其实已经没有几个人相信了。社会伦理、道德规范，对人们言行的约束越来越降低了。我小时候在农村长大，那个时候如果有个人偷了别人一个红薯，满村的人都知道，都会指责他。现在有人把别人家的牛偷走了，都没人指责，你说伦理道德规范还能够约束人们多少呢？这个时候我们所谓的本色和角色，其实已经没有中国传统社会那么严格的分界了，在现代社会里面可能本色和角色更多的是要考虑如何和别人能够和谐相处。这个和谐相处已经抛开了善恶、是非，而更多的是人与人之间怎么去进行有效的沟通，我觉得这应该是最主要的。当你面对不同的群体的时候，每个人对你的需求是不一样的，你能够照顾到别人的需求，你的人际交往就会比较顺畅。

第二个问题，我从来没遇到这样的问题，尽管我说我走过南闯过北，但是企业的高管我还真没做过，这是一个两难。第一，那个分公司的总经理是你团队的人，作为董事长从管理的程序上讲是不能对你分公司的总经理发号施令的。当你的董事长给你分公司的总经理打电话表明他的态度以后,我觉得你的那个分公司的总经理有一件事做得不好,就是他应该明确问这个董事长是什么意见。我想他给他减了几千块钱,以为就是那个董事长的意见,是他领会错了。领会错了不是董事长的责任,因为在公司里,董事长是老大,他讲完了就完了,你领会错了他可以骂你,没准你领会对了,他后来改主意了,还是你的错。所以你一定要问清楚,"老大你让我怎么办",从事后分析是这样。如果董事长说不要罚他钱了,分公司总经理接受不了找你协调,反而好解决。现在这个情况,从事后分析来讲,你对分公司的总经理应该做这方面的工作。第二,从处理来讲,我觉得这个时候你就可以带着你的分公司的总经理去找董事长,第一为你的下属开脱,说"对不起,我问清楚了,他以为你是这个意思";第二"我要加强教育,让他将来能够更容易理解你的意思";第三"你到底是什么意思"。

(时间:2010 年 4 月)

第六篇
文化与时尚在经济发展中的作用

演讲嘉宾：

陆昊：共青团中央书记处第一书记

三井创新论坛是我在去年访日的时候与三井总部和光华一起商量的，所以我也很愿意借这个机会参加论坛的活动。我个人考虑在这里谈点什么问题，最后的结论是我想结合我在工作当中思考的一些问题和现象，谈一点我自己考虑的命题，就是"文化和时尚在经济发展当中到底有些什么作用"。大家知道我过去是纺织出身，我在纺织企业工作过十年，跟纺织、服装还有一些时尚的事情多少有一些工作关系。北京市经过慎重的考虑，也提出要跟我们中国行业协会的一些组织，来共同建设我们的时装之都，发展北京的时尚产业。最近又提出来，在产业结构转换的过程当中，要进一步发展北京的文化产业和创意产业。结合这些工作上的思考，我今天向大家介绍一些我的体会，我想主要讲两个问题。第一个问题，什么是文化力；第二个问题，文化和时尚在经济发展中有什么作用。当然最后我也想借这个机会，谈谈我对北京发展时尚产业的一些思考，供大家参考。

一、什么是文化力

第一个问题我想谈谈什么是文化力。为什么没在题目中用"文化力"这个词,是因为我觉得还是应该慎重一点,但是这毕竟是一个概念。我想简要地向大家介绍一篇重要的文章,这篇文章是日本丸红经济研究所的所长杉浦勉[①]先生写的,叫"文化力创造新经济"。杉浦勉先生是西洋美学的本科出身,但是长期在欧洲从事商务活动。他不是一个纯粹的学院式的学者,但是我在事后跟他的讨论当中,感受到他很有学者的功底。那篇文章,不少朋友一起讨论的时候,觉得还是很重要的。他在文章中讲到新经济的问题,我记得我在中关村工作的时候,也经常回北大跟同学讨论,当时我们讨论新经济,讲的比较多的是IT,还有网络,网络后来出现了泡沫,泡沫没有了,新经济提的也就不太多了。现在仔细重新思考这个问题,我觉得世界银行1998年的定义,还是很深刻的,我记得是这么定义的,新经济是指人们用大脑替代双手进行劳动的经济,是通信技术迅速改变国家竞争力的经济,是技术革新重于批量生产的经济,是大量投资涌向新的概念及其创造手段,而非一般意义上的生产设备的经济。

我个人感到这样的定义,跟事后的一些发展趋势,还是比较吻合的。当然,杉浦勉先生进一步将新经济主要分为人才经济、创造力经济以及注意力经济,这是他的划分,尽管有交叉,但是我个人认为,还是可以这么分类的。

首先,毫无疑问,无论从理论到实践,都接受人才经济的概念,主要是指在当前的经济发展阶段,人才在经济当中的作用,在企业当中的作用,无论怎么估计,我个人看,都不过分,特别是对一些特殊类型的企业更是如此。一个人或者一批有作为、有智慧的人,是完全可以改变企业面貌,甚至创造出一个全新的企业的。

我记得在1999年我刚到中关村工作的时候,伯克利的两位博士——邓中翰博士和张辉博士创建了中星微电子有限公司,现在世界上所有最强的跨国公司都在用他们开发的摄像机镜头的芯片。他们去年获得了中

---

① 编者注:杉浦勉,丸红经济研究所顾问,静冈县文化政策推进会议委员,新日本样式协会监事。2001年至2006年任丸红经济研究所所长。2006年4月1日起任丸红经济研究顾问。

国国家科学技术进步一等奖,在自主创新方面为我们赢得了很多荣誉。这样的例子在中关村很多,所以我觉得是存在人才经济的,这个不展开说了。

其次,也的确存在所谓的创造力经济。创造力经济,学术界的划分是不一样的,表述也不同。我觉得本质上就是指我们现在经常提到的创意经济、创意产业。我觉得确确实实存在着我们目前严格的国内经济统计体系尚没有统计的,但实际上是可以这么划分的一类经济活动,就是所谓的创意产业。经合组织有一个分析,认为当前的服务业增长,比制造业整体速度快一倍,但是创造力的产业,或者叫创意产业,增长速度又比服务业快三倍(全球范围内)。创意产业我也不展开讲,我相信在座同学都有研究,有13个大的类别,我个人认为还是英国政府早期提出的这个分类,相对来说比较科学。这13类包括时尚、设计、博物馆、艺术、餐饮、软件、交响乐,等等,主要体现人的创造性,是以人的才能为主体所派生出的产业。1996年的时候,我看到的资料显示,对英国国际收支贡献最大的已经不是过去的老牌钢铁业,而是摇滚业。1998年英国单项产品出口量最大的是辣妹的文化作品,超过了钢铁。应该说英国政府在推动创意产业发展方面是有很多好的做法,英国首相也亲自兼任了推动创意产业发展机构的第一负责人。伦敦市在这个方面做了不少工作,我专门去看了曼彻斯特,他们在传统产业的退出、新兴创意产业的调整方面,有值得借鉴的经验。

最后,是注意力经济。这个问题我过去的思考是不太接受的,我总觉得注意力是一种现象,但是把它定为注意力经济,学术上不够经济学化,没有找出它的基本模型,也没有想出它的基本途径,但是最近我才改变了这个想法,我觉得可能我们学术是要跟上这些社会变化的。仔细思考,的确存在着所谓的注意力经济。我们每一个职业人士,在现在的信息时代,每天要在众多的信息当中找到对自己工作有用的信息,是需要花成本和时间的。报纸的版面越来越多,电视节目的频道越来越多,播出时间越来越长,我们每个人都充斥在无穷多的信息当中,以至于我过去一直思考这样一个问题:信息的有效需求和供给是非常难以实现的。在同样一个城市的空间里,大家都面对众多的信息工具和传媒,但是你掌握的跟我掌握的可能有很大的差别。为什么?这可能是通信技术带来的问题。我们也都知道,当年的中央计划经济之所以被摧毁,尤其在理论上被摧毁,信息起了重要作用,但是我也始终在考虑,市场经济条件下绝不是信息问题就可以自然而然地得到解决,虽然信息工具很多,传媒越来越多,但在这样的情况下,什么是稀缺的,我觉得杉浦勉先生的这个命题很值得我们注意,稀缺的是注意力。我也很惊讶,当时曼彻斯特市市长在跟我讨论曼彻斯特转型的时候,讲到了这个问题,当地的很多英国人很自豪地告诉我,曼彻斯特的创意产业发展,很大程度上源于当年重要的摇滚乐的酒吧,源于他们知名的曼彻斯特足球联队。这是一个队伍的问题,还是注意力的问题?我想可能是注意力的问题,最典型的就是经济学必须解释的明星产业的问题,是典型的注意力经济。

的确存在着明星产业,我们不承认是不行的。在信息时代,很多人用各种方式,一夜之间让很多原来不知道他的人知道他,紧接着就会带来很多与此相关的注意力,最终是利益。所以我现在越来越赞同有注意力经济这样的概念,至于能不能形成严谨的数学模型,形成经济学的模型,那还是请我们光华的老师来讨论这个问题吧,这是很值得做的文章。上述这些现象的背后是什么,就涉及文化力。我注意到杉浦勉先生的文章试图说明这些经济现象背后的因素,他称之为文化力,是不是非要叫文化力我们可以探讨,但是存在一种因素和力量,派生出或者支持了上述三种经济现象的存在。我觉得杉浦勉的定义值得我们借鉴,他指出能够在当今社会为人和物以及人的活动增添魅力的因素,即为文化力。

我还是很赞赏这个判断的,的确存在着很多因素、很多现象,我们最后都可以把它归结为,最终目的是给人或物以及人的活动增添魅力。

二、文化、时尚与经济

第二个问题,我想跟大家讨论一下文化与时尚在经济发展中的作用。我跟杉浦勉讨论过两次,我的启发不止到此。我注意到一个问题,假如说存在文化力,存在文化力派生出的一些新经济现象,那么我第一个想到的问题是文化力跟所谓的旧经济有什么关系。我个人认为,文化力跟所谓的传统产业和所谓的旧经济也有着极其密切的关系。因为文化力在很大程度上可以创造或者改变流行,而时尚和流行的背后就一定会产生新的变化,并在很大程度上,局部地或者整体性地改变我们的生活方式、工作方式。在当前情况下,生活方式和工作方式的任何细微的变化,都有可能派生出新的需求,任何新的需求的产生,根据我在光华学到的主流经济学的观点,就一定会派生出新的经济活动,支持经济的发展,这是我的一个认识上的逻辑。

我重复一遍,就是假如存在这种文化力,是给人以及人的活动增添魅力的因素,那么它就会不断地创造或者改变时尚与流行,而时尚与流行的变化,会影响和改变我们的工作方式和生活方式。工作方式和生活方式的任何细微的变化,都有可能派生出新的需求,而主流经济学认为支持经济发展的最基本的力量是什么,是需求。所以按照这样的逻辑推导,文化力不仅能够创造出一些新经济现象,很大程度上,也可以创造或者改变旧经济,进而促进我们的经济发展。这就是我最近对这个问题的一点思考和体会。

那么我们来看一看这些现象,比如说,在座的商务人士可能记得,在1978年之前,我记得我们在中关村工作的时候,当时产业界男士流行的是一种深蓝色的衬衣,深蓝色衬衣跟黄色领带主风格的搭配,非常流行。今天,如果你还穿颜色这么深的衬衣,我相信虽然不会说你有什么错误,但会说你不够时尚,甚至在重要的礼宾场合,我们会制止你这样着装。再比如说,在座的女性,我相信十年之前,你不会想到中国的女性头发上的颜色能有这么多种变化,你可以不接受,但是毫无疑问,那是我们个人的审美主权、审美的选择权,只是你又不能否认多数人接受它是有道理的。我也一直试图在考虑,我们能不能抗拒这些流行,我当时还有这种信心,但最后发现流行是非常难以抗拒的。因为人在很多场合下,既要有一些变化,又不愿意跟周围的整体关系太不和谐,我们很难想象现在的一个标准场合的聚会、一个正式场合的聚会,你可以穿着我们传统的长袍马褂参加活动,肯定是不行的。你也很难说人家都穿西装打领带,你就穿一个夹克衫,可能也是不行的。所以有一些公司对着装是有规定的,我想也是有他们自己的道理。

我们现在来看一下这样的流行创造了多少就业机会。你说光头发上的颜色变化,给我们带来了多大的一个产业,派生出多少产品。当然在这种过程当中,有技术贡献的因素,也有经济发展水平的支持,但是千万不要低估了这种流行所创造的产业机会。开车也是一种流行,有时候明明

卓越企业的创新历程

知道开车比走路堵，但还是有人愿意开车，或者明知道开车比坐地铁慢，也会开车。这也有一种流行在里面。北京市第一个一百万辆车形成的时间用了 48 年，第二个一百万辆车形成的时间只用了三年，现在北京机动车达到了 284 万辆车。我一直认为，中国这个阶段用车有交通工具的问题，也有财富象征的问题。这里有重要的流行的因素，我也知道我们很多小伙子下班开车去接什么人，他需要用什么方式，这跟他坐出租车或者坐地铁去从事这些活动，可能感觉还是不一样的，虽然堵一点。

就这样的流行能不能改变的问题，我特别访问了法国 LV。这个品牌大家都知道，是箱包行业里世界顶尖级垄断企业。我专门跟他们讨论过流行能不能改变的问题。作为这么一个全球顶尖级的企业，设计师在设计的时候，是否考虑主流流行色系或者流行趋势对设计的影响？他们明确回答我，他们会多少创造一些新的方式，但是他们必须考虑流行。他们会认真考虑流行的因素对所有设计的影响。这不是一个垄断竞争的企业，LV 这个包大家都知道，假的比真的多。我还听说在有些东南亚国家专门做假 LV 包，做得非常有水平。如此垄断地位的箱包生产企业，LV 也不能抗拒流行。大家知道，德国流行的东西跟我们这儿流行的不完全一样。比如说，奔驰公司最好的汽车是迈巴赫，是最贵的车，迈巴赫车体的颜色是双色的，我个人观察，中国汽车流行的趋势是不能接受双色车的，上门跟下门颜色不一样，怎么看怎么别扭，我们的主流审美在这个时点的流行是单一色调的。再比如说，德国在斯图加特有大量的两厢式汽车，用起来很方便，他们也喜欢。但是两厢车在中国，是很难形成好的销售业绩的，为什么，因为现在的汽车拥有者，有财富象征的感受，两厢车显得不是那么富有。在北京奔驰项目谈判中，我说我们对中国市场的认识，比你德国公司的任何一个董事会成员都要稍微高一点，因为你们研究的是全球问题，但是这里也的确存在着流行的问题，你能抗拒吗？你说我就不要这样，我非开着一个两厢车跑，这是可以的，但是现在所有开这种所谓的圆形、流线型汽车的人，他都一定是最喜欢这个吗？不是，最后你可能卖不掉那种两厢车，因为汽车生产厂商不敢抗拒流行。

我举这些例子是想说明一个问题，流行也好，时尚也好，是有一定的引导力的。按道理讲我们北大的学生不能接受这种逻辑，我们有创新，我们要有自己的个性。但实实在在地说，在很多场合，或者在商业活动当中，我的确认为存在这种流行,而只要存在这种流行,就会导致很多变化,就会不断地让你有所变化,进而出现很多新的机会。我又想起来我们那个老本行,我是干纺织出身的,也想起我们经济学的著名教授,英国的克拉潘①教授的名言,他判断我们生活水准的提高,用一个很好的道理来讲,就是人们旧衣服更新的程度。香港贸发局的总裁讲,香港女性现在衣柜当中没有撕掉标签的旧衣服,能占到三分之一左右,就不穿了。我相信在中国,在北京、上海、深圳这样的地方,这种现象也是存在的,只不过是比例的问题。你不穿的旧衣服,可能是三分之一,也可能是五分之一。注意,这样的现象出现,有很多新的变化。

第一是消费数量发生了很大的变化,它会刺激你消费。第二是消费方式发生了变化。可以问问在座的女同学,到底是穿衣服的过程对你们有最重要的审美满足感,还是买衣服的过程有审美的满足感,我看现在两个因素都有了。穿也高兴,买也高兴,如果是这样一些变化的话,那么你们看,产业会发生什么变化呢?过去传统的纺织品都强调品质的自然性,叫毛、麻、丝、棉。传统的人买衣服时都会问,这是不是纯羊毛的?我相信现在谁再问这样的问题肯定很不时尚。但十年前,我在纺织业工作的时候,一定首先问品质,一定问是毛的,还是纯棉的,是丝的,还是麻的。但是现在有多少种新的化纤产品?新技术支持的化纤产品,改变了毛、麻、丝、棉。为什么会改变呢?流行的方式变了,生活水平提高了,购物过程成为一种重要的满足的过程。

我个人认为,由于存在着增添魅力的因素,由于这种因素创造了很多流行和变化,或者叫时尚,而这些变化又必然改变我们的生活方式和工作方式、娱乐方式,因而就一定会派生出各种新的产业机会,关键是我们如何发现这种产业机会,创造出新的产业,来支持我们的经济发展。无论这种经济是传统的旧经济,还是所谓的新经济,抑或是不那么容易被清晰定义为旧的或新的经济,或者是旧经济与新经济的组合体,这样的现象都是存在的。所以我非常大胆地提一个话题,叫"文化和时尚在经济发展中的作用",这是我想跟大家讨论的第二个问题。大量数据都表明,旧经济,凡是跟时尚、跟文化力相关的旧经济活动,总的消费量都在大幅度增加,这

---

① 编者注:克拉潘(Clapham,1873—1964),是现代英国著名的资产阶级经济学家和历史学家,著有《1815—1914年法国和德国的经济发展》《毛织工业》《英格兰银行史》等书。

是有很多数据可以支持的。大家最觉得是要淘汰的产业,箱包、皮鞋、服装、皮带、领带,所有的这些所谓的传统的旧经济的一些产品,在全球范围内,其消费和生产总量都在大幅度增长。

三、北京文化创意产业的发展

第三个话题,我想借机会跟大家讨论一下北京市发展文化,特别是时尚产业的一些条件。我觉得北京市到目前,还是非常具备进一步地发展时尚产业所需要的条件的。第一个理由就是北京的经济发展水平。北京市在过去五年当中,人均 GDP 连续超越了 3 000 美元和 5 000 美元两个重要阶段,去年人均 GDP 水平是 5 457 美元(这是以人口基数 1 538 万做依据计算的,实际上北京市瞬间的城市总人口可能超过 1 700 万)。尽管这是一个不高的水平——仅仅是美国 1972 年的水平,日本 1976 年的水平,亚洲四小龙 20 世纪 80 年代中后期的水平,但是对北京,对一个发展中大国的首都而言,还是不一样的。

当人均 GDP 达到 5 000 美元之后,首先恩格尔系数[①]会下降,这是毫无疑问的,北京现在不到 31%。其次,会出现时尚时装类消费比例的增加,这又回到了克拉潘教授的判断,即生活水平提高的重要标志是旧衣服更新的程度。再次,还会出现一个明显的趋势是娱乐性消费支出的增加,进而会是健康性消费支出的增加。在这个阶段提出发展文化产业、创意产业、时尚产业,我个人认为首先具备了经济基础。

第二个理由,北京是一个重要的东方文明古都。文化的碰撞和交流,是一个城市发展时尚产业的一个很好的条件。观察香港工业设计产品,我们经常能发现很难严格区分这些产品在哪个角度借鉴了西方的审美、在哪个角度体现了东方的文化。北京在经济水平达到一定阶段后,也会体现出这样的特征,这是因为它也是东西方文明的一个重要的汇集地。当这些元素在一起碰撞的时候,在一起交流的时候,就可能产生出新的变化、新的流行。

---

① 编者注:恩格尔系数(Engel's Coefficient)是食品支出总额占个人消费支出总额的比重。一国国民的平均收入中(或平均支出中)用于购买食物的支出占个人消费总支出的比例越大,说明该国越穷,反之则越富。

这就是所谓的文化之间的碰撞和交流,我相信在这里,文化积淀到一定厚度的人士,就会多多少少来完成这种碰撞和交流,而并不需要整体性的碰撞和交流。有些时候一个局部的因素就会使得这种时尚的因素、创新的因素,产生一种新的方式。我觉得这样的例子是有的,值得大家来观察。香港早期在时尚产业方面,非常领先,我个人认为它主要具备了经济发展水平、东西方文化交流这两个重要的条件。大家可以考虑一下,香港的那些时尚的设计产品,为什么能够推导出这些变化?这是第二点,我觉得很重要。

第三个理由,北京处于时尚变化、时尚交流的多领域之间,有着相互促进的机会。在时尚文化方面,北京特别好的条件是具备多种要素互相促进的机会。我们的文化、艺术、音乐、美术,跟时装、传媒之间有很好的互相促进关系。我经常跟一些设计师讲,中国现在没有顶尖级、大师级的设计师,但我相信很快一定会有的。因为这不在于我们的设计师的学术能力不够,专业不深,而是由于各种文化融合方面存在问题。实际上,就是所谓的创造时尚,要比别人强,还要强得很适度,既要创新,又要让大家能接受,就需要你在若干相关领域都有积累。如果从工作素质上讲,就是你要具备自己这个领域的工作素质。举个例子,有一个阶段,三星研发的负责人不是学 IT 出身的,而是学艺术的,结果三星的手机的娱乐功能特别好,这跟领导人的综合素质是分不开的。如果简单地从工程师的逻辑来设计,可能不是这样一种娱乐方式。所以我觉得越能综合,就越有可能创造,或者比别人就越多一些创造。

第四个理由,适合发展创意产业的良好的氛围。发展时尚产业,既要有需求,有供给能力的支持,也要有良好的氛围。在北京,适合发展创意产业的氛围越来越多。北京每年的会展、传媒以及各种艺术活动非常多,这极大地丰富了人们的生活。氛围主要靠会展业,靠传媒业,靠流通业来支持,北京目前具备的这些条件是很不容易的。虽然中国还有很多商业城市是很好的,但是要比传媒业和会展业的繁荣程度,很多城市是比不了北京的。

最后一点,我觉得这个条件也值得大家注意,就是北京的市场推广的条件。北京的市场推广能力是很值得我们商务人士重视的。今年北京的消费总额将突破 3 000 亿元,而在经济普查之前,上海市的经济总量比北京高40%,但是它的社会零售商品总额跟北京基本相当。为什么？大家可以讲出很多理由,我个人归纳,北京市场推广的条件是很值得大家注意的,这也是我最近新的观察。

第一点理由,北京的市场需求总量足够大,交易活动量非常丰富。比如建材市场交易额现在3 000多亿,房地产市场接近5 000亿,餐饮一年可以吃出300多个亿。总之,北京需求总量是非常大的。

第二个值得注意的是信息。大家可能认为网络上的信息已经足够多了,但是我觉得从做生意的角度不能只看网上的信息,有的时候还应该对物品做实物判断。我跟Best Buy[①]的总裁讲过,如果方法得当的话,24小时之内在北京可以找到任何一个消费类电子产品的实物样品。中国所有消费类电子产品,北京都能找到。同时大家注意这个信息还包括各种综合性信息、深入分析的信息,因为北京有大量行业组织的存在、大量科学技术研究机构的存在,很多人在这里就可以用最短的时间,找到一些值得深入讨论的对象和信息的来源,这是很重要的一个问题。

大家也都知道,早期的产业布局理论,基本都在强调生产成本最低化问题,现在的产业布局理论是很注重信息对一个区域经济增长的作用。

第三个理由,北京的地理位置很重要,它在环渤海地区当中有连接点,同时跟东北、华北、西北有很重要的连接关系。做过民用产品生意的商务人士都知道,要想进入东北、华北和西北,就要先把北京市场攻下来。虽然北京的市场竞争很残酷,但还是需要在这里有自己的据点。

第四点也很重要,这个我过去也强调过,就是北京的消费示范作用,北京对中国内陆地区具有消费示范作用。但是有很多日本朋友问过我,为什么会存在这样的消费示范？我觉得在北京有三类特殊人群聚集程度比较高。一是聚集了中国政府数量最多的官员,这些官员会对中国内陆地区的消费行为产生特殊的影响;二是聚集了中国数量最多的各个领域的优秀的学者,这些学者的传播能力、分析能力、影响力是巨大的;三是聚集了大量的财富所有者。所以我觉得可能是因为聚集了这几类人,导致北京的消费示范作用很大。

第五点是货物贸易的新的情况。为什么很难用传统的贸易方式,来解

---

① 编者注:Best Buy,中文名称百思买,是全球最大的家用电器与电子产品的零售和分销及服务集团。

释北京目前对外贸易进出口总额以每年30%到40%的幅度在递增。我最近在广交会上提出一个看法,我觉得现在出现了一个三地分离的趋势,进而支持了北京的进出口贸易发展。传统的贸易中心,是跟港口联系在一起的,但是最近我们越来越发现,一个进出口贸易的产品的生产加工地,和进出口贸易通关所在地,现在出现了分离趋势,这个是没问题的,这早就有了。但最近又出现了与进出口交易所在地三地分离的趋势,当然还要进一步解释这个现象。

为什么会三地分离,我觉得跟现在商务活动对信息的要求、对交通便利性的要求、对城市的文化艺术氛围和生活水平的要求越来越高有关。人在哪里,这些重要的交易活动就会发生在哪里。实际上北京也是中国一个重要的非港口式的贸易中心,这里集中着全国10%以上的进出口总额。

第六点是北京的服务贸易总额。北京的服务贸易总额在中国一直保持着17%左右的份额,经济总量只占全国的4%,货物贸易进出口总额占全国的10%多一些。可见,北京是中国重要的服务贸易基地,或者是一个重要的服务贸易的中转中心。大家注意,随着WTO后过渡期的开放,服务贸易的交易会越来越多。我们的时尚产业、文化创意产业当中很多的进出口业务活动是记录在服务贸易体系当中的,而不是在货物贸易当中,现在北京的服务贸易总额不到400亿美元。所以这也是值得注意的一个现象。

北京是中国重要的一个市场中心,也是海外产品和中国产品通往国际的一个重要窗口,至少是海外产品进入中国的一个重要窗口。市场的作用是完全不能低估的,这是我们做学问的同学以后在做商务活动的时候要注意的第一个因素。市场的因素是最重要的因素,而北京在支持所谓的时尚产业发展的时候,这个机会是非常宝贵的。

时间关系,我就介绍到此。讲得不一定准确,很多东西需要进一步探讨,谢谢大家。

四、师生互动

提问:我想问两个问题,第一个问题是关于文化力的作用,每个人对美的判断标准不一样,甚至有时候大家的判断是相互矛盾的,请问这种矛盾您是怎样解决的?第二个问题,您刚才提到北京的人均GDP超过了5 000美金,有没有考虑到两极分化和贫富差距的问题,这种两极分化对建立所谓"文化与时尚之都"有没有影响?

陆昊:我想你谈的第一个问题是存在的,就是人的审美标准是不一样的。所以我觉得不要狭隘地判断流行,流行实际上不是唯一的,关键是适合自己。第二个问题是关于GDP的问题,GDP有三种算法,生产法、支出法和收入法。只有在GDP的收入法算法当中才能体现出所谓的居民收入跟其GDP的关系,但总体上来讲,GDP指标有一个重要的缺陷,就是它不反映收入分配差距。但这也不能否定GDP对一个区域总体经济活动繁荣程度的判断,可以说,确实存在两极分化,也存在收入分配的问题,这也是整个社会目前特别关心的问题。但是不能因为有两级分化或收入分配的问题,在有条件建立"文化与时尚之都"时也不建立。

提问:您今天所穿的西服,我们可不可以拿去做商业手段,作为一种注意力经济?我可以用高度望远镜拍摄出您西服的品牌,然后我仿做一个。再比如索尼在中关村的销售,可不可以作为一种注意力经济来发展?另外中关村的科研人才,如果我们用情感方式留住他们,可以用哪些情感方式?今天晚上的演讲,可不可以通过经济之声的广播或者教育电视台让全国人民都享受这个资源?

陆昊:你可真不是干纺织出身的,到目前为止还没有任何一件西服可以通过高倍望远镜发现它的品牌,因为商标在衣服里面。当然有一些西服把商标订在袖口上,这个倒是可以通过高倍望远镜发现,但这种穿法是错误的。所以我觉得不存在这个问题。第二你问任何一种场合的任何一些商标的标志,是不是可以作为注意力经济?答案当然是肯定的,但今晚我们没有做这种设计,否则的话在体育比赛场所周边,背板的广告和流动性广告都没有商业价值了。至于你说通过媒体传播,我今天的演讲不希望做任何报道。

提问:您刚才提到目前中国还缺乏创意大师,您也提出发展之路就是要掌握一些综合性的知识,作为我们的师兄,您有什么经验可以介绍给我们?第二个问题,目前政府也在提倡建立服务型政府,我们知道文化与时尚对经济有促进作用,我国政府有没有提出一些具体的政策鼓励其发展?

谢谢。

陆昊：第一个问题我也没有什么经验，但是我认为北大的文科生应该有 144 学时的自然科学概论课程。因为我们在工作中要处理大量的问题，就是靠综合知识来完成的。如果使用各个领域权威的老师编写的教材，我相信教学效果会很明显。学校要帮助学生构建一种知识框架、一种素质框架，而不完全是掌握某一个学科最深度的知识。因为一部分深度可以自己完成，但是框架需要我们的教育过程来帮助。第二个问题可以通过网络了解，我在这里就不多说了。

提问：中国现在在经济体制改革方面，很多运营效率的提高会被结构效率的失衡所抵消，请问您对中国经济体制的改革有怎样的思考？在北京市政府的工作议程中，您对于北京市政机构的改革或者运营效率的提高有怎样的想法？

陆昊：在我们整个体制改革进程中，一个难点是国有企业改革。国有企业关系到整个社会的安定稳定问题，关系到公用性资源和战略资源配置问题。我个人认为，现在的框架是基本准确的，但在政府跟企业组织之间以及组织创新方面，我们整个市场发育得不充足，中介组织方面的法律还不完善，这可能是改革需要注意的一个问题。第二个关于市政府的组织机构、运作效率的问题，我可以坦率地讲，现在在政府履行监管职责方面我们遇到了很大的挑战。有限的政府组织如何在特定的发展阶段履行好监管职能，各个主体之间的规则以及平衡运作，与市场主体平衡的希望之间的吻合等，都需要一定的时间来解决。

提问：如果您去巴黎的话，红磨坊是当地比较有特色的文化特产，在北京现在有没有类似的文化特产？如果有，那您觉得是什么？

陆昊：这个问题提得非常好。从旅游的产品组合看，一场演出可以把旅游产品组合从 8 个小时，提高到 16 个小时，甚至是 24 个小时。北京现在有些这样的活动，但影响力不够。对外国朋友来说，烤鸭店比较吸引人，酒吧也非常受欢迎，但我们确实缺乏一些文化特产，最近分管旅游的副市长在解决这个问题，相信不久的将来会出成果。

提问：中华文化源远流长，如果把中国文化作为一个产业提升的话，能够做出一些什么创意？或者是我们迁就现在的大环境，先中西方融合，等中国经济和文化被认同之后再发扬光大？

陆昊：这是一个非常深刻的问题，我很赞同你的想法，这个话题我和别的国家的同仁也讨论过。他们的基本看法有两种，一种就是经济发展是前提，举一个很典型的例子，我们很难想象如果麦当劳是非洲某一国家的产品，它会有这么大的影响力，因此文化和经济是相关的，文化是渗透在产品当中的。第二种看法就是，文化是有特定的区域和氛围的，我们的文化完全足以在我们自己体系内部产生影响并发扬光大。但要有影响力，我觉得需要两个条件的支持，一个是经济上的支持，另一个就是文化本身。其实在被欣赏方面存在着普遍性，我们并不需要像现在这样只靠综合和交流。所谓综合和交流，或者碰撞，前提是已经存在一种独立于西方文化之外的东西，所以我们应该有信心，既发扬光大自己的文化，又有文化之间的碰撞和交流，派生出新的事物。

（时间：2006 年 12 月）

第七篇
发展可再生能源，建设生态文明
——无锡尚德光电产业的创新创业历程

演讲嘉宾：

　　石定寰：国务院参事，中国可再生能源学会理事长

　　施正荣：无锡尚德太阳能电力有限公司董事长兼 CEO

石定寰：

　　当前我们大家非常关注中国的能源、环境，特别是可再生能源发展的一些重要问题，在座的很多都是正在学习的，本科也好、研究生也好，或者刚刚从事工作不久的年轻教师也好，我想不管是从个人还是国家的未来发展角度考虑，大家都十分关注中国未来能源的走势、环境的走势，因为这是和我们每个人生存的空间、生存环境息息相关的问题。今天我想借这个机会，主要就四个方面的情况和大家做一些沟通。第一个讲国际上关于可再生能源发展的一些基本情况。第二个谈谈我们国家可再生能源发展的历史。第三个讲讲我们根据现在发展的需要，能源将处在一个更加重要的战略地位。最后讲讲采取的政策措施。

一、国际可再生能源发展现状

首先讲讲能源安全和气候变化,它是推动全球可再生能源技术和产业发展的一个基本动力。大家都知道,能源是我们人类生活——包括社会活动、经济活动——能够得到持续不断发展的一个基本的物质基础,是我们基本的一个动力来源。一个国家也好,一个企业也好,一个地方也好,乃至我们每一个人,每一个家庭,都离不开能源,尤其进入我们现在的文明社会,更离不开我们现在的能源,特别是电力的供应,成了我们现在生活中不可缺少的组成部分,我们国家现在还有一些落后的农村地区没有用上电,还没有享受到现代人类的文明。整个人类的进步,也是随着能源的不断发展,不断得到新的推进,特别是从一百多年前我们有了蒸汽机、发电机以后,整个人类的社会进入一个新的时代。第二次世界大战以后,核能得到了进一步的开发和利用,核能、原子能合并利用,虽然原子能本身也是一个战争的武器,但更重要的是它的合并利用给我们带来了新的能源,也给人类带来新能源的希望。当然,目前的核能终究还是必须以矿产资源作为基础,进入20世纪70年代,特别是中东战争引起的第一次石油危机以后,全球都在更进一步思考,人类将来的能源要靠什么?也正是在人类第一次面临能源危机的新的环境下,很多国家都开始把目光投向了可再生能源。目前在我们的《可再生能源法》里面,把太阳能、风能、生物质能、地热能、海洋能等作为可再生能源的一个基本范畴。这些能源应该说是一些古老的能源,我们人类从有史以来钻木取火,也是利用这样一些天然、自然的能源来解决当时我们在那个十分落后的生产力时代的能源问题。后来有了大量的燃用木炭、木材、生物质能,之后发展到有了煤炭,进一步发展到找到了石油、天然气,到现在开始发展核能。

那么未来能源靠什么?太阳每天给我们提供的能源,要远远高出我们现在全球人类的能源。以太阳能作为基础引发生物质能、风能、潮汐能、海洋能,等等。也正是在第一次石油危机的推动下,很多国家,特别是发达国家着手制定了有关新能源、可再生能源发展的计划,包括对太阳能的研究,特别是对光伏太阳能电池的研究、风力发电的研究,取得了一定的发展。我记得在20世纪80年代初期,联合国曾经召开过第一次全球性的新能源和可再生能源的世界性大会。当时我们中国也派出了代表团参加了这次会议,而且这次大会发表了《内罗毕宣言》,第一次通过联合国向世界发出研发利用新能源的号召。1982年在美国举行的世界博览会上,也第一次展出了很多利用新能源的东西,我们中国也是第一次把我们的太阳能产品推向了世界博览会。当时我在科委参加组织展品的工作,我记得我们把一个依靠太阳能电池作为动力的轮船送到了展览会上,还把江苏无锡的一家企业开发的太阳罩送到了展览会上,第一次向世界展示了中国在这方面的开发利用情况。

可再生能源的成本价格相对来说是比较高的,随着世界石油危机的进一步缓解,很难和那么便宜的石油相竞争,所以,虽然各个国家的研发工作还在持续不断,但是应用发展还是受到了一定的阻碍,因此没有得到更快的发展。到1992年联合国召开了全球环境发展大会,也就是里约会议,在这次大会上,第一次由联合国提出可持续发展问题,也就是我们人类到底需要什么能源的问题,因为人类看到我们所依靠的化学能源,也就是煤炭等总有枯竭的一天,而且大量应用化学能源产品所产生的二氧化碳、二氧化硫、烟尘等温室气体,已经给人类环境造成了很大的危害,所以我们必须从可持续发展的角度,把世界的目标引向可再生能源的发展。在促进全球可再生能源的进程当中,可再生能源发展被提到一个非常重要的战略性的地位。1992年之后,根据里约大会所做出的一个全球可持续发展宣言文件的精神,各个国家也开始着手制定自己的21世纪议程。中国也最先响应了联合国的号召,我们首先出台了法律,把可再生能源提到一个重要的位置。发展可再生能源,不仅仅是能源的供应问题,可持续发展的问题进一步为其注入了强大的动力,促使其在全球进一步掀起一个新的高潮。一些发达国家已经签订《京都议定书》,承担这个义务,就是到2012年对温室气体的排放要比2000年减少一定的比例。当然中国作为发展中国家,还难以承担这样的义务,但是我们有责任减少温室气体的减排。发达国家在前一百年发展当中,大量排放了温室气体,它们也率先给人类环境造成了很大的危害,也更加有责任来率先进行减排工作,所以它们也纷纷制订自己的减排计划,把发展再生能源作为替代能源,来减少对化学能源的利用,作为其应对气候变化、完成《京都议定书》所承担的责任的一个重要措施。

卓越企业的创新历程

之后围绕这样一个减排措施，这些国家推出了一些新的清洁发展机制，也就是 CDM（Clean Development Mechanism），即发达国家为了完成减排指标，可以向没有承担义务的发展中国家购买碳的指标，完成它的减排任务。因为相对来说，在发展中国家，包括在中国，完成减排指标的成本要比它们低，所以它们愿意用更低的成本买这个指标，最后算在自己的账上。这当然也为全球的减排作出了一份贡献，这种机制，也促进了发达国家和发展中国家在新能源、可再生能源、减排当中相互的合作。所以我们国家现在也在大力推进，通过新能源发展机制，加快我们这方面工作的进程。一直到最近，全球气候变化的问题进一步成为人们的共识，因为前阶段，科学界在争论，究竟温室气体的排放是不是引起全球气候变暖的因素，现在这已经成了现实，北冰洋在快速缩小，南极洲大量冰山在融化，我们中国的青藏高原冰山面积在不断减少。我这些年因为工作的原因，每年到青藏高原一次，也看到这个变化非常显著。青藏高原三千米以上的冰雪线逐渐上移，这一点看得非常明显。全球的自然灾害，超过常规的自然灾害频繁出现，包括海啸、地震等，过去没有自然灾害的国家，也在遭受这种威胁，所以全球变暖是不争的现实，使人们更加看到，这种气候变化是我们全人类要共同面对的极大的挑战。我们的地球还能不能可持续发展？我们人类能不能可持续发展？我们有没有更安全、可靠的生存空间？我想这是超越国界，是全人类各个国家共同关心的问题。在这样一个全球达成共识的条件下，对可再生能源未来的发展，带来一个更大的推进作用。全球应用可再生能源，到 2006 年年底，大概发电装机容量突破 2 亿千瓦，当然这个数量还非常小，而且这个 2 亿千瓦包括了水电、生物质能、地热、太阳能等，其中生物液体燃料现在年产量大概每年 3 500 万吨，其中燃料乙醇年产量已经超过了 3 000 万吨，主要是巴西，也包括美国。但是这也带来了负面影响，因为美国大量使用玉米做酒精，所以几乎引起了全球玉米、粮食价格上涨，现在这个上涨波及了中国，我们现在食品价格上涨，玉米、大豆、油料作物，包括菜油。欧洲现在大量用菜籽油做生物柴油，巴西用甘蔗，这样的问题引起人们进一步思考。使用可再生能源当中，也还有一个生态环境的问题，有一个和我们粮食、生活相关的问题。但是不管怎么说，可再生能源的发展，已经迈出新的一步，现在各个国家都在进一步关注这方面的工作，特别是欧洲在这方面的力度比较大。美国的几个州率先制定了更严格的法律,强调可再生能源的开发和利用,主要是加州。现在国际上正在酝酿成立一个国际的可再生能源机构。最近我到德国参加一个世界可再生能源学术会议,德国政府有关议员,包括官员给我这样一个资料,也就是在最近两年,召开世界性的政府间的会议也好,国际的议员联盟会议也好,还是各种学术会议也好,各个国家的有识之士认识到,这样一个可再生能源要进一步获得推动,必须要有一个国际性的、有权威的机构、组织来大力推动。

他们讲到世界上有国际原子能机构,在核能的和平领域当中发挥了重要的作用,是联合国下面的一个联合国国际原子能机构,各国都是作为政府来参加这样的机构。在经济发达国家,比如 OECD 国家,有国际能源机构,但是在可再生能源这样的领域,还没有形成一个国际性机构,所以现在以德国为首的一些国家正在大力地游说,希望在明年年初着手筹备这样的一个国际可再生能源机构,作为各个政府间的一个强有力的权威机构。我想随着能源供应问题、气候变暖问题日益成为国际政治、经济、外交方面的重大问题,这些都会给整个世界的可再生能源发展注入新的活力,成为人类未来的替代能源,包括各国的战略、政策、科技创新、产业化、投资,都在集聚这方面的资源。其中一个很重要的因素就是技术进步的推动,这是一个很重要的基础,同时各国的投资也正在向这方面发展。最近国际投资有了很多分析,前几年 IT 行业,包括生物技术、生物医药都是投资的热点,但是最近几年清洁技术,包括可再生能源方面是第一位,国际的风险投资正在以很快的速度集聚这方面的资源。这种资本市场的大力注入,将会进一步带来产业的发展,将来它在整个世界能源中的结构比例会进一步提高。现在各个国家也在制定自己的战略,瑞典说到 2020 年他们需要的汽车的燃料,全部来自非化学能源,也就是全部来自生物能源或其他能源。整个欧盟也制定了相应的规划。以上讲的是国际能源的总的发展趋势。

二、中国可再生能源现状

中国是一个发展中国家,在改革开放以后,首先要解决我们的温饱问题。记得在 20 世纪 80 年代初期,当时我刚刚到国家科委,就参与了当时科委组织的国家能源战略的研究。我们在能源战略、能源政策研究当中，第一次提出来，要把发展新能源和可再生能源，作为中国能源战略、能源政策的重要组成部分。第一次能源危机以后，国际上可再生能源虽然发展了，但后来有所减缓。中国有特殊的国情，有广大的农村，整个能源的消费水平还很低。我们当时提出一个方针，叫"远有前景，近有时效"，在广大的农村边远地区，特别是广大无电、没有能源的地区，自然资源、可再生能源是其发展生产、生活的很重要的一个方面。所以不论外国怎么样，我们中国要坚持这个方向。记得80年代，我们在"六五"计划期间，就把可再生能源发展，列入国家的攻关计划，这是第一次纳入国家攻关计划，当然在此之前，我们国家还有更长远的发展历史。20世纪50年代，中国就开发农村的沼气，毛主席当年在安徽视察，就看了当时的沼气。1975年，邓小平总书记陪同金日成去访问，到四川农村，也是参观农村的沼气，所以那个时代我们中国的沼气就发展起来了。另外我们的水电，在50年代开始得到了发展。中国是水电资源非常丰富的国家，我们在水电建设上，从50年代以来，国家就开始高度重视，包括在大江大河上建立了一系列大型的水电站，包括像黄河上游的梯级电站，也包括长江和长江支流上的，当然还有三峡工程。当然现在对于大型的水电工程引起的生态环境问题，各个国家有一些不同的看法，但终究水能是非常重要、干净的再生能源。中国还有大量的小水电站分布在全国各地，各个省都存在着大量的丰富的水电资源，所以小水电在20世纪，也得到了很快的发展。根据这方面的情况，我们建立了一个小水电中心，将水电、沼气等向国外输送，许多国家现在开始推广中国的技术。到80年代初期的时候，可再生能源的发展得到了国家的重视，后来我们在实践中总结了四句话。第一，因地制宜。可能内蒙古相对来说风能、太阳能丰富，西南地区像四川等，生物质能资源更丰富，还有一些地方有丰富的地热资源，像西藏又有太阳能，又有地热，要根据每个地方的特点来发展。第二，多能互补。由于新能源、可再生能源能量密度比较低，用的成本比较高，特别是受自然条件的限制：风能，有风才能动，太阳能，有太阳才能发电，然后出能。所以多种能源要互补。第三，综合利用。生物质能产生的沼气可以发电，沼渣可以作为有机肥。第四，强调讲究效益。我们在20世纪80年代制定了战略措施，之后，国务院根据我们研究能源战略的建议，在国务院建立了新能源和可再生能源领导小组,推动这方面的工作。在"七五"、"八五"期间,国家六个部委联合组织了新能源示范县的建设,在中国的西部地区、边远地区,围绕沼气、小风电、太阳能、光电还有热利用这些方面做了大量的示范性的工作。比如在内蒙古,人居很分散,靠大的电网建设国家投入很大,但是当地有风电资源,这样通过这个资源,使得牧民有了电,看上电视了,当时牧民把这个叫做"第二次解放",所以中国有自己的特点,根据这些特点,我们从小到大不断地取得经验,得到发展。

进入 21 世纪以来,应该说我们的可再生能源得到了快速发展。中央在党的"十六大"提出了全面建设小康社会的这样一个目标,之后在 2003 年,国务院开始组织进行中长期的科技发展规划,这个规划当中我们组织了战略研究,当时我参加了这个研究,研究达到我们未来发展目标的制约因素是什么。经过各方面专门认真的研究,大家看到影响我们未来经济发展的能源、资源、环境,是制约未来经济发展的主要因素。为了应对这样一些挑战,我们必须发展节能技术,发展新能源技术,建立多元化的能源结构,同时要大力实现资源的综合利用和循环经济,以及大力发展我们的环境保护技术和产业,来解决我们未来经济社会发展中面临的问题。所以就开始提出要建立资源节约型、环境友好型社会。在党中央国务院通过的中长期规划纲要中,把能源列为第一优先领域。过去能源问题都是比较靠后的,认为中国有的是能源,但是经过我们客观分析以后,把能源作为十一个重点发展领域的优先领域,而且把新能源、可再生能源的规模化利用的技术,作为重点攻关、重点研究的主题,也同时作为 863 计划能源领域和 973 基础研究计划中的重要内容。

2005 年全国人大通过了《中国可再生能源法》,这也是中国第一部在可再生能源领域的法律性文件,这个文件参考了很多国家有关的法律文件,又考虑到中国的实际特色、特点以及实际情况,是一个比较完善的法律。我们在 2006 年 1 月 1 号开始全面贯彻实施该法,根据该法的要求,相关的政府部门也在逐步落实、完善配套的政策。2006 年至今,我们有关促进可再生能源发展的一系列重大事件产生了,国务院把节能减排作为"十一五"规划中重中之重的任务,也作为转变经济发展方式的一个重要抓手,节能减排方案中,发展可再生能源是一个重要的方向。在今年我们制订的国家应对全球气候变化的行动方案当中,也把可再生能源作为一个重要方面。最近两年,根据胡总书记的指示,要研究中国的替代能源战略。过去人们是没有研究的,包括传统能源,石油界、煤炭界,认为中国的能源有的是,煤炭资源更多,中国谈不到研究替代能源。但是总书记高瞻远瞩,根据很多专家的建议,他专门做出批示,要求国务院有关部门,首先是发改委,组织有关部门,研究替代能源的战略,我想这一步骤是非常非常重要的,第一次把替代能源战略提了出来,因为能源的问题不像其他问题,它要替代的话是一个长周期的,因为能源利用是一个长时间的,从运输、开发、储存,等等,牵扯到一个大的系统工程,绝非是三五年内可以转化的,所以人无远虑,必有近忧,我们不能到中国没有化学能源的时候,再考虑拿出来替代,这就说明一个国家的政府没有战略眼光。但我们很幸运,我们的中央领导,最高领导人有这样的战略眼光,看到未来能源发展之路,看到人类未来赖以生存的重大挑战,要求我们有关部门予以研究。总书记出了题目,政府各部门就统一做这项工作。本来原来有争论的,我记得和我一些同事讨论的时候,他们说你们免谈,你们替代不了,不知道猴年马月。但是我们不从现在工作,到什么时候才能替代?因为这里讲的替代是一个过程,是由小到大,逐步发展起来的。

  研究以后,去年国务院开会,正式明确了我们替代能源的三个方向。第一,要用我们的新能源替代传统能源。也就是开发新能源,不要老限制在目前传统的能源上。第二,用优势能源替代稀缺能源,中国的石油、天然气很短缺,我们要研究靠什么替代。当然我们所说的替代,包括用新能源、可再生能源,也包括用我们目前比较丰富的煤炭资源,通过煤的气化、液化、洁净煤技术,可以提供一部分可替代资源。第三,用可再生能源替代化学能源,我想第三个替代对我们尤为重要。长远的发展,就是要用可再生能源替代传统能源。中央通过明确研究以后,后来又通过国务院会议的纪要确定下来,也是作为我们制定规划的一个基本思路、基本方针明确下来,我认为这是非常重要的,这就明确了我们的方向。另外今年又进一步的是,国务院通过了中长期的可再生能源的专项规划,确定了到2020年的发展目标,以及发展的重大措施。所以最近两年,在依法推进各个方面的工作,以及在政府各有关部门的推动下,调动了广大社会的力量,因为全靠国家投资是办不成的。而在这个当中,我们广大的企业,特别是广大民营企业发挥了非常重要的作用,所以这两年,我们在可再生能源领域,包括太阳能、风能、生物质能里面,开发的主力军、产业的主力军,都是像我们施总这样的民营企业,现在在可再生能源领域当中最最活跃的、最有研发实力的,主要还是在民营科技企业、中小企业身上。它们创新的动力、机制最好,活力最强,也最能够跟上这样一个时代的步伐,去推动这样一个工作。所以这些年来,依靠全社会的力量,带动了中国可再生能源的发展,到去年为止,整个国家利用可再生能源的数量,已经占到整个能源消费的8%。当然这个数字还是很小的数字,其中3/4主要来自水能,有1/4来自于太阳能、风能、地热能等可再生能源。在再生能源的发展里面,风电最近两年的发展速度比较快,去年在内蒙古、新疆,包括沿海地区建立了一批风力田。如果一个地区有比较丰富的风力资源,可以在这样的区域内建立几十台,甚至上百台的风力发电机,形成一个风力田,和我们的电网连接,成为清洁能源重要的来源。我们去年一共装机了133万千瓦,超过了前20年的综合,今年的发展速度更快,大体上达到200多万千瓦,今年年末可以达到500万千瓦。原来我们的目标是3 000万千瓦,到2020年,看来这个目标可以大大超过,而且我们具有自主知识产权的,以及我们中国制造、国产化的发电机,已经占了比较大的比例,前几年80%以上都是国外的,最近几年我们引进了国外技术,随着我们自主创新能力的提高,以及国家给予的扶持,推动了这方面的进步,我们国产化的机组,这几年快速发展,新疆的金风集团就是这样一个民营企业。最近我到江苏看到一家电厂,也是民营企业,投资两个多亿在这上面,采购了国家攻关取得的技术成果,也在实行批量生产。在风电方面,大企业较多引进国外技术,自主创新能力应该说还是欠缺一些。所以大企业和小企业的结合也是非常有必要的。

在太阳能领域,我们这几年的发展就更快了,首先是我们的热利用,大家看看现在房顶上,大量利用太阳能热水器,代替了化学能源。在太阳能利用上,全球公认我们是第一,我们每年的生产量1 800万平方米,居全球首位,累计应用了1亿万平方米太阳能热水器,现在又进一步鼓励,凡是有条件的大学,将来应该全部用太阳能代替化学能源,我们想联手教育部推进这方面的工作,把大家的日常生活用水全部用太阳能代替,这是完全有可能的。我们现在这方面也成长了一批很好的企业,包括大家熟知的山东皇明集团,不仅在生产量上很高,在标准化、自主创新、不断推进科技进步这方面也走在前面。我到那里去过几次,他们那里建设了中国第一条全自动化的太阳能热水器的生产线,建立了严格的企业的技术标准,严格地保证质量。我想太阳能热水器企业全国有上千家,我们要进一步提高企业的信誉、质量,用先进的标准提高我们整体的水平。现在太阳能热水器更多地向国外出口,当然这里面有很大的发展潜力,未来是和建筑节能相结合,实现建筑和太阳能应用的一体化。在光伏发电方面,我们全国现在具有的光伏电池的生产能力,大体达到 2 000 兆,去年我们大体生产了接近 400 兆瓦的太阳能电池,这里面一大批骨干企业起来了,首当其冲就是我们施总的企业,他在五年当中,使企业取得了快速发展。用他们在海外留学时期学的一些研发太阳能光伏电池的技术,以及和别人合作的技术,进一步推进了产业的发展,无论产能、质量,各个方面都是首屈一指。特别是他们在 2005 年,在我们中国的太阳能企业中,第一个在美国纽交所上市,也是中国在纽约主板交易所上市的第一个民营企业,起了非常好的带头作用。在他之后,中国有十几家搞太阳能的企业在国外上市。当然这几年太阳能发展的问题,还是两头在外的问题,一个是生产太阳能电池的原材料,大量依靠国外进口。另外一个是国内的市场还没有建立起来,我们生产了 30 多万千瓦的太阳能电池,现在总的装机能力才 8 万千瓦,量很少,政策还没有落实。我们上网的电量的政策,国家没有制定出一个鼓励的政策措施,而西方国家有这种政策措施,通过这种措施,促进市场的培育,通过市场的培育,又进一步促进产业的发展,当然另一方面要推进技术进步,降低成本。另外我们在创新的能力上还比较薄弱,因为在太阳能应用的领域上,今后创新的潜力很大,包括各种薄膜电池,包括热发电,等等,很多新的发展方向,值得我们探索,但是我们现在更多的企业希望很快得到效益、利益,所以一窝蜂,都在光伏电池上投入了很大的力气,这还是一个薄弱环节。

另外在生物质能利用方面,我们现在首先是在全国建了两千多万个沼气池,用户两千多万户,将近八千万全国的农民用清洁干净的沼气作为清洁能源,这里边有一些地方还存在质量问题,就是建了沼气池能不能常年产气?我们也用沼气做一些大型的发电,集体养猪、养鸡,等等。另外现在更重要的是生物质能用在发电上,特别是替代燃料上,我们国家开始时也走了点弯路,国家鼓励用玉米,认为国家粮食很多了,用玉米做原材料。

做了几年后,发现我们的粮食问题、安全问题也很大,所以国家严令禁止用玉米生产酒精了。于是就要想别的出处,所以各个地方都在施展各个地方的资源优势,比如南方用甘蔗生产酒精,北方也在研究用秸秆生产乙醇,当然这些问题的科技开发还在进行当中,还没有一个重大的突破。另外在生物柴油方面,我们最开始是利用菜籽油、豆油生产生物柴油,但是这也有和食品相争的问题,最早有人用地沟油,也是福建一家企业做的,但是这里边也有一个资源收集的问题。现在进一步寻找适合做生物柴油的作物,包括南方找到麻风树,北方有红莲木,所以在生物能源的开发利用上,首先要找到资源。另外我们要坚持一个原则,即不与人争粮,不与粮争地,要保持生态安全,不要种了这个作物,影响了其他作物的发展,破坏了生态平衡,所以生物质能的开发利用受到了土地资源、水资源,以及生态环境的限制,这方面要认真做好规划,现在首先要做好研究开发、应用示范、资源调查的工作。我想在生物质能上,将来还是有很好的发展前景。

再一个是地热资源,中国有丰富的地热资源,当然作为高温发电的资源,我们不像美国这么丰富,现在我们发现的主要在西南地区,西藏、云南,有适合高温发电的,100度以上的地热资源发电是效益比较好的。但更广大地区,例如华北地区有丰富的地热资源,是中低温地热,当年打油的时候,有的地区没打到油,但是发现了地热,天津是利用地热资源比较早且比较好的城市,北京现在有不少小区也用地热供热。最近几年又进一步发展,用地缘热泵等也是一个好的措施,解决了我们现在清洁能源问题。当然还有海洋能,比如潮汐发电、海浪能、波浪能,等等。从更长远的角度看,新能源中还要开辟氢能源,大家公认氢是干净能源,比如燃料电池,最后没有任何温室气体排放,但氢能不是一次能源,而是二次能源,那么从哪儿制氢?水里面有很多氢,是电解还是怎么样?我们现在也有一些民营企业在开发新的制氢技术,所以未来氢经济是我们很重要的计划,国际上有一个氢经济国际计划,中国也是其中之一,我们在这方面也取得了一定的进展。这是我们现在大体的发展情况。

三、新形势下可再生能源发展策略

总书记在"十七大"做了非常重要的战略报告,特别依据科学发展观的实施，在科学发展观的以人为本、全面协调的指导下，给我们全面建设小康社会提出了新的更高的要求。新的要求里面首先是创新，加强自主创新能力的提高，建设创新型国家，通过科技创新转变我们的发展方式，发展新的产业，走出中国新型工业化道路。特别在这次的"十七大"报告里，对未来的发展，提出建设生态文明的要求，今天我们的题目就是把发展再生能源和建设生态文明结合起来。生态文明是我们人类未来发展的非常崇高的一个理想，我们在中国也是第一次在党代会上提出生态文明这样一个概念、这样一个目标。在这样的目标当中，总书记非常明确地提出来，要高度重视建立以节约能源资源、保护生态环境为核心的产业结构、生产方式和消费模式。也就说将来我们的生产、生活、消费，要进一步建立在生态文明的基础上，建立在节约能源资源、保护生态环境的基础上，要大力发展循环经济，大幅度提高可再生能源，这是总书记在"十七大"报告里面明确提出来的。我想这就给可再生能源的发展提出了一个新的方向，而且要进一步在全社会建立符合生态文明的意识形态，包括我们的思想意识、相关的文化、企业文化和社会的氛围要相应提升。较之于总书记给我们提出来的新要求，我们现在还有很大差距，包括我们在科技创新能力上还不足，大量的创新成果还有待于人们开发、创造。

人类使用化学能源已经有上百年了，核能的开发也有好几十年，但是可再生能源的开发也就是最近一二十年的事情。也就是说这方面大量的科技成果，大量的知识的制高点，还有待我们开发，在未来的知识经济时代，我们相信在这个领域，知识爆炸也是相当密集的，在未来5年、10年、20年内，围绕着可再生能源开发，会有大量的新知识、新技术、新产品涌现出来。现在我们的任务，就是要大力提倡创造一个环境，鼓励全社会更多地投身于这方面的发明创造、科技创新，为人类开发出更多可以利用的、更好的技术和产品，来促进我们迎接新的可再生能源时代的到来，我想这是我们的重任，也是更多的在座同学们的重任。

围绕这样一个工作，这样一个要求，我们要加强几方面的工作：

第一，就是在全社会加强宣传教育、科学普及，提高全社会人民的意识。今天我从学校里面听到，我们北大建立了生态文化研究中心，发挥北大人文、经济这方面丰富的底蕴。我们不光要发展经济，包括社会、文化都要发展，要建成一个和谐社会。按照新的理念，人文是非常重要的，要建立新的生态文化,在全国营造一个大的氛围,提高各方面的人士对它的认识是十分重要的。

第二,进一步完善政策措施。现在我们也正在配合有关的政府机构和全国人大立法机构,进一步完善和落实我们通过的法律、需要的配套措施以及重要的政策。比如太阳能光伏里面的电价政策,风电的政策,这些政策不解决,就不利于发展,我们希望在这方面给予一些优惠的政策,这样一个政策提高电价以后,将来上涨的电价应该在整个电网中平摊。现在全国光电的能量全部用上也就几百万千瓦,我们现在的装机能量是6亿千瓦,发展到2020年,将近10亿千瓦,在这样一个庞大的容量中,太阳能仍然是非常小的比例,这样小的比例的电价适当提高,还可以促进它的发展。在整个电网中平摊,完全可以承受。在整个社会中,大家应该为一个清洁的城市作贡献,应该在沿海地区、京津地区率先垂范。同时国家通过政策措施,在西部地区,不要再建这些化学电厂,应更多地建太阳能电厂。将来我们人类大量的土地是沙漠、戈壁滩,这些土地正是太阳能丰富的地区,将来做太阳能发电的场所是非常广阔的,国际上也看好这个趋势。所以中国将来适合发展太阳能的地区是相当广大的,我们这些土地上没有人,怎样发挥这些土地的效益?现在国土资源很有限,不能把所有的东西都压在东部沿海好的土地上,西部地区广大的具有太阳能、风能资源的地区,为什么不能变成中国重要的太阳能基地,为我们提供更加干净的能源呢?我想在这方面国家要更好地制定相关的政策,包括有关的一些配套政策措施,包括怎么样上马,生物燃料怎么进入石油消费,等等。

第三,加大科技创新的支持力度。20世纪80年代以来,根据世界新技术革命的挑战,很多专家建议,重点支持IT技术为代表的高新技术。80年代末期,863计划里面,也把信息技术,包括生物技术、新材料技术作为高技术发展的重点,给予了大量的投资,带动了中国高技术产业的发展。在新的时代,现在大家提出,能源环境技术,包括人类的健康技术,将成为带动中国未来产业结构调整、经济结构调整非常重要的新兴产业。这个产业要大力发展,国家要制定相应的新的规划,给予更大的投入,更好地调动全社会的积极性,从事这方面的研究开发和产业化工作。非常遗憾的是,我们学校到现在还没有把可再生能源作为学科设计指导。很多大学没有一个正式学科做可再生能源,这和我们事业发展需要的落差非常大,就像当初搞核能一样,没有核能人才。但是我们要加快对这样一个重要新兴学科的设置和人才的培养,包括各种层次的人才,高级的、中等的,要完善我们的人才队伍。

第四,加大国际合作力度。因为这是全球人类共同的目标,是我们面临的共同挑战,要集中各个国家共同的智慧发展,当然,这里有知识产权问题,我们要注意保护,但是要加强合作。最近科技部和国家发改委联合推出了新能源和可再生能源国际合作的计划,就是希望能进一步推动其发展。我国从80年代就参与了大量的国际合作,包括和德国合作的第一个新能源村——太阳能村——就建立在北京郊区大兴。80年代初期,我们通过双边、多边,企业间、政府的、非政府的合作来推动我们的工作,下一步我们还要进一步加大国际合作力度,共同推进可再生能源的发展。

施正荣:

四、太阳能发展前景展望

就目前来讲,光伏产业是处于一种严重的供不应求的状态,尤其在西方国家,在供不应求的情况下,投资这个领域的也越来越多,所以说在这样的情况下,我们应该把握好这个产业的发展机遇,推动技术的不断创新。但是我们国家现在还没有出台这样的政策,甚至有一些领导、专家还责怪我们这样的企业,说我们生产这种清洁能源的产品,然后出口到国外是出口能源,消耗国内的能源。我在很多场合说,我们谁也不愿意出口这个能源,我们这个产业真正高能耗的那部分是在国外生产的,然后我们买回来,做出光伏电池,然后再出口,这是我们在国内做的事情,所以我们非常希望政府能够出台政策,在国内大力推广应用这个产品。同时我们给自己下了非常艰巨的任务,一定要在五年之内,把太阳能光伏发电成本降到每度电一块钱人民币。不了解这个行业的也好,政府官员也好,他们都说贵,我们要用自己的智慧、自己的行动证明给大家看,太阳能光伏电池的成本完全可以降下来,不依靠政府的支持,就可以推广。这是一个历史的使命,只有这样才能够让新的技术、新的能源来改变我们人类生活的方式。我们一定要有这样的一种信念和信心,靠你一个人的力量、一个人的想法,就能够改变一个世界,无论在自己创业或者学习过程中,我们都要有这样的一种理想、信念,才能够把我们的事业做好。这也是我自己从科学家向企业家转型过程中,像邓小平说摸着石头过河,边做边学边感悟,悟出的一些道理和思想。

我今天想和大家分享的就是面对现今,我们用创新的思维,展望未来和谐发展的思路。当前的世界经济高速发展,我想大家都感受到了,尤其是中国,我和别人讲,现在用不着出国了,为什么?中国比国外还发达,你看我们的高速公路,绝对比美国、澳大利亚的要新,车子开起来要方便,路也光滑;我们的高楼大厦,我们的上海、北京绝对比澳大利亚悉尼要繁华多了。是中国带动了世界经济,世界的中心在中国,我经常出国,飞欧洲、飞美国、飞澳大利亚,每天到上海、到北京的航班全部爆满,为什么?因为他们都赶到中国来。人们的生活水平不断提高,经济发展异常迅速,但是也带来了很多忧虑,石参事也讲了,20世纪80—90年代,全球自然灾害增长了四到五倍。美国也一样,自然灾害剧增。很奇怪的一个地方干一个地方涝,重庆干旱,河北就涝,此外还有山体滑坡、罕见的暴雨和泥石流,等等。我和我们无锡市委书记开玩笑,去年无锡出了一个尚德公司,今年我们无锡因为蓝藻又出名了,把去年的名抵消了,我说"不管怎么样你是出名了",我想就是要让人们有环保的意识,要通过爆发性的事件,才能意识到严重性,否则平时你大张旗鼓宣传也好,上课也好,没人听你的。我跟我们杨书记讲,这是最好的教育,他也同意。他说以前太湖是一个养鱼池,到处是养鱼的网,现在全部拔掉,没一个人反对;周围地区五公里的小化工厂全部关闭,没人反对,因为老百姓知道了,不这样,水没法吃。我在那里住了两天,水都是臭的,让人亲身体会到环保的重要性,这些都是现实的遭遇,包括沙尘暴、洪涝灾害,等等。昨天我很有幸参加了2007绿色年度的颁奖仪式,我也拿了一个奖,但是是以水为主题的,我还说为什么把我弄来了,我也不是搞水的,有点偏题,觉得有点尴尬。当我看了西部地区、淮河流域那种状况后,我目瞪口呆,中国的环境已经毁坏到不能再毁坏的地步了。在淮河流域有六个农民,用河水浇地,因氯化氢气体中毒死亡;小孩子喝了水,变成畸形、罹患心脏病,等等,这些都是事实。还有山西煤矿的情景也是令人触目惊心。

人类的生活方式依靠传统技术的不断发展发生了变化,经济也得到持续的发展,这我就不多讲了。但是所有新的技术都依赖于消耗能源。我

第七篇 发展可再生能源,建设生态文明　·123·

们中国拥有五千年的文明历史,祖先使我们延续到现在,让我们生存。如果我们的祖先也像我们这样,我们早没了。五千年的文明历史中,祖先把星球这么多的资源留给我们,现在两百年不到,资源消耗殆尽,所有的东西都要靠油、气,都要靠化学燃料。第二次工业革命以来世界对能源的需求上升得很厉害。从我们发现油田开始,开采量不断加剧,而且很多地方现在没法开采了,这使得我们的资源实在是太有限了。我们每年都讲油价要降,但是每年都攀升。所以以后你们要创业我告诉你们一个方向,投资资源类绝对没错。我们现在搞创业要看本质,不要看表面,而且现在要投资农业,在中国农业尤其有待发展,机遇非常多。现在粮食是一个问题,生物质能也是靠农业,而且人们生活改变了,谁都想吃健康食物,所以投资农业非常有效果,投资其他资源类产业也绝对没有错。

我们的环境问题现在是非常严重的,二氧化碳的含量从20世纪50年代开始,指数就一直在上升。有人讲为什么二氧化碳的释放会分高峰和低谷,这就相当于地球在呼吸,我们知道大部分的动植物都生活在北半球,北半球春夏秋三个季节是万物茂盛,植物帮着吸收二氧化碳,所以就帮我们减排,二氧化碳含量就低了;一到冬天万物都枯竭,就没人帮你吸收了,所以就是二氧化碳的排放高峰期。这里也谈到一个话题,我们锻炼千万不要晚上锻炼,要白天锻炼。我做过试验,晚上跑步越跑越闷,后来第二天再跑,发现是晚上缺氧。温室气体效应是非常重要的,没有温室气体就没有地球万物的生存,温室效应过大又会导致问题,我们地球表面有一层薄薄的大气层,光线射到地球以后,大部分被反射掉了,这样以后就不会有太高的温度,由于大气层有一部分光又返回到地球,使得地球的温度在十摄氏度左右,如果太冷就是冰天雪地,太干也就全部蒸发了,这是非常重要的。现在我们排放了大量的温室气体,使得大气层不断增加,这样多次反射就返回到地球,像一个大盆一样,使地球的温度越来越高,这就是温室气体效应。

我最近做了思考,欧美国家已经享受了一百多年的小康生活,或者说奢侈的生活,然后日本紧跟上,接下来是十几年前亚洲四小龙的经济崛起。但在那个时候我们好像没有感觉到这个问题,没有能源、资源、环境问题,现在我们刚刚想享受一下,什么问题都来了。我们有空可以看看这个地球上还有多少像中国这样的贫穷国家,或者发展中国家,印度、印度尼西亚、越南、老挝,还有非洲的、南美的、中亚的,少说有五个这样的国家,多了有十来个,如果这些国家都想发展经济,过小康生活,那我们有没有资源做支撑?中国赶上了末班车,就是说我们中国人民还有这个机会享受一下小康生活,可能那些还没有跟上的人就没有这个机会了,为什么?第一,没有资源了;第二,有资源也太贵享用不起。我认为非洲人永远都享用不起,确实就是这样,如果这样想的话,这个问题是非常严重的。

  大家知道在太阳系中,为什么这么多的星球,只有地球上能有动植物生存,其他都没有?我们就谈我们的邻居。在我们的想象当中,水星离太阳最近,温度应该最高,事实上太阳在水星上的辐射度是地球的6.5倍,确实辐射度很高。水星的表面温度是165摄氏度,金星的表面温度是475摄氏度,火星是零下55摄氏度,离太阳越远就越冷,其实决定温度的不光是距离,更重要的是大气层的含量。所以说我们很幸运,地球上的大气层不薄不厚,使得我们可以生存。金星的大气层厚度是地球的100倍,所以它的温度就高很多,水星是在两者之间,火星几乎是真空的,它没有温室效应,所以温度是零下50度。你们有空到网上查一查,不是我在编故事,金星的大气层96%都是二氧化碳。实际上太阳系有两个行星,一个是金星,一个是地球,有大量的碳。但是地球很幸运,碳在地表以下,现在人类活动把碳蒸发出去,所以说人类活动是在把地球变成金星。我们也没感觉到,在过去的20年当中气候的变化把我们中国的几大湖泊,水源的面积缩小了10%—20%。大量的水在蒸发,过去叫三月里的小雨哗啦啦,现在三月里在江南是没有雨的,原来六月份有黄梅天,现在黄梅季节没有了,所以整个气候都在变得越来越干燥。

  地球温度确实升高了0.2度,但是我的感受好像远远不是这样,因为它测定的是平均温度。小时候我们在江南地区雪有一尺厚,现在没有雪了,我在长春读书,当时体育课是在南湖滑冰,2003年带我全家到哈尔滨看冰雕,最低温度零下15度,所以整个温度就是在上升。

  气候和环境因人类无节制的行为而变化,但是我们只看到喜报GDP,没有人看到这个,还有就是不知不觉中,大自然也变得陌生了。我们确实觉得大自然是陌生了,最关键的是气候变化和全球变暖关系到地球上生灵的存亡,生态的变化。我上次看了一本书,说以后夏天没有蚊子了,蚊子在温度太高的环境下不能生存,只能在温暖的气候中生存,所以以后蚊子要在冬天出现,冬天比较适合它生存,夏天太热。气温升高确实非常可怕,如果气温升高一度,那么美国的粮仓内布拉斯加州就会变为大漠,澳大利亚珊瑚将死亡。地球温度升高两度,地中海沿岸人们将纷纷搬迁,格陵兰岛将彻底消失。最可怕的是,自中国文明五千年以来,我们的二氧化碳含量从来没有超过每百万分之三百,现在已经接近每百万分之四百。一旦地球温度上升三度,北极圈冰川覆盖着的大量二氧化碳将会释放出来,到时候人类就会失去对地球温度的控制。北极圈还起着一个地球温度调节器的作用,因为冰川是白色的,大量的光波反射,起到一个温度调节作用,一旦北极圈冰全部融化,就失去了这个作用。我上次看有科学家在讲,能不能有什么可以替代北极圈的作用,比如在空中悬浮着的玻璃,也是反光的,但是这个可试性不大。冰川的消融我就不讲了,在很多地方原来是冰天雪地,现在都变成了荒漠。珠穆朗玛峰33年下降了1.3米。青藏高原湖水面积的扩大就是因为雪山的不断融化。我在飞机上看了一个报道,北极圈有一个小岛,原来40户人家居住,后来因为水平面上升全部搬迁。如果海平面上升,北京、上海都会被淹没,或者部分被淹没,曼哈顿的海峡也会消失。

  KATRINA[①]那段痛苦的记忆,到现在还在恢复的初期。洪水、干旱,面对这一切,我们是视而不见,还是放任自流?难道我们无计可施?所以我认为作为一个企业家,我们既要发展公司、发展经济,但更重要的,我们要有良知,不能够靠透支地球来获取利润。我觉得作为企业家最关键的就是我们要勇于、敢于、主动承担保护环境的历史责任,这是我们最大的责任。我最后讲我们尚德公司,我们公司所制造的太阳能发电产业,其实是一个超越它本身商业价值的事业,我们要圆绿色地球之梦、圆和谐发展之梦,我们不能够放弃,如果放弃那就完了,必须不断地努力,不断地追求,这是我们毕生的使命,这是我们这代人,还有你们这代人毕生的使命。

  每个人都应该有通过智慧和辛勤劳动享受生活、改善生活的权利,这一点我觉得没错,但是有一点我觉得,不同的时期要采取不同的技术。你说欧美国家,他们50年、100年之前,只有靠煤发电,只有靠烧油、烧煤,没有办法。但是现在我们要采取先进的技术,来发展我们的经济,改善我们

---

  ① 编者注:KATRINA,"卡特里娜",是2005年8月出现的一个五级飓风,在美国新奥尔良造成了严重破坏。

的生活，所以说我觉得保护环境是我们每一个人的责任。刚刚石参事就鼓励我，他说施正荣你要勇于承担社会责任，你现在被动地也要做这个事情，还不如主动去做，我觉得他说得有道理。在这一两年时间内，我确实参与了很多社会的活动，就是鼓励节能环保，但是我发现一个最关键的问题，刚刚石参事也讲了，就是教育，要呼吁政府教育民众，这是靠一两个人做不到的事情。刚刚和王院长也在探讨，能不能和北大、清华合作，利用学生的力量、社会的力量宣传教育。许多超标排污企业，被勒令关闭，但是晚上还偷偷地排放，如果他们没有主观意识是没有办法的。所以我们必须要靠刚性的法律法规，同时也要靠宣传教育，让他们主观上意识到这些，这样双管齐下才能有用。

我最近大概做了 20 次讲座，主要对象都是政府官员、企业家和学生。我最愿意和政府官员讲，因为他们是决策者，决策者没有紧迫感，我们再怎么说也没用。我对他们讲，你们都是社会的精英，如果你们这些丰衣足食的一批社会精英，没有这样的境界，从自身做起，而且影响周围，难道让脸朝黄土背朝天的农民有这个意识吗？所以我们一定要主动承担起保护环境的责任，从今天做起，从现在做起。如果我们不注意可持续发展，GDP就像沙滩上的沙雕，一冲就没了，就那么脆弱。有很多办法，节能技术、环保技术、新能源技术，这些技术都是现成的，都是很可靠的，就看我们怎么去用。发达国家的高能耗发展之路如涸泽而渔，发展中国家应该采取先进的技术进行可持续发展。这就要建立节约型社会。我们现在国家的浪费简直是太可怕了，粮食的浪费、能源的浪费，等等。

生产清洁的可再生能源，刚刚石参事讲了很多，这里面是商机无限，又发展了经济，又帮助国家解决了问题。最近我自己悟出几句话，听上去有点高调，但是真正是我自己悟出来的，我觉得作为一个企业家，在制定企业发展战略的时候，一定要真像人家说的站得高、看得远，要站在关心社会、关心国家、关心未来的高度。听上去好像是在喊口号，但是我有事例。企业所制造的产品、提供的服务都是为了社会，因为你的市场在社会里。我为什么这么讲？不要说谁谁谁做电视机，我跟在他后面也做电视机，然后我跟他竞价，争他的市场份额。我为什么不冷静看看社会需要我做什么，然后再提供这样的产品，这样不就双赢了嘛。在这儿举个例子，现在国家提出来节能减排的目标，但是很多企业不知道怎么做，其实这里就是一个很大的创新,有这么多的节能技术、节能产品、新能源产品,都可以尝试一下,可以搞一个咨询公司,搜集全世界的节能产品、节能技术。投资一个亿,我给你节能5%,投资10个亿,我给你节能10%,这肯定是一个很好的商业模式。这样的话,你帮企业节约了成本,又帮国家节能减排,自己还赚了钱,所以我觉得要从这种角度考虑问题,你就会发现有很多新的领域可以去开拓。我认为政治家更应该关心未来,为什么?只有政治家能够为未来做计划、做决策。就像刚刚石参事讲的,能源问题一定要计划在先,所以政治家很关键。

　　风能有一个局限性,不是什么地方都有,最近我们开发了一个新产品,太阳能风光互补广告牌,有机会到沪宁高速可以看到这样的广告牌,用太阳能发电进行照明,广告效果很好。另外还有生物质能,优势我就不讲了,局限是生物质能不能跟我们人类和动植物来争饭。地热能优势,我认为是很好的。我昨天到香格里拉,一进去就觉得很热,我就有一种罪恶感,现在能源这么紧张,你住在里头,真的有一种罪恶感。我帮我父亲在老家造的房子,采用了太阳能发电、地热、热泵,所以一点问题没有。我们最近买了个房子,也是采用热泵,在家附近打了20口井进行热交换,每天回去我就没有罪恶感。还有热泵技术,刚刚石参事也讲,这个技术也是非常好的技术,我们平常烧水,一壶水烧开要花一度电,热泵只需0.3度,节能70%。这些技术都是非常成熟的技术,我们应该大力推广。为什么热泵技术这么省功呢?一个是靠加热,一个是靠搬热,把空气里的热集中搬过来,集聚起来,所以耗能就很低。使用热泵技术、节能技术,使得生活品位提高了,而且消耗的能量也少了。我们尚德公司最近搞了个办公大楼,叫零能源办公大楼,1.5万平方米,我认为这个大楼绝对可以得国家建筑奖,不光设计、外观、品位还有装潢值得称道,在正面还装了一兆瓦的玻璃墙,采取热泵技术,常年温度22—25度。

　　还有潮汐能,现在还不是很成熟。潮汐能有局限性,有地域限制。实际上所有的能源都是来自太阳,包括我们人体,世界万物的能量都来自于太阳,我们现在用的煤气,是太阳过去的能源,还有矿产资源也都是太阳过去的能源。澳大利亚是一个燃煤的出口大国,也是矿产资源的出口大国,我在澳大利亚几次呼吁说你们为什么要出口煤?你们的太阳能这么丰富。太阳能无处不在,一种是太阳能光伏,是由光照以后拼接的,还有一种是太阳能光热。刚才石秘书长讲光热发电,太阳能在某种程度上也像热水器,但它的效率比热水器高多了,一吸收光以后,水蒸气的温度可以达到400—1 000摄氏度,用这么高的温度可以推动涡轮发电机,就像我们传统的热发电一样。

太阳能是清洁无污染的,比如说尚德国家体育馆100千瓦的光伏系统工程,我们完全可以使用25年,总的发电量约232万度电,减排二氧化碳2 353吨。我们和政府官员讲也要用数字说话,光讲技术是没用的,我们可以跟他们讲太阳能每发一度电,减排1千克的二氧化碳,折合约0.65吨标准煤。从德国国家发展规划局关于将来能源分布的调查结果来看,石油燃料高峰期大概是2003—2004年就出现了。最近我读了三篇文章,听了几次讲座,他们讲石油组织在2005年已经过了高峰期了。我们看看生物质能,现在刚刚开始,到了一定阶段也是有瓶颈的,也受资源限制,只有太阳能是无限的。有人说施总你干吗不多元化?你现在赚钱了可以做房地产,我说我干吗做其他东西,这是最大的市场、最大的产业,我把这个做好就够了。他后来又说,你看你国内没市场,还要依靠政府的支持。我说你这就是只看表面现象,不看本质。我今天跟石参事做了一个保证,五年以后我们把太阳能成本降到每度电一块钱人民币,到时候你们用还是不用?所以要把有限的精力花在刀刃上。有人就说太阳能现在是靠政府支持,但是我们回过头想,有哪一个产业开始时不是靠政府支持?手机、汽车,没有一个产业一开始是不靠政府支持的,只是手机是与我们老百姓息息相关的,而用电不一样,就像用自来水,我回家一开就有了,至于谁做的、多少价格跟我没关系,老百姓没有切身的体会。

其实太阳能的成本下降非常快,20世纪70年代,在美国成本大概是70—100美金,现在只有三点几美金,而且还是因为目前硅材料涨价的原因。我刚刚讲的五年之内一块钱一度电,绝对可以,这是一个很好的投资项目。我最近和夫人商量,卖一点股票投资太阳能,投资太阳能就像投资矿产一样,它是资源,投资一开始可能现金流是负的,几十年以后都会是正数,这是一个很好的投资方向。现在太阳能发展的疑惑就是能耗,这段时间是有高能耗的,所以我是认为,在中国不适合于大量做硅材料,中国的电价太贵,按照科学发展观的道路,我们要走出去,应该在电价便宜的美国、加拿大、澳大利亚、新西兰做这个产业。有人就说了,你花了太多的钱,最近我们有一个院士提出这个问题,还写了一封信到中央,结果搞了一大批人调查。他说太阳能花在造电上的价,花一辈子都还不回来。我们不怕不懂的,也不怕懂的,最怕一知半解似懂非懂的。其实不同的技术,能源回报都在一到四年左右。面对能源危机,太阳能或许是唯一的出路,清洁而丰富的太阳能将可以带来新的工业革命,太阳能处处可用,军事、路灯、广告、沙漠发电、屋顶发电,现在大部分都是电网发电,白天发的电卖给电网,晚上从电网买回来,在欧洲就有补贴政策,卖给电网的电很多。像太阳能电动车,停下来就可以充电。还有太阳能建材,这是一个发电的建筑材料,我们的磨墙玻璃就是可以发电的,所以要和节能结合。更有趣的是太阳能太空电站,我们可以把太阳能板送到太空,那是没有白天晚上之分的。尚德这几年之所以发展很快就是因为给社会、给国家提供了服务和产品,并不是我们本事很大。尚德公司的市值超过120亿美金,今年股票暴涨,全球产量排行第二,明年我们的销售应该突破200亿。我们杨书记给我的任务是到2012年突破1 000亿,也就是进入世界500强。所以说我们尚德的创业精神,就是尚德、务实、和谐、奋进。

如果谈到创业我有几句话,首先创业就是要有一个创造感。一定要有一个创造,要有一个人改变一个世界的挑战。比尔·盖茨就是很好的例子,互联网改变了世界,我们也坚信新能源能够改变世界。第二,我们要有创新。不断地创新,在管理上、技术上的创新是没有边缘没有止境的,而且我们要走出去,在世界的范围内整合资源。最后一点要有回报感。要学会感恩,这一点很重要,作为企业家如果没有回报感,没有社会责任感,基业不可能常青。谢谢大家。

五、师生互动

提问:请问施总一个问题,您作为业内专家怎么看待用太阳能发电技术来代替常规能源,以及它具体以什么形式来代替?

施正荣:首先太阳能现在主要是以硅为主的,我刚才讲的达到每度电一块钱,用晶体硅就可以做到。对于薄膜的其他技术,有不同的应用范畴。明年我们在上海也要开始薄膜硅的制造,我们的定位是建筑材料,就是磨墙玻璃。所以我觉得要逐渐取代常规能源,这是一个过程,一旦成本降下来了,它的希望就会越来越大。比如说太阳能与氢能一起合用,或者和风能的混合利用,会慢慢取代常规能源。

石定寰:我想就你这个问题也谈一点看法,刚才我讲到了,在可再生能源领域当中,我认为创新的潜力很大,特别是太阳能的创新潜力。不要把太阳能的未来发展,就局限在目前我们已经知道的,或者正在产业化、正在应用的这些东西上。太阳能电池在很大程度上依赖于新材料技术,而新材料是指任何新的能源,像燃料电池等,都是它的重要技术。随着材料技术本身的重大突破,会给太阳能的效率、成本带来一些新的革命。为什么现在我们这么鼓励创新?就是让人们不要被现状束缚住头脑,而是要大胆开展探索和创新,找到新的更好的技术。随着高技术材料大规模国产化,既可以把成本降下来,又能提高我们的效能。比如我们的薄片,金属片越来越薄,过去是两三百个微米,现在是两百以下,这样单位材料所能够生产的电池会更多。说到薄膜电池,现有的效率低、稳定性差,但是发展也会很快。

现在包括美国、西班牙,包括我们中国,都在把热发电作为未来太阳能发电的重要攻关方向。当然这些技术都是系统化的技术,我们的材料技术、制造技术,包括系统集成这些方面的技术的提高,会创造出更多新的技术,所以我在这方面是充满信心的。我们中国搞太阳能研究的人太少了,20世纪80年代才建立了中国第一个太阳能研究所,到现在真正搞研究开发的可能仅仅只有几百人、上千人。如果国家有更多的支持,能动员更多的队伍,前途是无可限量的。所以我对未来的成本降低充满信心,我认为未来五到十年成本会有大规模的降低。而煤炭火力发电没有把前面的污染计算在内,如果我们用环境经济学、绿色经济学来计算,完全应该把负面的东西都计算进来。但是现在很多都是分析层面上的问题,我觉得应该在理论上也做研究。在新的环境下、新的经济发展模式下,我们要重新有一套理论计算的标准,这些需要我们北大搞经济理论研究方面的同志多作贡献。

提问:谢谢两位嘉宾。首先我感谢一下施总,因为您提到了农业,我是农业科学院的研究生。我想和两位探讨一下创新体制的问题。现在节能减排,往往是补贴高能耗、高污染的企业,企业犯错误的程度降低了,就给予补贴。施总您是做太阳能的,我们是做有机农业的,现在进行的体制创新,能不能把我们也纳入进去,能不能补助搞有机装置的农户?我觉得这非常重要。

石定寰:因为CDM是全球正在推进的促进清洁生产、促进减排的重要手段,但是现在也进行了新的探索,在不同的领域,包括传统的电厂,CDM这个技术怎么建立起来?新能源怎么建立起来?首先建一个方法学,要求在现有的基础上,新的改造、新的发展才能进入其中,而不是把原来的这个记录到你的CDM范畴内。所以在农业上,可能涉及生物质能的开发利用,这方面已经开始探索,用生物燃料替代一部分传统的化学燃料,我想在这方面每一个建议实际应用前,方法学的研究非常重要,这个方面需要很多新的创新。

提问:施总,我是光华的学生,也是电器设备的研究员。我比较感兴趣的是光伏产业链的发展情况。您刚才说,咱们国家不太适合硅在国内的发展,我想听一下您对光伏产业链的发展意见。

施正荣:对于光伏产业来说,国内搞光伏肯定要有一个完整的产业链。这是一个起步,将来应该怎么发展?我觉得应该按照最经济、最科学的方法发展这个产业。我本人也好,我们公司也好,从来没有把我们限制在国内,我们讲资源要在全球范围内进行优质整合,而不光是国内。我觉得作为企业不能够依靠折算的补贴来长期发展,可持续发展必须要在自然规律的情况下发展。所以我们的第一次肯定在国内做,这是为了抢时间,把这个经验、技术搞定后,第二、第三个厂全部开到国外。从爱国的角度来说,消耗国外的资源来制造我们国内使用的产品。

石定寰:关于产业链的问题是比较复杂的,现在由于我们国内原材料短缺,大家看好这个,而且卖价也在提高,很多企业囤积大量材料。在这个刺激下,国内至少几十家企业、几十个地方都在做这个事情。而目前我们采用的多技术材料的技术,原则上都是国外的。由于市场经济体制下,企业可以自主建立,不一定在全国审批,所以完全靠国家行政的办法很难实现。现在我们只能靠政府的指导,发布信息做好正确的引导,在企业投资当中认真考虑投资的效果,不要盲目投资,一哄而上。因为中国有个毛病,容易一哄而上,看到谁赚钱,大家都跟着上,前面上的赚钱,后面上的倒霉,这种情况是很多的。我们在各种学术会议上都反复讲这个观点,要认真进行全面的技术、经济、环境的评价,多看看自己做出的东西的先进性,被市场接受的效应如何,不要盲目上。中国现在上了20来条线了,不要一窝蜂到一个上面。我们要创新的有很多,要找到一个新的方向做投资,如果老跟着这个东西,就永远落后了。我们要从政策上,包括政府投入上进行鼓励,对创新给予支持,引导更多的企业在新的方向上投资,不要重复别人走过的路,否则会带来很多问题。

提问:能源问题主要有这么几项——获取、转化、储存、利用。石参事还有施总都说了很多获取、转化、利用方面的问题,但是在能源储存这方面没有提到。据我所知,现在太阳能主要是用蓄电池进行储能,蓄电池就不是一个环保的东西,我想请问一下两位在储能方面有什么样的考虑?

石定寰:你说的是很大的一个问题,过去因为我们国家在太阳能发展方面,有一些污染现象。现在内蒙古有一些小的用户,不用进大网的,就没有这个储能问题,但是作为独立用户就要有储能问题。在内蒙古我们推进几百瓦,甚至300、500瓦的也要储能,我们这些年重视不够,投入也不够,这些方面的创新有待于进一步发展。但是随着新型材料的开发应用(包括北大化学系过去在储能方面做了很多工作),我们也希望国家在今后的计划安排上加大力度,加以重视。将来储能对稳定电网也有好处,对保证电网的安全也有好处,夜间储存,白天放掉。另外把储存跟水电,比如说跟抽水系统结合起来,跟水利的发电结合起来制氢,把电能转化成干净的、二次的新能源,这是我们将来重要的储能方向,在这方面还可能有多种方式。

提问:正如石参事所说,我们要远有愿景,近有时效。我们目前还是以传统的能源为主。传统的能源在作出巨大贡献的同时,遭受了来自方方面面的指责,我们传统能源没有施总的事业那么伟大。请二位对传统能源的发展提一些合理性的建议,毕竟可再生能源的发展,离不开传统能源的支持。

石定寰:我们从来没有抹杀化学能源的丰功伟绩。从本身来说,我在科技部抓了20多年的科技能源工作,我们总体的科技投入在化学方面要更多一些,而且也确实是目前起主要作用的能源。从化学能源来讲,一个是节约,怎么样节约使用?所以现在提倡节能,节能就等于少排,我们少用就能少排放。所以国家在能源政策当中,还是把节约放在优先位置,作为能源政策非常重要的基础。我们目前节能的潜力很大,工业、交通、建筑、民用、电器节能,以及每个人生活的节能,等等,潜力是非常大的。我们少用一度电、一吨煤,就会少排放很多二氧化碳。另外中国在能源上还是以煤为主,至少在未来30—50年,以煤炭为主的能源格局很难从根本上转变。这个过程再怎么降低,煤还是一个很重要的能源。所以我们这些年在清洁煤技术上做了大量的工作,就是为了在煤的利用当中,尽量减少污染。我们使用了很多燃烧的技术、发电技术,特别是将来需要更多地把煤转化成清洁的电力,使电力作为二次能源,减少直接燃烧煤的比例。现在大量的锅炉等都直接燃烧煤,这些造成很严重的污染。电力方面我们有很多先进的技术,我们瞄准的未来就是煤气化,现在中国也在向这方面进军。在"十一五"国家规划当中,把煤的气化作为基础,以多联产作为我们重点的发展方向。另外,把煤转化成液体燃料也是一个方向。

总书记上个月17号视察在内蒙古鄂尔多斯建设的中国第一个百万吨的工厂时,要求大家集中解决好关键的技术问题,尽可能降低成本,发挥竞争力,发挥替代能源的作用。所以我想传统化学能源还是要发挥作用,包括石油、天然气、煤气,等等,都很重要。我们一再讲转化过程、替代过程是一个历史进程,不是三五年内马上实现的。但是方向是确定无疑的,是必须要转化,必须要替代的,所以我们既要重视长远的研发、投入、产业化,还要做好节能减排工作。

施正荣:我刚才讲的和石参事一样,我们没有否定传统能源。另外我们还有一个观点,就是要投入大量的研发经费去改造传统能源,使之更加清洁。为什么呢?大家知道传统能源资源是有限的,而且在有些方面我们必须要利用传统能源。虽然现在飞机要靠汽油才能飞,但也不能说靠太阳能板就飞不起来,所以我认为能够用新能源的地方就尽量考虑用新能源,把这些留给我们的子孙后代。

提问:请问施博士一个具体的问题,基于多晶硅的原料供应和您兜里的订单,您觉得明年上游的总的产量会达到多少?同时您刚才保证五年内将把每度电的成本降到一块钱,那么那个时候市场是个什么状况?您预计一下到时尚德每年的产能会有多少?

施正荣:作为上市公司这个预测不太好说,我只能把我们公开的信息告诉你,我们公开发布的信息是明年至少生产530兆瓦,但产能到年底要达到1000兆瓦,到2012年,这个产能至少要达到5000兆瓦。

(时间:2007年12月)

第八篇
创新推动中国房地产业发展

演讲嘉宾：

　　孟晓苏：幸福人寿保险有限公司董事长、中房集团董事长

　　尊敬的各位老师、各位同学、各位企业家朋友，大家晚上好，我非常高兴能够和大家一起来就创新问题做一个交流。北京大学光华管理学院是中国思想创新的带头人，无论在近代、现代还是当代，北京大学都是作为排头兵在引领我们的思想解放。而我，也正是由于有幸成为北京大学的一份子，有了在北京大学的学习机会，才拥有了对于创新理论的研究能力和实践能力。我已经在房地产业工作了 16 年，最近三年创立了幸福人寿保险有限公司这么一个新的保险公司，但是中房的工作我还在继续做，我所体验到的中国的经济，更多的是从中国的房地产的角度来感受到的，所以，我就更多的从中国房地产业的创新、从我这么多年以来所参与的房地产经济活动的一步步创新来讲我所体验到的中国经济的创新。

一、我的创新启蒙

　　谈到创新，有些人会认为是创新引起了美国的金融海啸，由此就把引

起金融海啸的原因归结为创新。实际上美国的问题不是创新太多,而是监管不力,这是美国人自己认可的。在中国,新中国成立以后,我们的各级、各届领导人一向都是主张创新、主张建立创新型国家的。而且中国之所以能够走到今天,能够有今天的成就,就是因为我们的不断创新。毛主席老人家教导我们,创新就是结合,就是把国外的先进理念和中国的实践相结合。这就产生了毛泽东思想。沿着毛泽东思想指导的方向,邓小平同志把国外市场经济的理论和中国的市场经济实践相结合,产生了邓小平理论。这以后,历届领导人也都不断主张创新,特别是在党的"十七大"上又专门强调把提高自主创新能力、建设创新型国家当做党和全国人民的一项历史任务。

对于党和国家领导人的创新意识以及他们的创新意识给中国带来的变化,我是有特别的感受的。我大学毕业以后,就到了最有创新能力的党和国家领导人之一的万里同志身边,给他当了八年的秘书。万里同志是中国改革开放的领导人、先锋和闯将,在他身边我受益匪浅。万里同志在20世纪80年代初期就率先领导了农村责任制的改革,到今天,我们还在吃农村改革的饭,现在通过十七届三中全会又进一步把土地承包固定化、永久化了。我在16年前到了中房公司这样一个大型国企,中房公司是中国最早成立的公司,在这里,我对我们现在的国家领导人们的创新意识又有了更直接的感受。当时中房的领导人,同时也是中国房地产业和建设事业的开创者,都是中国现代经济中敢于创新的猛将。第一任中房董事长肖桐先生已经作古了,他是建设部最早的副部长。我在当总经理的时候,董事长是杨胜先生,副董事长是王岐山先生,现在大家知道王岐山先生已经当了主管金融的副总理了。在中房这个企业,我从这些优秀的创新干将们身上学到了不少东西,他们的意识行为也督促和激励着我的继续学习。我就用我学习到的,包括万里同志给我的创新思想、北大给我的创新思想来研究房地产领域的创新。

现在,又要把时间再往前推一点,推到我在北大学习的日子。在厉以宁老师指导下,我获得了北大经济学院硕士学位,并于1996获得了博士学位。当时写博士论文的时候,北大一位知名老师提出来说,有人写股票,有人写期货,还没有人写房地产。于是,当时担任中房总经理的我就成了写房地产最好的人选。我在厉老师的指导下写出了关于房地产的博士论文。在当时与房地产相关的博士论文里面，我最早提出了中国房地产发展的一系列的创新理论，而这些创新理论中的很多在后来都变成了现实，这些创新理论是北大给我的，是在厉以宁老师指导下所得到的，所以，中国房地产业的发展、中国经济的发展与咱们北大、北大经济学院都是有着深厚的渊源的。我把我这些年所经历的创新归结为十个方面，今天要和大家讲的就是这十个方面的题目，这十个方面念起来像顺口溜："坚定推进改革，换来市场经济"、"践行新公有制，重塑微观主题"、"力推支柱产业，拉动国民经济"、"情系弱势人群，呼唤保障体系"、"忧心房价保障，坚守高质低价"、"倡言经营城市，催生城市群体"、"引进抵押贷款，创新地产金融"、"支持农地流转，盘活建设用地"、"小试分时度假，推生香港楼市"、"履行社会责任，致力和平崛起"。

二、我的创新经验

第一，坚定推进改革，换来市场经济。中国从改革开放以来到现在已经走过了30年。这30年获得长足的发展，现在我们可以自豪地说，中国的经济总量将在今年超过德国，成为世界第三。最近在北京召开的奥运会，全世界各国的政要、游客来到北京，他们所看到的是中国房地产发展的成果、城市建设的成果、改革开放的成果。我们办了一届无与伦比的奥运会，中国之所以取得这样的进展，是因为我们走上了市场经济的道路。

关于市场经济的理论，最早是由我们北大的人提出来的。1990年我从北大经济学院——就是当时的经济学院国民经济管理系，也是光华管理学院的前身——硕士毕业，我做的硕士论文是关于中国经济改革的战略问题，中心内容就是坚持中国经济改革的市场取向，1990年我们提出了这样的思想。本来硕士论文是拿来混文凭的，得到老师很好的评价就行了，但是有好事者把我的论文拿出去发表，这一发表可不得了，引起了诸多人的赞成，也引起了诸多人的反对。在1991年那样的理论环境下，在那种以反和平演变为主流的舆论环境下，要讲市场经济，是个什么后果！果真我就迎来了我的后果。首先就是《求是》杂志的姐妹刊《真理的追求》，由当时的副总编辑吴建国亲自捉刀写了一篇比我的论文还长的文章《当前改革问题之我见》。在这篇文章里他批判我的市场经济的观点。不久，《人民日报》1991年9月2日发表社论《要改革开放》,就是这篇文章导致了中国之后的一系列的变革。

厉以宁老师在全国人大见到我问我:"那篇文章批了你几个观点?"我说批了三个。厉老师说:"还批了一个是谁的?"我说不知道是谁的。吴建国批的第四个观点就是"遇到问题不要问姓社还是姓资",吴建国说这是醉话、是呓语,当时我们不知道是谁说的,后来我们知道了,原来被吴建国批判的是邓小平在上海的一篇谈话。这些思想保守的人反对思想解放,自然反对到了改革开放总设计师邓小平身上。这以后发生的事情大家都知道了,邓小平在两个月以后就走上了南方讲话的道路。在南方讲话中,邓小平强调要大胆试、大胆闯,不要怕说走资本主义道路的问题,不要担心是姓社姓资的问题。

也就是在人民批判我们的时候,厉以宁老师把我们三个同学的硕士论文合并成一本书,我的市场经济作为第一章,李源潮的大企业集团作为第五章,李克强的农村工业化、改变城乡二元结构作为第七章,厉老师补充了其他章节,并将书定名为《走向繁荣的战略选择》。这本书的排列顺序,不是按学问的深浅,主要是出于章节连贯方面的考虑。现在17年过去了,我们师生四人所预言的都已经变成了现实,市场经济在我们提出以后的第二年就已经被中央肯定了,发展大企业和大企业集团已经成为现实,而农村工业化、改变城乡二元结构也已经被中央再三肯定了,特别是在最近召开的十七届三中全会上,肯定了二元结构问题,这是用新的理念和思路促进农村发展的理论创新。17年前,一个年轻人提出的观点已经成了现在全党的理论创新和思想创新,我们回想起当时在北大读本科期间,就是1980年、1981年,当时我们整个国家还衰微破败,刚刚出现一线曙光。1981年4月份的一天,中国男排打败韩国,这在今天不是什么大事,当时可是一件天大的喜事。同学们敲盆砸玻璃,喊出"团结起来振兴中华"的口号,这个口号在第二天就被登上报纸传遍全国,成为一代人的心声。而今天,中国的发展正像胡锦涛总书记说的势不可挡,中国的发展给世界经济的发展带来了难得的机遇!

第二,践行新公有制,重塑微观主体。我们知道推进股份制是厉以宁先生的首创,我们理解股份制是从党的最高理想和最终目标来理解的,这也是在北大学习的体会。这些年,我们看到过我们刚上大学的时候出现的信仰危机,在"文化大革命"中,"四人帮"把这种理想目标歪曲为消灭一切私人财产。这些年,我们也看到很多人认为共产主义是100年之后的事,说我们现在离共产主义远着呢。这种对党的基本理论的理解我看有点问题。

在国有企业的实践中也看到,不少人错误地把以"以公有制当主体"理解为以"国有制为主体",北大的学习经历告诉我马克思主义的目标是要重建劳动者个人所有制。我在厉老师的指导下写过这样的文章,我认为这种国家所有制和马克思主义的重建劳动者个人所有制是不同的。我们都读过马克思主义的《资本论》,老师们慷慨激昂地讲马克思在《资本论》第一部第24章资本积累的历史趋势这一节里得出的结论"资本主义的丧钟敲响了,剥削者被剥削了"就下课了。所以,老师们和同学们都忽略了马克思讲完这句话以后还有整整两个自然段。在后面马克思提出了重新建设劳动者个人所有制的理论,这是马克思对于未来理论的设想。他提出要重建劳动者个人所有制是否定的否定,不是要重新建立私有制,而是要重新建立个人所有制。在最后一段又讲到事实上是转化为公有制,在同时的若干论述中论述过国有制是个体和集体相脱离的特殊形式。马克思明确地指出国家所有是虚幻的普遍利益,联合起来的劳动者个人所有才是真正的共同体和真正的共同利益,同时我们可以看到马克思还有很多类似的论述。

我们中央也早就已经要求不是要发展国有制,而是要发展国有资本、集体资本、非公有制资本参股的混合经济,要使股份制成为公有制的主要实现方式。厉以宁教授提出的新公有制的理论把这个问题说得更加清晰了,他认为即使没有国家股,有公众持股的股份制企业也不是私有制,而是新兴公有制。

我多年在企业工作,感觉国有企业本身最大的问题是竞争力不足,问题出在体制上。而私营企业,特别是个体私营企业也受到了体制的束缚,要做大做强就得上市,而一上市就是公有制了,所以在最近这些年,正是在新公有制这种先进思想的指导下,企业大力地推进了改革,包括民营企业也在纷纷改制,变为公有制经济,最终都要走向股份制道路,这是大势所趋。所以,在房地产领域就是推动房地产企业的股份多样化,这也是我这些年所做的工作。在房地产经营过程中我发现,经营者的个人能力、个人责任心和工作投入程度对于企业都非常重要。在房地产项目经营中我就尝试着在公司不能整体改制的情况下在项目上进行改制,让职工在项目上参股。为了推进这种股份制,厉以宁教授还亲自到中房公司为我们的全体干部上课,所以中房公司在推进股份制方面步子迈得比较大。很多项目由于职工参了股,使公司从一个亏损企业变成一个盈利企业,而且个人盈利在中央企业里面名列第一。这种方式后来又被国资委的主管部门总结成"增量持股"。我不称这种机制为激励机制,而是称之为动力机制,就像火箭点燃一样,是内部燃烧,不是你让它飞,是它自己要飞。现在正是在这种制度的推动下,包括房地产行业在内,大部分企业已经是股份制了。股份制现在占了85.3%,原来的国有企业大部分都改制上市了。

这是我们改革开放的一个重要成果。在企业的微观结构上,我们这些人实实在在推动了它的良性化变化,这种变化的目的是什么?目的就是实现我们的共产主义理想,我们多年的奋斗就是为了这样一个目标。而我认为这种重建劳动者个人所有制的目标并不是一蹴而就的,是一个渐变过程,是从量的积累到质的飞跃。我们现在所做的,就是这样一个宏伟的事业的一部分,我们还要进一步推进企业改革,重建劳动者个人所有制,真正实现共产主义的伟大理想。

第三,力推"支柱产业",拉动国民经济。在支柱产业的发展上,由于我到了这个行业,我就积极在研究这个行业的理论。在我的博士论文里,就提出了关于房地产作为主导产业的观点,1996年是我的博士论文完成的时间,当时我刚刚从国外回来,在国外研究了房地产的发展,同时用国外的发展阶段预期中国的下一步发展。我和国务院一些专家都认为,我们中国的消费特点之一叫排浪式方式,就像大浪一样一段一段涌来的消费。比如说改革开放初期,当时老百姓消费的是老三大件——手表、自行车、缝纫机。到了20世纪80年代中期,是黑白电视机、双桶洗衣机、单门电冰箱。在第三次排浪过去以后,有些专家认为,今后的排浪式消费逐渐没有了,要转向多元化,我在1996年预期还会出现第四次排浪式消费,这就是老百姓购买住房和汽车推动中国经济发展的一次新的排浪式消费。当时做这个预期的时候,中国的经济正处在紧缩期,当时是农产品涨价,国务院就来压房地产,来压经济,农产品涨价怎么会压到房地产?到现在我也没弄清这里面的连带关系,但是这件事这几年又做了一回。到了20

世纪 90 年代末期,特别是 1997 年,那时候中国经济由于找不到消费热点而产生了严重的低迷,重工业增长降到了谷底,当时钢生产出来卖不出去,煤卖不出去自燃,电卖不出去就关机。那时候我和我的同事们向国家提出要把住房建设作为国民经济新的增长点,当年受到了朱镕基总理的肯定,他提出住房建设作为国民经济新的增长点和消费热点,由此改变了整个国家对房地产业的看法。

在经济没有拉动的情况下,在居民消费还没有起来的情况下,国家首先发国债搞建设,当时发行的 7 500 亿元的国债,拉动了 3 万亿元的投资。在 2000 年以后情况变了,改变了全国只有一个投资人那就是国务院的这样一个尴尬局面。为什么变了呢?居民的消费热点形成了,买房、买车,由此带动了国民经济的持续增长。2003 年,国务院又接受了我们在 2000 年提的建议,把房地产业立为国民支柱产业。最近十年以来,我和我的同事们不断向国家提出产业发展和经济发展的建议,这些建议在俞正声同志当建设部长期间,也就是半年到一年左右就会变为政策。正确的政策将会推动中国的房地产发展,从而带动中国的经济发展。

在我们诸多的理论研究里面,其中有一项是和北大共同研究的,就是中房指数。中国的房地产有没有周期?我们前面看到美国、日本等都有周期,中国的房地产业也有周期,虽然中国的房价持续上扬,但是中国的房地产业的投资、销售额和销售面积有一个明显的周期性的表现,我们把它概括起来,发现中国的房地产业在历史上是五年增长、两年低落,七年形成一个周期。当把这个理论贡献给社会、贡献给国家以后,就使得我们对于房地产的调控有了超前性。我在 1996 年提出这个观点,1998 年就得到了印证,房地产发展起来了。到了 2003 年按照正常的发展规律应该掉头向下了,在我们的提醒下,国家采取了主动的调控,使这个掉头向下的衰退期又延续了它的发展,从 1998 年到 2007 年房地产持续发展,这其中虽然有一些小的波动,但总体上保持了一个发展态势,这是因为我们一些先行者认识到了周期性规律,用人为的因素想办法影响这个规律。理性的调控能够延长发展期,当然改变不了周期性发展规律。

我们看到今年年初以来房地产又掉头向下了,这里面有什么原因呢?有人说是金融海啸,但那时候还没来呢,所以这里面也有一些人为的因素。在过去持续九年将近十年的发展中,房地产的销售额年年在增长,总共增长了 12 倍,销售面积平均每年增长 22%,而投资增长平均每年也是 22%。这样的一个支柱产业在带动经济增长,带动相关产业的增长。我们看到正是因为在这种带动下,2000 年以来,国民经济增长得更加平稳、快速,从 2000 年开始,国民经济的增长速度从 8.4% 一直上升到 10% 以上。

地产业的发展,带动了国民经济。靠支柱产业来带动,使得国民经济迅速转型。我们看到在世界各国发展的过程中,其工业结构都要经历轻纺和劳动密集型、重化工和资本密集型、信息和技术密集型这三个阶段,我们中国正处在重化工和资本密集型状态,最明显的指标就是钢铁,中国年产 4.7 亿吨钢,占全世界总产量的 37%,比排在我们后面的第 2 名到第 8 名的总和还要多。钢材主要还是用于建筑,60% 是用于房地产和其他基本建设上,还有一部分用在造船、造车上。正是由于对重化工的需求拉动了对能源、原材料的需求和进口,又拉动了能源、交通这些行业的发展,这些我就不细说了。

我要和大家讲的是中国为什么这样大量需要钢铁,是因为历史上缺。在过去 100 年里,在这些发达国家都已经消耗了非常多钢铁的情况下,我们中国人才消耗了这么点钢铁。现在我们中国人缺钙,需要补钙,我们到了这样的阶段!但是这种带动力,在最近这些年被叫做国民经济过热,地产被认为是罪魁祸首,还有房地产绑架国民经济的说法,但其实是房地产拉动了相关产业的发展。

从去年到今年对房价上涨的关注超过了对经济发展的关注,油涨价又催生了玉米炼油,推动了中国的粮食价格上涨。我们现在又去压基本建设,压房地产,我们出台的这些措施都是抑制需求,包括对居民住房交易要征营业税,包括限制外资投资不动产,等等,这些政策措施的一一实行,应当说是逐渐加码,力度还是很大的。我们看到今年商品房的销售额和销售面积都纷纷下降,价格也迅速回落,我认为价格回落总体上来说是件好事,但是现在价格回落应该到最低了,因为最近 20 年以来,房价上涨最低的是 1998 年的 1.3%,现在我们看到已经上涨 1.6%,这两个月还会进一步回落,在一些个别城市我们看到房价确实在下降,而且幅度还不小。估计今年是房价上涨幅度最小的一年。这种市场需求的萎缩使工业品价格下跌,造成了行业亏损。我们看到钢材出现了一个情况,现在下降了

50%,水泥下降了50%,有色金属下降得更多,有些化工原料甚至下降了90%,电力现在相当一部分企业在关机,造成了煤炭的需求量锐减,这里面还涉及家电、家具、装修、化工、纺织品等都在下降。而这些就反映到了股市上,股市是一个标而不是本,去年6100点,今年1600点,现在还是一直在1800点上下徘徊,看来回升无望。怎么样解决这些问题?还是要治本!实体经济是本,最重要的还是要有市场拉动。现在我们面临的这种失业,到明年情况可能就会更加严重,根源是企业没有订单,同时发生了另外一个问题,越是贫困户需要补贴,地方政府越没钱。地方财政相当一部分靠土地,今年房价大幅度下降,三分之二的城市没有完成土地收益计划,大多数城市收益是往年的三分之一,土地拍卖有三分之二的情况是流拍。这种情况下房地产的拉动作用又再次得到重视。现在国务院已经再次强调,房地产业是国民经济的重要支柱产业,重提房地产的支柱作用。

在国务院常务会议上,在十项拉动经济的措施里面,第一项就是要加快建设保障性安居工程,也就是城市住房建设。总理要求出手要快、出拳要重,这是在应对危机的时候必须要采取的措施,越拖经济就越难恢复。现在国家安排了4万亿元用以拉动经济,力度比上次还要大,但是靠政府投资只是第一步,那么根本是什么?根本是启动经济。我们知道国内需求有两个,一个是投资需求,一个是消费需求。要实现经济的重新启动,就需要扩大国内需求里面的消费需求!现在国家投资4万亿元,三年的计划,平均一年是一万多亿元,投资到住房建设方面的2800亿元,就要拉动9000亿元。9000亿元平均到每年是3000亿元。但是我们知道房地产一年的投资和销售就是3万亿元,也就是说国家投资这部分相当于房地产业自身规模的十分之一,所以还是要把大部队带进来,还是要靠消费需求拉动经济,所以最好的办法还是要搞活房地产,重新启动居民消费。

说到这里,就必须得说一说我们国家现在的房地产消费需求问题。现在中国居民对于房地产的消费需求虽然暂时是被压抑了的,但是基本面没有变化。中国老百姓对于房子的需求可以概括为四个方面:第一是现有城市居民的购房需求,不论他们为居住还是投资都会造成现实的需求;第二是农民进城,现在每年有1800万农民要进入城市,他们进入城市就是市民,也需要买房和租房;第三是旧城改造需要持续进行,每年改造一点加起来规模就很大;第四是中国人口还在增长,我们不像一些国家是负增长,我们去年出生人口 1 600 万,这种人口增长近期和远期都会带来住房的需求。所以,中国的房地产有足够的消费需求。

国务院采取的这些措施我就不多说了,现在银行也采取了一些相应措施,相信这些措施在明年可能会逐步到位,这些措施到位以后,房地产将恢复平稳发展,拉动经济持续增长。

第四,情系弱势人群,呼唤保障体系。在房改初期,我们就提了这样的建议,要建立一个完整的住房保障体系。当时由温家宝副总理和俞正声部长领导的课题组,就认为我们中国的住房体系应该是商品房、经济适用房和廉租房为一体的住房体系,后来又加上了限价房。但是很长时间内我们忽略了保障性住房建设。

我和杨慎老部长在 1998 年就提出建议,政府要加强保障性住房建设,并具体提出由政府出资建设保障性住房,设立一个住房管理部门。可惜这个建议被冷落了九年。杨慎老部长拿着建议稿到处讲,可是主管部门听不懂,到现在他们也还不实行。他们多年来忽略了保障性住房建设,随着房价的上涨弱势群体面对商品房价格当然有意见。政府的公共职能不到位,却误导群众对开发企业不满,这是这些年发生的问题。

我们提出这些建议是学习国外和境外的经验。香港 50% 的家庭就是住在由政府直接建的公屋里,新加坡 80% 的居民住在政府的租屋里面,有租的也有买的。我们这几年忽略保障性住房主要体现在投资少,特别是廉租房多年来没有建设。在我们的推动下,虽然国家提出了一些要求,包括要加强城镇廉租住房制度建设,但是主管部门在实践起来的时候,却产生了几个误区。第一个误区,就是误以为把户型换小就能解决低价房的问题。我们知道在北京就是把 180 平米的房子换成两个小户型,房价不仅不会低还会高,因为要多建一个厕所。老百姓需要的是低价房而不是小户型,当然小户型可以给收入低的小家庭提供一些住房。第二个误区是过分打压高档房的价格,特别是那些对一平米 10 万元感兴趣的人,你打压他干什么?按照我的说法是鲍鱼和鱼翅涨价了,对咱们普通老百姓有什么影响呀?我们的政府怎么会平衡这批富人和那批普通百姓的问题啊!第三个误区就是打压房价和换小户型,试图把建保障房的责任推给企业。这些都是前一段存在的问题。在政府职能缺位的时候,在廉租房和低价房难以供应市场的时候,中国老百姓自发起来解决低价房的问题,他们的行为被称为违法。一个叫小产权,大家都知道小产权,就是在农民的土地上建的房子,为什么北京 18% 的房子是小产权,在山西太原占到了 50% 的房屋供应量,是因为它便宜。北京的房价达到 17 000 元/平方米,小产权却只有 2 500 元/平方米,当然中低收入家庭能够去买,应该说解决了一部分的燃眉之急。再一个就是城中村,农村拿出自己的宅基地建了这种城中村,我们知道深圳规划人口多出了 110 多万,就住在这种城中村里。

这些年政府机构不断动用行政权力查处这些违法的城中村,打击这些居民,但是,这原本是城市发展过快造成的,土地是人家的,你没地征地才造成这种情况。而且,正是因为城中村的发展提供了世界上规模最大的廉价房,解决了相当一部分人暂时的住房问题。当然这些问题现在要重新认识。我们的这些意见总算是在去年 8 月份被国务院接受了,国务院提出,要把解决城市低收入家庭住房困难,作为政府公共服务的一项重要职责,列到政府的服务职责里面,国家又想方设法要拿出钱来,今年说要多拿出 68 亿元,这些看来有力度但是还不够,特别是地方政府资金不足。最近在 4 万亿拉动经济的资金里面又列出每年 3 000 亿元、三年 9 000 亿元专门投资保障性住房,特别是廉租房,这样能解决大约 600 万户的居住问题。这个力度我看可以,因为这相当于房地产每年投资的十分之一,也就是说每年有十分之一的钱由政府投在廉租房上,这是对过去的严重缺失的恶补。但是 9 000 亿元光靠政府发国债还是不够的。现在中央政府准备投 2 800 亿元,怎么安排还有待规划。但是至少 9 000 亿元和 2 800 亿元之间差了 6 000 多亿元,怎么解决?我和同事们去年就提出用基金方式发行廉租房的基金来解决问题,这是一条成功的道路。

REITs[①] 本身在国外就是一个成功的经验,是在国外多年运行的成功产品,就相当于老百姓个人买房子收租金一样,把社会上的钱集中起来,购买个人能力不及的大型写字楼、商场,收租金然后拿租金来分,这种方式成功解决了大的物业的运营。它的这种操作模式就是通过发行股票获得房地产资金,同时它的租金是通过管理公司分给 REITs 股份的持有人,这块就是证券市场。可以到证券市场增发获得投资,持有人也可以买卖

---

① 编者注:REITs 是英文 "Real Estate Investment Trust" 的缩写,指的是房地产投资信托,是一种以发行收益凭证的方式汇集特定多数投资者的资金,由专门投资机构进行房地产投资经营管理,并将投资综合收益按比例分配给投资者的一种信托资金。

股票，从而获得资本利得，就是一个很好的资本品。REITs 这种产品在世界各国发行都有严格的规定，特别是收益率一般到 7%—8%，而且每年必须分红。REITs 在本世纪初进入到亚洲国家和地区，现在日本、韩国、马来西亚、新加坡这些国家，还有中国香港、中国台湾这些地区都有了，我们内地还没有。而香港特区政府用出租的房产来发行"领汇基金"，受到投资人的热烈追捧，他们发行的基金解决了政府掌握的居屋和村屋下面的车位问题，融得的 350 亿元资金，补充了香港的财政，它的收益率是 6.7%。现在金融海啸一来，香港很多股票下跌，但是这个"领汇基金"的抗震性非常强。我们在美国看到不光有廉租房的 REITs，甚至把监狱都 REITs 了，谁来交租金呢，就是政府交租金，这样形成了收益流，把投资收回来了，按年交租金，这对政府来说压力就轻多了。这些给我们一些启发，我们的廉租房虽然租金低，但是收益在很多城市并不低，第一，土地划拨成本造价，第二，底层商业可以补贴，第三，政府有责任补贴困难户，还有一些政府提出，可以拿一些城市商业来补，税费当然是减免的，加上这些措施的话，它的收益率做到 7% 甚至 8% 是可能的。

我的这个意见讲了一年半，现在主管部门的积极性调动起来了，在现在廉租房建设找不到钱的情况下，主管部门也千方百计要创新，他们把我这个思路上报了国务院，现在正静待国务院审批，七个部委已经协调完了。思路是我们提出来的，报到国务院是李克强副总理在协调，是建设部的部长上报的，他也是我们北大的。REITs 由谁来买？这么多的资金要发行，一个 REITs 至少要 30 亿元，有的要更多一点，我们现在有的是投资人，特别是像社保基金、保险公司。《保险法》最近正在修改，原来不允许投资不动产，现在准备加上投资不动产，这个还有待于下一次全国人大常委会讨论通过，现在讨论稿已经讨论过一次了，大家对这条没有什么意见，如果这样的话，资金就可以进入。大量资金进入不光可以解决廉租房的建设，而且还可以使得我们的股市获得一种新的活力，大量资金入市肯定有利于股市的发展。

第五，忧心房价暴涨，坚守"高质低价"。关于房价问题早在 2003 年 18 号文件就提出了"三个基本"的重要指导思想。"总量基本平衡、结构基本合理、价格基本稳定"，只有这样才能实现房地产市场的持续、健康发展。我们看到 20 年以来，中国各个城市平均的房价是年年上升，且上升得比较平稳,特别是近年来上升得比较平稳。回顾房产市场的历史我们发现,房改以前,以单位为购买主体的十年来,房价上涨幅度大。为什么呢?主要是因为当时基数低,而且老百姓没什么意见,都是租住公房不需要自己面对市场。1998年房改以后房价反而比较平缓,平均每年5.2%,特别是1998年、1999年上涨的幅度比较小,2004年出现了房价的暴涨,引起了人们的忧虑。分析房价上涨的原因,主要原因还是因为供不应求,因为需求旺盛,因为房屋供给不足。为了应对供给不足,面对国务院提出的如何能够抑制房价过快上涨的课题,我提出的就是要增加供给,我在中央研究室召开的听证会上提出的就是要多建房。但是一些主管部门,却把抑制房价的重点放在换户型上,这都是让我们这些学经济学的人感到很奇怪的,为了抑制房价上涨,要换小户型,一换小户型就要把房子规划拿回去重申,一审一年时间,就耽误了一年的产出。

去年还出现了这样的情况。猪肉价格上涨,全国人民都知道该怎么办,就是要多养猪,国务院还出台了一项政策,给老母猪上保险。但同时出现的房价上涨过快他们采取的是什么措施?"少盖房!"这样就出现了房价的更快上涨。所以,目前的房价过快上涨,这些主管部门是有责任的。我们看到去年房屋供不应求,市场空间很大,老百姓花钱买100套房实际只能提供76套。

房价上涨的另一个原因是土地价格,特别是土地价格与片面地推行招标、挂牌相关联。本来房地产法规定是三种方式:招标、挂牌和协议出让,但是实行了三年呼唤出了无数的"地王",而各地纷纷出现的"地王",就使得市场出现了面粉比面包贵的情况。主管部门中,国土部说"地王"还没有进入建设,怎么就能说拉升了物价。但是建设部讲,你怎么没有拉升房价,面粉比面包贵,面包第二天就涨价了。果真很多地方很多项目马上封盘,再过一个礼拜再开盘,像杭州,房价一平米涨了6 000块钱。多种因素推动了价格的上涨,所以我们看到在去年房价上涨面前,有些部门打的是乱拳。我在北京大学和清华大学都讲过,我们的房产调控措施有些是调反了,后来这些言论也被登到一些媒体上,包括境外的媒体上。

在这样一种大的涨价趋向下,中房集团作为房地产业最早的企业,坚持低价位、高品质策略,我们不允许下属企业高价拿地,因为我们是一个有经验的企业集团,我再三劝告企业不准拿"地王"。再三的劝告下,只有一个公司在广州的肇庆以5.6亿元拍了一块地,当时拍得早,不是非常离谱的价格,但是这以后我们严令各地不许拿地。中房集团作为一个老企业,有土地为什么要和别人抢"地王",英雄一次可能会难受一世,我们要保护住我们的企业。再一个是定价原则,我坚持认为要把房屋价格上涨的空间留给居民,不要通过炒作挤干最后一滴利润,通过炒作的房价会造成老百姓买房面临更大的风险。就在这样的一种指导思想下,这些年以来,人们看到我们这些大型企业带头做的是低价位的政策,在北京、上海我们有诸多的楼盘,都有60来个。但是像这样的楼盘,我们当时的卖价就是6 000—7 000块钱,现在虽然价格涨到2万—3万块,但是当时卖的时候就是这个价格。像离我们很近的"长远天地"这个楼盘,卖的时候北京市前任副市长刘志华就向我提出抗议,他说你卖那么便宜我们怎么办。我说我们的成本就是低,所以我们坚持卖9 000块钱,现在这个房子值3万块钱,所有的买房人都从中得到了好处。虽然我们有些二手房的房价下跌,比如最近从2万块钱一平米跌到1.8万,但是老百姓买房时花的是7 000块钱,所以这种下跌没有给老百姓带来实际的损失。我们还有其他一些楼盘,售价也很低。二环路边的经济适用房卖4 000多块钱,现在这样的房子也涨价了。我们也有贵的,像西山美庐,当然要贵一点,因为它不是家常菜,而是鲍鱼、鱼翅。

谈到对社会的贡献,我还要提到一句我们北大学生、光华学生对学校的评价。1995年、1996年,在李岚清副总理的鼓励下,我把蓝旗营小区捐给北大、清华,如果建成卖掉的话,公司至少赚60亿元。当时我在读博士期间,亲眼看到像厉以宁老师这些理论大家,他们住的房子确实非常局促,就想给学校干点事。正好李岚清副总理说我管教育了,能不能给大学做点事,能不能给北大、清华做点事,我就说到了我在清华大学南门的项目。李岚清一听很高兴,就叫我把地给清华。可是我提出我是北大的啊,他是清华的,他就建议一家一半。李岚清为此做了很多的工作,后来把这个项目给了两个学校。去年老师们以一平米1 900块钱的价格买下了房子,这个地方的房子应该涨到一平米20 000块钱了。北大教师正是通过光华人的贡献得到了这套房子,通过房价的持续上涨得到了房屋升值的好处。目前我们关注的是普通老百姓包括低收入者的住房问题。现在中房公司建设2 400多个住宅区,现在大约有20%—30%左右已经旧了,我们在国家鼓励棚户区改造的时候,把我们的旧区拿出来。说起来 20 年前建的房子现在已经破烂不堪了,为什么我们不能做到百年大计呢?因为当时的规划有问题!当时建设部的要求是每套不能超过 55 平米,所以时间一长成了一堆垃圾。我去呼和浩特,市委书记带我去见了一个小区,跟我说是过去最好的小区,我说我给你补后一句:现在是最烂的。我们的改造把容积率提高了,所有老百姓可以就地回迁,不用付钱,多余的面积付钱,剩下的面积面向社会,这既提高了居民的居住环境,又改善了城市的整个市容。

第六,倡言经营城市,催生城市群体。把薄熙来在大连的工作概括为经营城市,是我对我们这位老同学的评价。薄熙来也是北大学生,是 77 级世界史专业,后来又读了新闻的研究生,在中南海我们又是同事。2000 年他请我去大连看,我跟他说了我觉得他是在经营城市。而他也正是受这句话的启发,由此引发出了一套经营城市的理论。薄熙来还让我到电视台跟干部讲话,他把这些概括出来,并推向了全国。

经营城市对全国发展的正面推动作用是主要的,不能因为青岛出了问题就否定它,我们要开展新的理论。我们现在发展城市关起门来发展不行,现在要求的是发展区域经济和城市群体。而且在国外是专门有对城市群体的理论分析和具体实践的。我们国家最典型的城市群体就是改革开放前十年的珠三角、后十年的长三角,再加上最近十年的环渤海,这些城市群体,以很少的面积却聚集了大量人口,产生了大量的经济拉动作用,而且今后这些城市群体仍然是我们发展的重点。有了这些鲜活的案例,在研究城市群体的时候,我们就会进一步深刻地思考该怎么样正确地确定规划方向,而且我们的规划也不再是闭门规划,不是单一地关起门来做规划,而是要考虑到城市群体的拉动作用。

2000 年,在北京市人大的会议厅里,我提出意见认为北京的发展本身缺乏一个明确的方向。大家看到北京这种年轮式扩张、摊煎饼式发展态势非常明显,三、四、五、六环路,都已经到西山脚底下了。诸葛亮都要遇山而止,我们非要开发西山,如果都向上风上水发展,包括向清和、昌平发展,会把那里变成下风下水,会把中南海变成下风下水。北京正确的发展方向是什么?应当沿着京津高速公路向东发展!好在规划大师吴良镛先生也推行这个计划,现在确立为"一轴两带多中心",其中重点是向东南一线发展。东南是天津，我认为在北京向东、向南发展的同时，天津也要向西、向北发展，这样就形成以京津为轴线的环渤海经济带。我在天津的会上讲过，我给他们带去的是毛主席老人家的最高指示，毛主席说："多少年后北京和天津这两个城市不就连在一起了嘛！"这是毛主席他老人家当年和万里同志讲的，万里同志后来和我讲的。戴相龙问我："董事长这个话有书面的东西吗？"我说："你把它发表在报纸上不就变成书面的了吗？"当时万里是城建部部长，后来调到北京做主管建设的常务副市长，有一次给毛主席做北京市的发展规划报告的时候，毛主席就说了这样的一句话，万里同志说毛主席当时就有这样的预见。现在我们已经意识到要发挥城市群的作用，毛主席他老人家的设想也正在逐渐变为现实。

毛主席他老人家说了一个地方，北京向东、向南发展；李瑞环同志说的一个就是"扁担挑两头"，两头被天津市解释为天津市和滨海新区。前些年天津的规划是背向北京发展，所谓开发滨海新区。那天碰到了他们的一个区长，我们问挑扁担的那个人是谁，他们说他们自己就是挑扁担的人。实际上我认为天津应该采取一体两翼的格局，向滨海和北京方面发展，把北京和天津逐渐连在一起，这才是扁担挑两头！这是一个新的发展思路。这个思路在前天津市主要领导在世的时候，虽然很多干部都愿意接受，但是这些老领导不太容易接受。戴相龙同志曾经提出过，一看不行又收回来了。现在好了，天津市的领导人有了新的眼光，他们开始时提出"展开两支翅膀"，现在已经开始提"一体两翼"了，这是我们这些人对城市发展空间的认识。中房公司不高价拍地，现在在天津市很多人没有认识到的情况下，我们中房公司带头进去搞了几块地。我是在没有形成确定的规划方案之前就让我的企业进去了，现在在天津市黄金通道上我们已经建成了大规模的商业区，接着又把中欧论坛这个理念引进来。我奉命担任中国欧盟协会的副主席，其中一项任务就是让我建设这个论坛，我在天津发现了一个112平方公里的湿地，这个湿地小部分是可以开发的。这就是未来建造中欧论坛的好地方，如果我们能做成功就能带动整个城市的合理规划，带动这一带现在非耕地的荒地成为未来城市非常好的发展场所。

第七，引进"抵押贷款"，创新地产金融。抵押贷款是我和一些专家提出来的。从1996年开始我们就不断通过内参向国家提出这些建议，包括抵押贷款、抵押贷款保险、反向抵押贷款、房地产投资信托,特别是住房抵押贷款,目前来看效果非常明显。发展住房抵押贷款不是银行提出来的,而是我们这些人提出,经国务院同意的,但发了文件以后银行还不愿意实行,这些行长们说国有企业借钱都不还,老百姓借钱怎么会还呢!因为在1996年那个时候国有企业借钱不还确实是个普遍现象,银行行长的担心不是没道理。

怎么解决他们的顾虑呢?当时我刚从美国回来,建设部部长俞正声带着我去银行行长会议上给他们讲情况讲道理。我就给他们讲,根据美国银行的分析,在美国还款最好的群体是华人。但是为什么会这样,美国人没有分析。我给美国人分析了原因:因为我们中华民族是人类历史上最早的定居民族,我们祖先日出而作日落而息的时候,美国人的祖先还在苏格兰放羊呢,这就造成了中国人从历史上就重视房产、地产,一有钱就买地。在座的年轻人可能很多人不知道,但是你们看看《闯关东》就知道了,朱开山好不容易挣了钱马上就买地,这就是中国人对土地的依赖。我当时一说,银行行长们就信了,而那些贷款现在也成了银行最好的贷款。但是在发展抵押贷款的过程中,中央银行出现了一个失误,他们总有一种政策导向就是要贷给高收入者,最早的文件也是这么发的,如果按照他们这么做下去,那么房价如果一跌的话,不就人工制造了一个次贷①吗?幸好是我们的提醒和利益的驱使,才使得抵押贷款顺利发展。直到今天,令人感到可喜的是住房抵押贷款不良率是1%,中小企业不良率20%,工业企业不良率5%,所以银行愿意贷什么就很清楚了。现在我们看到银行也是在纷纷推出新的房贷,现在对房贷的控制过不多久就会过去,明年老百姓贷款又会迎来一个新的环境。

讲完了抵押贷款我再讲讲反向抵押贷款,这也是我多年来向国务院提出的建议。五年前我把这个建议送给刚刚上任的温家宝总理,得到了温总理的重视,而当时中国保监会和中国建设部就觉得文件要实行了,一个总理批过两次的东西能不能实行,肯定能实行,只是一个时间问题,但是

---

① 编者注:次贷,指次级贷款,又名次级抵押贷款和次级按揭贷款,美国抵押贷款市场的"次级"(subprime)及"优惠级"(prime)是以借款人的信用条件作为划分界限的。根据信用的高低,放贷机构对借款人区别对待,从而形成了两个层次的市场。信用低的人申请不到优惠贷款,只能在次级市场寻求贷款。两个层次的市场服务对象均为贷款购房者,但次级市场的贷款利率通常比优惠级抵押贷款高2%—3%。

到现在还没实行。为什么？因为他们还不完全了解市场，还没有完全确定可行。

什么是反向抵押贷款？这就是在中国显现出来的明显现象。今天出现了这样一批老干部、老教授，他们退休了，他们有房产，房产价值百万，但是他们生活很拮据，因为他们的财产不能变现，这就出现了在美国的一种现象"有房屋但是是穷人"，他们的子女不是希望老人早点死去，就是希望早点继承遗产，而不是想好好供养自己的父母。有没有办法让老年人不卖房继续住在房子里，又能让自己可以有足够的钱去花？在荷兰就出现了抵押的年金，这种年金产品一听就是保险产品，是针对老年人的一个很好的资源配置方式。人活着又要住房又要花钱，人死了就用不着钱也用不着房了，老年人把他未来的房子提前卖给保险公司，换来老年的生活安逸。这种做法很像把抵押贷款反过来做，抵押贷款是居民按月向金融机构交钱，这个办法是金融机构按月向居民付钱，在居民去世以后再把房子拿回来，在美国就形象地称之为"反过来的抵押贷款"，我就直接翻译过来叫"反向抵押贷款"。人们一听就明白了，但是它是保险产品，这种产品一旦实行，对老年人有很大的好处，这里我不做细的分析，我只是大致上说个结论，比如一位65岁的男性老人，他拿房子入了保以后，大约一个月可以得两万块钱，另一位房子比较小的女性老人，65岁入了保以后，一个月大约得一万块钱。一个退休老人除了拿点退休金，还可以得到一万、两万甚至三四万的补偿，而且终生源源不断，这对老人是一个好事，解除了经济顾虑就可以愉快地延长这些老人的生命。

李岚清副总理听了我说的产品以后就说了这么一个故事：一个法国电视剧中，有一个法国老太太入了个保险，这个老太太活了一百多岁，把一个保险经纪人都熬死了，还得给她送钱。我们要保护弱势群体，老年人本来就是弱势群体，民政部一位部长说，低保不就管了吗？我给他举了一个例子：上海一个低保老人，由于子女不供养他，而且把他的 25 000 块钱骗走，弄得老人生活极为困难，一怒之下把子女告上法庭。这是上海浦东一个著名的案例。而且电视台一介入就特别煽情，拿电视机拍这位老人有多穷，透过电视机镜头大家看到这位老人家徒四壁，但是我看到她原来在浦东有一室一厅的房改房。我就问我上海公司的总经理在浦东这样一套房子值多少钱，他说值80万。这时候我才恍然大悟，原来这位老太太是有着80万身家的富婆,她衣食无忧,为25 000块钱把子女告上法庭,为什么?就是因为没有我这个反向抵押贷款。如果有的话,这位老太太一个月至少得6 000块钱,她还愁什么,不光自己衣食有靠,还可以拿出钱来接济她的子女,那时候她的子女就不会不孝顺了,就会争着叫亲妈了,和谐社会就建立起来了。

最后一个好处是实行遗产税后,可以依法避税,144个国家有遗产税,中国最终肯定也是要实行的,美国很多人都上书不让取消遗产税。现在中国亿万富翁不纳税,这种情况绝不是合理情况,所以遗产税迟早要开征,而且已经讨论了很多年了。为什么现在征遗产税那么大阻力呢,主要还是穷人反对。原来就是全国人大、全国政协的老干部反对,他们说我们苦了一辈子没有什么东西就这套房子,还从我们身上征税,要征税也从那些四五十岁的,北大读完MBA的开始。所以就一直推迟。但是如果这套房产入了反向抵押贷款,到他去世那一天,恰恰领光了他的全部,这套房子就不作为遗产存留了,对社会观念的影响也是很大的,可以促进中年人去买房子,作为积蓄,变攒钱防老为以房养老,就可以促进经济增长。

还有一个好处,可以预防59岁现象,根治腐败。我们现在严打出来的很多腐败案件都是快退休了的干部,用残存的权利以权谋私,把自己从体面人变成了阶下囚。别人不说,就说这个田凤山老先生,他是国土资源部的前任部长,他是为了多少钱把自己弄成阶下囚呢,为了500万的受贿!可是他的房产就值500万。他为了500万不惜把自己从人上人变成阶下囚,为什么?还不是因为没有我这个反向抵押贷款吗?有了我这个贷款,他一个月能得三到四万块钱,再加上他的退休金还有一万块钱,再加上他太太还有一部分,他还愁什么?现在虽然老年人还想把房子留给子女,但是年轻人的观念已经变了,现在年轻人的新观念是什么,他们说人生最大的遗憾是什么:人死了钱还没花完;人生最大的悲哀是什么:人还没死钱都花光了。入了我这个贷款,没有最大的遗憾也没有最大的悲哀。

对保险公司的好处就更大了,可以迅速增大保险规模,可以使保险公司把自己的资产和长期增值的产品锁定在一起。但是保险业目前来看发展还不好,全国的保险公司还太少,和发达国家相比差太远。为什么目前保险业发展的规模小呢?其中一个原因就是创新能力差,这就又回到三井论坛的创新主题了。创新不够,所以现在保险公司就不断地拿老产品去忽悠你,我们现在最怕的就是接保险人的电话,一张保单卖全国,推销这些卖不出去的产品,所以金融界用这么一句话调侃自己:一人办银行,全家跟着忙,一人搞证券,全家跟着骗,一人卖保险,全家不要脸。

为什么保险公司那么多却不敢干呢?第一,怕房价下跌抵押缩水。但是我们看到这五年房价大幅上升,虽然最近停止了,但是早办了这个,收益就拿到保险公司手里,至少保险公司和老人分享了。第二个担心就是70年土地产权到期。国家要收回土地拆掉房子怎么办,这真是不必要的担心,现在物权法已经通过了,期满的主动续期。第三个担心就是保险公司能不能投资不动产问题。刚才我们讲过这个也要开禁了,所以现在的条件逐渐具备。第四个担心,中国人的传统观念,愿意把房子传给子女。这是一个问题,老年人入这个贷款,唯一的损失就是割断代继关系,不要忘记中国10%的老人是没有子女的,或者本身就是丁克家庭,或者因为各种因素子女先他而去,鳏寡孤独,甚至一些空巢家庭,他们指望不上子女养老。所以光从10%做起行不行,还有像上海这位老人子女不养她的,她把房子给了子女干什么去啊。这个主意出了很多年了,总是贡献不出去,我就想算了吧,自己开个保险公司。我们就开了个保险公司,是由劳动和社会保障部的前部长和我共同创立的,一批大企业投资,包括中房也是股东。现在社会上都盼望我们推出以房养老,这一年我们忙着布点,只有这样才能推出新的业务。今年一年布了十个省,我们以超越其他保险公司几倍的速度增长,如果我们能推出这个产品,就是为老人提供一种选择,你可以选择票子养老,也可以选择子女养老,当然以房养老是你一个有力的补充,这样做我们就可以老有所养,住有所居;有钱入个好的医疗保险,可以做到病有所医;有了钱,老有所得,比如老年人雇两个保姆,就可以解决他的家庭服务问题,就给农民工子女开了工资;有了钱还可以为孙子、孙女投资点教育,包括送他们出国留学,这又是学有所教。所以我认为推动建设和谐社会的五个"有所"都能发挥作用。

第八,支持农地流转,盘活建设用地。谈到18亿亩耕地问题确实我们都很揪心,这个红线确实不能再退了,但是守住这个红线谈何容易?我们看到我们国家的耕地从19.3亿亩减到18.3亿亩用了6年时间。怎么样守住红线?我们盯住18亿亩耕地,在城市不断侵占耕地的同时,我们提醒全社会注意到我们还有一块建设用地,这块建设用地原来在农村。除了

18亿亩耕地以外,我们农村还有24 800万亩的建设用地,其中85%是农民的宅基地,它的面积相当于现有城市建成面积的将近5倍。现在两年进城的农民相当于一个加拿大的总人口,农村的人均占用土地在空置。怎么样解决这个问题?农民进了城要买房、租房,但是家里还闲着一块宅基地。总理提到了建设用地要统筹兼顾,一方面18亿亩耕地保住,要吃饭,再一个城市要发展,占地要统筹兼顾。怎么统筹兼顾?一方面要解决新农村建设缺钱的问题,另一方面要解决城市发展缺地的问题。这种统筹兼顾就是要把农村现有的宅基地转化为建设用地,这是一个广阔的空间。

我和一些专家提出来,让农民带着地票进城。地票就是农民把自己原有的居住用地交还给原来的集体经济组织,这个土地可以复垦,把一亩地的建设指标带到他移民所去的城市,甚至像北京、上海这样一些重点城市。那么原有的这些土地怎么办呢?应当是复垦。能不能复垦?很多土地是能复垦的。我们从大平原上往下看,在农田里斑斑点点分布的就是宅基地,中华民族原来是逐水草而居,现在有些村子80%都是空心村,把四五个村子合起来,其他几个村庄原则上可以复垦为耕地。城市里即便占了一亩耕地扩大城市,从国家总体上看也没占。但是如果用了盐碱地建设的话,就多出一亩耕地来,所以18亿亩不但保住了,还可能增加,这样我们就在更广阔的空间里经营我们的农村,我们把这个理念叫做"经营国土"。

除了关于18亿亩耕地的问题是我们出的主意以外,关于征地制度改革的建议我也早就提出了。因为农村建设用地这种单一的征地渠道、城市建设用地这种单一的供应渠道,都束缚着城乡一体化经营。我提出让农村的土地像城市的土地一样能够用于城市建设,而且我主张要设立为农民服务的土地经纪公司帮农民运营,这些问题的源起是因为我看到大量的不合理的现象,我们多年是单一的土地供应者,地方政府垄断着土地供应市场,在土地招标挂牌日益发展的今天,购买者是多元的,但是供应者只有一家,多元对单一不是完全的市场经济。增量土地还是来自农村,政府用垄断权进行了土地的区间经营,利用垄断权获取土地的巨额差价造成两种不良的后果:一种是城市里的高地价,另一种是农村里的失地农民。这些问题引起了中央的高度重视,而问题的症结就出在立法不健全上。宪法规定为了公共利益需要才可以征地,但是土地管理法把公共利益泛化为一切建设用地,国家征用才能够建设,这是导致诸多问题的病根。

现在,我们这种廉价征地、高价拍卖问题越来越显现了,引起农民群众的不满,这是"剪刀差"。用"剪刀差"的方式进行城市基本积累,更加显性化地剥削农民,过去廉价收购农作物是廉价卖,但是廉价收购土地是在地头上就高价拍卖出去了,这些问题引起农民群众的不满,现在很多地方的农民请愿、上访就是为了土地问题。一些地方拿出自己的建设用地搞了小产权,本身就是对不合理征地行为的自发的反抗,现在小产权已经在很多地方占了很大的比例。

我们这些意见得到了十七届三中全会的肯定,三中全会决定要改革征地制度,缩小征地范围,严格界定公益性和非公益性。公益性可以征也可以不征,非公益性的土地农民自己可以经营。现在三中全会提出的农村土地承包制度,健全了农村土地的管理体制。但是三中全会规定那么明确了,还有一些人说,没有规定宅基地可以转让,谁说宅基地不能转让,其实,早在物权法发布的时候就已经规定了可以转让,现在三中全会确定,更进一步提出了农村的经营性建设用地可以转让土地使用权,而且转让使用权以后,这种土地要和国有土地享有平等权益。三中全会的这些精神值得我们好好学习,可惜现在很多人不去读三中全会的文件,而是凭着自己的臆想随便说。

现在,在薄熙来担任市委书记的重庆已经率先进行了改革,农村用自己的土地权换取城市的居民权,在一向反对小产权的北京市最近也开始解放思想了,进行宅基地换楼的试点是从天津学来的,就是先让农村找一块地盖起楼房,把村子搬过去,把旧的土地一部分复垦,另一部分进行房地产开发,这样为城市建设增加了土地。这种做法好处很多,它可以为城市化补充土地,而不必占用18亿亩耕地,还可以解决城市土地拍卖价格越来越高的问题。

今天,三中全会的文件已经公布了,但还听到一些主管部门的负责人在讲,小产权违法。是违法,但违法的原因是什么?是法律没改。虽然全党的认识统一了,法律却还没来得及改。我们的法律难道不能修改完善吗?我在国务院、全国人大工作多年,亲自参与了两次宪法修改,一次是1984年,一次是1988年。18亿亩耕地都考虑到了,修改法律的问题还能难倒了我们?现在与其指责农民是违法,还不如按照三中全会的要求加紧完善相关法律法规和配套政策。

关于政府的收益问题,我们很早就建议,要把重流通、轻保有的房地产税收政策,变成重保有、轻流通。通过征收物业税来实现政府收益,过去我们中国在居民没有成为购房主体的时候,主要是从生产环节征税,而不是从消费环节征税,现在居民成了消费主体而且人们占有的房子不一样了,有的有钱人占有的很多,应当把纳税尽早调整为从消费环节征税,这个建议是我们提的。所以物业税一定会征收。当然现在物业税很受大家欢迎,国务院也试点了几年,但是现在的情况下,为了拉动经济消费,我倒主张要推迟征收。在推迟征收物业税的前提下,从哪一块启动呢?我建议就从小产权开始启动,因为拉动消费不怕小产权卖不出去,可以承认它的合法性,使得它尽早和国有土地享有同等权益,又可以及时为地方政府拿到一块税源。如果能这么做,我们就不必把小产权用地征为国有。征为国有就变成了70年的租期,这样能收回多少钱?不要忘了人家都住了好几年了,补地价差能补多少年,年复一年征收物业税,这是地方政府源源不断的税源。不要忘记宪法中规定的就是两种土地公有制,一种是国家所有制,一种是集体所有制,特别是宅基地也属于集体所有,我们为什么不能既保持集体所有这种公有制的性质,又让它能够用于城市建设呢?

三中全会已经做出这样的决定,允许农民经营建设用地,包括多种经营和开发经营。现在我们需要做的就是要在城市化、城镇化发展的同时,能够使农民群众共同来分享中国城市化和改革开放的成果,这就是我们讲农地流转的更深一层的意义。

第九,小试分时度假,推升香港楼市。1997年香港的回归雪洗了中华民族一百多年的耻辱,董建华和曾荫权领导的香港特区政府也成功地抵御了金融危机。回归前各种利好造成香港的楼市上升,但是由于金融风暴又一路下跌,一直跌到2003年就剩下31.8%。本来香港特区政府希望房价跌下来有利于民生,有利于增强香港的国际竞争力,但楼价跌下来后才发现股市萧条、企业困难,很多人下岗失业,所有有房家庭都遭受损失,17万家庭沦为负资产家庭。600万人的香港,就发生了两次50万人的游行,将近十分之一的香港居民走上街头,反对香港特区政府的经济政策,他们很多是负资产家庭,是由于经济萧条造成的失业家庭。在房价下跌的时候，按照一般人的理解，老百姓要买房了，但跌了6年，仍然不买，为什么，我们应当认识到，在一个房价不断下跌的市场上，老百姓是不愿意入市的。董先生在香港和我谈到房价下跌的原因，金融风暴以来下跌了60%，SARS一来又下跌了10%。我去香港的时候看到香港大量房屋空置，压着香港楼市抬不起头来。能不能把空置的房屋运走，使得香港的楼市早日回升，是当时香港人的盼望。当时我在内地正和中房的各个企业商量，要推动分时度假，我们就把香港作为一个起步点。本来我们是要到香港去买两栋三四星级的饭店，但是我们把这个想法提出以后，董先生非常高兴，他说请孟先生来，首先买我们香港特区政府的居屋。当时我还不知道居屋是什么，后来才知道是我们的经济适用房。按照董先生的要求我去和香港特区政府的主要官员谈，我们也组织了一个团去和他们对口谈。本来我们的谈判是秘密进行的，但是敏感的香港媒体得到了消息，从得到消息那一天，媒体就一窝蜂上，说中房要投资200亿元，收购香港的全部居屋，就是两万套居屋。媒体的报道让我们措手不及，我们没有说要收那么多，而且我们也没有谈到过价格。媒体报道一共出了300多篇，都是正面的，一片欢呼，说是很有创意的想法，无论事成与否都是好事，一旦事成，香港楼市就有救了，说中资为解决居屋创造了契机。这么多的报道在短时间内砸在香港这么一个小岛上引起的反应非常强烈，就在报道后的第三天持续下跌六年的香港楼市转跌为升了，拐点就是热炒中房要收购空置房。我们没有去收购，到底是谁救了香港楼市？应该说不是我们。香港人说是中央救市，中房是中央企业，中央救市有两件事，一件是自由行，一件是中房买居屋，我们没时间购买啊。

  到底是谁救了？是香港人自己救了自己，是媒体使这些香港人有了信心，媒体也发现继续下跌对香港没好处，他们就转而空投楼市，说楼市的好话，这样就使我们这个事情被媒体炒作成大量购买，由此增加了老百姓的信心。董先生非常高兴，他说中房的因素在促进楼市活跃上起了重要作用，我的行为也受到了中央领导的表扬，贾庆林同志把我叫到中南海谈了一个小时，表扬了我三次，之后又打电话表扬了一次，后来又传达了胡锦涛同志的表扬。你看我这房子还没买呢，我们要做的都是为了香港好。董先生后来回忆起来这件事情，在香港讲了这么一句话"什么价格都能跌，房价是跌不起的"。后来我把这句话又介绍给我们内地的媒体，但是他们曲解了,把董先生说的这些话说成是我孟晓苏说的,把董先生对当时香港的问题说成是我对现在房价问题的评价,后来传到南方又变成了"房价是万万降不得的",但这不是我说的。

但是我觉得对房价下跌老百姓必然有观望,要想恢复楼市必须解决老百姓的疑虑问题。现在我们房产公司降价首先遇到的是老业主反映意见,一平米一万八降到一万四,老百姓白白损失十几万,他们就抬着花圈围攻售楼处,奏哀乐、致悼词。如果真的出现香港的情况的话,老百姓就不是围售楼处了,就围别的地方了,这不就引起社会动荡了吗?所以为了扩大内需,还是要避免继续让楼市衰退,因为我们的宏观调控绝不光是降低房价这么一个目标,还有拉动经济、拉动就业这样更重要的目标。

现在需要做的就是稳定市场预期,包括房地产市场要稳定预期。主管部门也认识到房价既不能够过快上涨,也不要过猛下跌,这和我的观点一样,我是明确反对房价过快上涨的。一些地方政府的官员讲得也很好,他们认为房价大跌最终受害的是百姓。最近香港的楼价又跌了,金融海啸一来又跌了,这回我帮不了他们了,但是我们能做的是把我们自己的事办好。现在全世界都有一个名言,中国最有机会,而我们中国的总理也对世界斩钉截铁表示了,中国要保持强有力的、平稳较快的经济增长态势,就是对世界负责任。

第十,履行社会责任,致力和平崛起。房地产企业家不光要为老百姓提供房屋,拉动相关产业,带动国民经济,而且还要努力为国家作更多贡献,包括国际和平、国内和谐、两岸和解。房地产是两岸和解的一个重要方面,因为在实现两岸三通里面,台湾地区虽然一向反对内地去投资,但是即便是在陈水扁当政的时候,他们仍然通过了这么一项议案,只允许内地进入台湾地区投资房地产。为什么会这样,原因不详,但我们可以分析。

不过既然有了这样的规定,那么我们可以去试探试探,在当时台办主任陈云林的指导下,我带队访问了台湾,没想到受到台湾热烈的欢迎,比香港人还欢迎我们,不光是媒体、业界,连政界人物也纷纷出来。不过那次访问的时候中央明确提出来,不要我见陈水扁这样的人,怕他炒作。当时江丙坤、王金平等人都来了。在这次晚宴上王金平说:"你们到台湾投资赔了钱我们给你补!"这以后台湾政界人士又多次和我见面。他们为什么这么关心内地的房地产投资呢?原来台湾的房地产一路走低,本来台湾也是周期性发展的，到1996年应该上扬了，但是这时候李登辉访问美国，我们中国人民解放军向台湾试射了五颗导弹，有四颗打准了，一颗没打准，台湾就怕没打准那一颗，所以房价一路下跌。在我访问台湾的时候，我们在香港的作为已经被台湾媒体报道了，我一看吓了一跳，怎么变成800亿了，原来他们把香港报道的200亿换算成台币了。

我们去台湾投什么呢？我们如果投的话，还是要投它的股市，因为我们在台湾还是需要既有项目，又有技术人员，还要有开发经验，这样的话投资它的股市，控股它的公司就成为内地的公司了。当然还需要一些政策的完善，台湾现在还不能允许内地人到台湾去一次居住超过十天，一年累计超过一个月，可是钱过去人不过去怎么行，所以问题还在对方那一边。如果我们去台湾买股票，去参与它的开发的话，我们的股票一定走红。但是最近，台湾又安排我去访问，我一推再推，为什么呢，因为内地有个富豪团访问把局给搅了，说台湾只适合炒作，那我去干什么？我很难过去，想来想去，最后台办给我出了个主意，台湾有个幸福人寿，我拿出名片一对真巧了，他叫幸福人寿我也叫幸福人寿，这样把我们俩牵在一块儿了，如果去的话我们两家来谈，当然也会谈到房地产。这次我不太愿意去，因为看不清楚，所以我给对方提了点条件，包括会见方面的条件，看他们做吧。他们如果能在我面前交卷，我就去。

上一次从台湾回来我又接待过克林顿，克林顿是我多次会见的一个老朋友了，我请他来重点就是谈台湾问题。因为克林顿当时当总统的时候就坚持一个中国的政策，我告诉他现在需要他继续讲，他讲比我们讲分量更重。他说孟博士我听你的。在北京、在美国我们多次交流，克林顿跟我讲到很多他对时局的看法，包括对美国政府到处出兵打仗的看法，他主张和平，不主张打仗，尽管他在任上也打过仗。后来克林顿得了病我又写信表示问候，又给他送去鲜花，他回信表示感谢，并说他的病已经完全好了，还说还要再来中国访问。就这样，我们成为朋友了。

2005年，我这个朋友差点做了一件对不起朋友的事。他要访问台湾，领事馆、外交部劝不住，他们来找我，我就给克林顿办公室打电话，我说你们为什么这时候要让总统去台湾，你们不知道马上就是台湾的"228公投"了吗？他们说他们没有注意到。我就劝他们不要去了，但是他们说这不好办，已经收人家的钱了。他们把话说白了，我也把话说白了，我告诉他们这一次搞不好,以后他们再来中国就不好接待了。那时克林顿已经走到加利福尼亚了,他传过话来说,他们不好不去了,就请我给他们起草一个他到台湾的讲话稿,我就用非常短的时间给他起草了到台湾的讲话要点,用非常短的时间上报了中央,发过去以后,我给克林顿办公室打电话,我说这可不是我让他讲的,是总统在北京和在美国多次跟我讲到的,我不过是让他再讲一遍,同时我提醒他们不要到了台湾再讲,如果台湾媒体不报道,我们这些朋友仍然会误会,我说路过香港就主动讲出来。结果克林顿这个人还真够朋友,他路过香港就主动会见媒体,坚持一个中国,不支持一中一台,不支持台独,在台湾拒绝参加"228公投"活动,说身体不好。但是媒体报道他签名售书连签四个小时精力旺盛,陈水扁请他吃饭,他和陈水扁讲他坚持一个中国,劝陈水扁也应该坚持求同存异,陈水扁不听他的才落到今天这个下场。他在台湾还说他看到一国两制最安全。用我们一位领导的话说,克林顿这次去台湾比不去台湾还好。当然好了,他口袋里揣着的是我的讲演稿。

布什政府被评为美国历史上最差的一任总统,奥巴马作为一个黑人的候选人高票当选为美国的后任总统。奥巴马组织的团队恰恰用了大量的克林顿的旧幕,这些关系是他们做在野党的时候我们就已经建立起来的,这就是我们民间外交的作用。克林顿还是希望明年再来中国访问,我已经明确表示我愿意接待,我希望他来,现在人家不执政了,咱们外交部也改变态度了,原来来的时候可别扭了,现在每个部门都想接待,如果他再来访问,我真希望他讲一讲美国的经济,我曾经和他讲过,下次来带太太来,他也答应了,他们说孟博士的想法是"买一送一"。现在不好办了,人家太太当了国务卿了,看来是希拉里带他来了。

亲爱的同学们、老师们、在座的各位领导,我们做的这些就是尽我们的力量为中国的经济发展和中国的和平崛起多作贡献。北京大学是我的母校,是我创新思想的发源地,今天在座的各位同学都是北京大学的优秀学子,希望大家能够延续我们勇于创新的优秀品质,以更开阔的胸怀、更灵活的思路,为我们国家的经济发展与和平崛起作更多贡献!谢谢大家。

三、师生互动

提问: 孟博士您好,我想问一下您,开发房子那么便宜,会被炒房人买回去,他们把价格炒高了以后再出售,实际上大量的百姓还是得不到实惠,您怎么看待这个问题?

孟晓苏:不管老百姓是为居住而买房还是为投资买房,我们还是愿意提供高品质、低价位的房屋。老百姓居住还是主要的,炒房子的人短期内不会炒太高,只有在特殊的房价畸形上涨的时候才能实现他的愿望。我们不认为因为有人炒房子我们就把房价尽可能提高,我们还是要坚持低价位,这一点是我们和现在很多房地产大腕的不同之处。

提问:孟博士您好,我现在在研究房地产。我有一个问题:目前地方政府的房地产企业和地方企业在房地产理性回归的时候表现得非常消极。但是广大的购买者又希望房子的价钱能降下来。还好现在推出这么多的廉租房。我想请问在这些廉租房退出之后,政府或者市场以什么样的方式来平衡?

孟晓苏:有人担心最近大量推出廉租房会对房地产市场造成冲击,我认为这是对多年来我们缺乏廉租房建设的一个补充,我把它叫恶补,9 000亿投下去,能解决600万户现有城市户籍贫困户的住房问题。但是9 000亿、600万户以后是不是问题就解决了,城市就没有贫困人口了? 不是这样。不要忘记我们每年有1 800万农民进城,这1 800万农民少说也得是六七百万个家庭。他们进城以后,很多人也租住房屋,你不给他解决,他就住到深圳城中村去了。所以廉租房建设是一个长期任务,它的购买群众和租住群众是不一样的。低价位房屋是为低收入者供应的,我们不去怀疑政府是不是能够严格控制这部分购买和租住群体,因为现在舆论已经监督得足够强硬了,我们要考虑的是,这部分会不会冲击商品房的价格。我不认为它会影响商品房的价格。因为廉租房和商品房是不同的。就像有些人要吃满汉全席,有些人要吃鲍鱼,有些人要吃家常菜,我们就是要让所有人都有适合自己的食品,按联合国的说法就是让每个人都有一个适用的房屋。这是我们的目标,所以我认为对目前廉租房采取忧虑态度是没有必要的。

提问:中国允许建立自己的领汇基金,对房地产上市公司是一个利好吗?

孟晓苏:如果能够允许建立类似于领汇基金这样的基金,那么首先要用来经营廉租房。我们这个建议的提出到现在已经有一年半时间了,有可能会被采用。

提问：对房地产上市公司是不是一个重大利好？

孟晓苏：这个说不好。但是对股市是一个利好，这个基金入市会增加市场的资金量，会促进优良资产进入股市。

提问：第二个问题，广宇集团是不是在香港的 H 股上市，还是中房集团在 A 股已经有了上市公司？

孟晓苏：我们有。广宇集团也是在 A 股上市，很多中房集团公司上市以后不能称为中房，所以纷纷叫中天、广宇什么的。这些企业多元化了，和中房集团的关系淡化了。

提问：幸福人寿有没有上市计划？

孟晓苏：这个还早，人寿保险公司七年不盈利，不像很多企业马上能盈利。不盈利的企业不到上市的条件，保险卖出去进来的资金是负债，人还没死怎么能算已经结利了。七年以后，光是保费也使你盈利了。这就相当于七年之间果树不挂果但是年年长粗，这是它的资产价值，所以我们的上市计划应该是七年以后。

提问：你刚才说研究报告有一个七年的周期，后来通过人为因素又变成九年，但是还要下滑，那么周期有什么样的指导意义？

孟晓苏：我认为研究周期对于政府来说，就是政府的调节行为根本原则是反周期，就是利用看得见的手的调控力量，尽可能延长发展期，减少周期性的振荡对经济造成的破坏。对于企业来说是顺应周期。企业不可能逆势而为，就像股市大潮现在是在退，现在入市不一定好。但是一旦大潮来的时候，大船小船都浮起来了，所以认识周期对企业、对政府、对社会都有意义。

提问：孟博士，我参加过前几年您的《一虎一席谈》节目，当时您谈过您对中国房价问题的看法。今天，您能否站在个人的角度预测一下明年实实在在的房地产价格的走势。

孟晓苏：当年说房价时，我的观点是稳中有升，很多人不同意，说要跌。结果到了 2007 年，涨得比我说的还严重，我希望稳中有升，没想到下半年急剧上升。今年我们也看到了目前的情况，房价是增幅回落，而不是房价回落，真正房价大幅度回落的就是深圳。有人说深圳回落全国也要回落，不是这样，北京现在的房价上涨是 5.2%，而很多城市，像一些三线城市的房价仍然处于涨势,这对老百姓买房还是给了一定的信心支持。从现在来看,中央采取了一系列的措施。有的说法是说地方政府在救楼市,我不主张提救楼市,我主张要稳定楼市。因为楼市稳定就能建立起生产者、消费者的信心,建立起全社会的信心。实现稳定楼市的目标,购买力才会重新回到市场。房价历来是一个相对的数据,而不是一个绝对的数据。我当年刚到中房公司的时候,我们翠微路这么好的房子当时卖两千块钱,现在值两万块钱。在十七八年里,等于房价上升了10倍,现在再降回去没有可能,但是我们可以提供廉租房,让它比两千块钱还便宜,这就是构建住房供应体系的目的所在。现在有房的人不可能盼望我们的房子从两万块钱一平米再跌回两千。要是真的跌了老百姓就会闹了,我们只是盼望新供应的房子里有中低收入家庭买得起的部分。现在供房体系已经逐步完善,按照现在的布局,如果明年顺利实施,明年的房价总体上是一个稳字,稳的概念应该是稳中有升,房价上涨幅度不应该低于银行存款利息,今年看来已经有点低了,所以我认为现在的房价应该说已经到了20年的最低谷,下一步应该是稳步回升。

提问:您这个回答我感觉还是有官方的味道,我在朝阳公园有一套房子,那个房子我买的时候是一万出头,到去年十月份涨到三万多,但现在已经回落到两万多块钱,这个是事实,我刚才请您以个人的观点,不带任何官方色彩的观点回答这个问题。

孟晓苏:我的观点不是官方的,我一直以我个人的观点看问题,刚才我已经说了与很多主管部门的意见是不一样的,但是最终证明我还是正确的。我现在的意见就是房价今后将是稳定,稳中有升。

提问:孟博士你好,我是一个专业从事房地产研究的顾问机构的从业人员。我了解到有4万亿计划,9 000亿计划,北京市还有1 800万的保障房计划。潘石屹先生说,这个会拉低他们的中低端,意思是说中低端开发商的市场机会被政府剥削了,和您的观点是有出入的。第二个是1 800万的保障性住房,但是我们看到中央的意思是保障给了教师和公务员,请问公务员是需要住保障房的吗?第三个问题是您刚才说到的反向抵押贷款,我觉得这和次级债有某种相似之处,因为在美国,反向抵押贷款也是穷人在不同的经纪公司游说下,把房子变成证券或者金融衍生品然后卖给其他的有钱人,让有钱人给自己钱,我觉得这个观点和次级债有些地方相似。

孟晓苏：我先回答你前面的问题，潘石屹本身不是开发低端的，一向走高端路线，他是给富人盖房子的人，对开发低端房屋的企业不太了解。中房公司多年来就是以低端房为主，一些品质很高的房子我们仍然定位于低端价位，所以我认为北京和全国推出的廉租房和保障住房，不应当影响目前的房地产市场的平稳。

关于美国次级债的问题，美国次级债确实很让我们忧虑，这里面其实问题就出在房地产，次级债怎么产生的，就是美国的金融机构贷款给中低收入者和最低收入者，零首付。银行承担这么大风险怎么化解？想办法通过衍生产品卖给外国人，我们中国人可能也会买一部分。这些看起来化解了自身风险，却使次级债在美国大行其道。我也有一些朋友住在美国，给他剪草的墨西哥人买了两套房子，实现了他的美国梦，但是现在垮了。我就奇怪，怎么美国的银行也像中国的银行这么愿意贷款给穷人？这可能是一种社会文明，因为人们都希望能够扶贫济困。但是不要忘记，如果钱是财政来的可以，如果钱是银行来的还要考虑安全性。这是美国金融监控不严造成的金融海啸。

我们说的反向抵押贷款和这个不是一个概念，我就不再重复了，但是有一种情况会像你说的情况靠拢。尽管保险公司希望卖给有钱人，希望卖给住大别墅的人，因为他们安全，但是从各国实行的情况来看，需要抵押房子养老的一般都是中等收入者甚至是中低收入者，慢慢就会向中低收入家庭倾斜，使得这种产品成为为构建和谐社会服务的一种产品。当然我们需要防范风险，避免出现把很差的房屋拿过来的情况。真正形成这种领域的次级的原因往往是因为法律程序不严。在匈牙利购买这种产品的5%的老人去世以后他们的子女霸占房子不让进入，这是最大的风险，但是法律防范到位，通过法律解决都是判给保险公司。因为保险公司是拿全社会的钱替子女供养了父母，在老人去世以后要把钱还给全社会。保险公司为什么代替子女向老人尽这份孝心呢，是因为老人拿这个房子为全社会尽了责任，这是一个公道的交易，我们要考虑这个问题，特别是要考虑到产权的问题。

（时间：2008年12月2日）

第九篇
全球金融趋势变化
——日本银行业的发展方向

演讲嘉宾：

北山祯介：三井住友金融控股集团董事长

今天能够在具有悠久历史传统的北京大学与大家进行交流，我感到无比的荣幸；同时，我也向与北京大学一起开展三井创新论坛的三井物产公司的各位员工、各位领导表示衷心的感谢。在这个论坛当中，由银行的经营者进行演讲好像是第一次，我为有幸获得这个第一次的机会感到无比的荣幸。

这次金融危机是百年一遇的，现在这个危机的影响还在持续，这时候我作为银行的经营者，能够来进行演讲，我的心情很复杂。首先我们来看一下"危机"这两个字，第35届美国总统肯尼迪曾经引用中文的"危机"一词来说明英文的 crisis，即中文"危机"一词有两个层面的意思，一是代表危险，就是我们要知道危险程度；另一个是代表机会，就是我们要能够有效地利用机会往前走。

一、三井住友银行简介

三井住友银行是日本三大银行之一,除了金融业务之外,还有信用卡公司、融资公司、租赁公司、信息体系公司和证券公司,我们公司在 2001 年由两个银行合并而成,每一家银行在金融行业都拥有三百多年的历史。三井住友银行和三井集团、住友集团等一些大企业都有交易关系,同时在中小企业和个人的客户方面也有很雄厚的基础,在日本处于首位。最近几年,我们银行不断扩大在海外的业务,特别是在亚洲。我们非常重视中国市场,我们在中国的机构,最早起始于 1982 年在北京开设的代表处,在中国市场已经走过了 27 年的路程,之后又分别在上海、广州、天津、苏州、杭州开设了分行,去年 2 月份,我们又将北京代表处升级为分行,所以我们北京分行现在正好一周年。目前,我们在中国共拥有六个分行、两个派驻机构、三个代表处,而且我们银行在去年 10 月份,通过中国银监委的批准,正在进行设立法人的准备工作,如果中国政府部门批准我们设立的话,在今年上半年我们法人银行的业务就可以开展了。

二、全球金融危机对金融行业的影响

今天我的演讲主题就是"全球金融趋势变化和日本银行的出路",现在大家都说是百年不遇的危机,而且世界各地每天报道的新闻都让人非常郁闷,股价大跌,生产急速下滑,企业破产,失业者大增,等等。前年美国的次贷案问题开始显现,从而引发了全球性的金融危机,之后扩展到实体经济层面。去年年底,我的客户经常问我:"明年会是一个什么样的年份呢?"我都回答"明年就是 2005 年",这些客户都非常诧异,这是因为前途叵测,我实在看不清楚今后怎么样,所以才这样回答。金融危机的影响在世界的股市当中已经表现得很明显,2007 年全球总市值是 63 万亿美元,2008 年 11 月份是 31 万亿美元,在一年之内已基本减半,减少的 30 万亿美元相当于全球 GDP 的 60%。世界主要股市全都是大跌,跌幅都达到 30%以上,从今年年初到 2 月 25 号,股价继去年以后继续呈负增长。上证指数去年的跌幅为 65%,进入今年以后上升了 21%。现在,大家认为中国可以作为支撑世界经济增长的最后的靠山。

　　这次金融危机的肇始国是美国,美国面向低收入家庭的次级贷款发放金额达到1万亿美元。2004年,美联储开始加息,当时美国的住宅按揭是做得很好的,但是通过加息,按揭规模一下子就缩小了,所以美国的一些金融机构开始向一些收入低、生活不稳定的人发放按揭贷款,而且这些住宅的利率最开始是浮动利率,是按照市场的利率加上一定的佣金设定的。为了吸引客户,美国的银行在借款的头几年,利息很低,甚至是用负的本金来做,而且进行审查的资料也减少了,融资标准得到很大的放宽。当时美国的经济非常坚挺,所以大家利用住宅资产价值的升值部分来不断地借款,而且把借款的一部分用于其他的消费,比如说买车,等等。现在它的负面影响就出来了。这种次贷本身就有很多问题,而它显现出来的契机是美国政府的加息和房市泡沫的破裂。2004—2006年加息后,美国住宅价格开始走低,去年12月美国城市的住宅价值和峰值相比滑落了28%,所以担保价值就下降了,很多用户很难进行再融资,也就是借新还旧。基本上按揭用户的五个人中有一个人有欠款,而且这个欠款逐渐扩展到一些信用比较好的一般性的贷款人当中。如果你还不了款,银行一般会把作为担保的住宅扣押。去年一年美国扣押的住宅数达到了233万套,美国一共有1.16亿户人家,也就是说每50户就有1户的住房被扣押了。扣押的套数越来越多,造成地区的住宅价格不断地滑落,有些地区居民一个接一个被迫搬走,造成了地区社会的瓦解。

　　次贷问题与过去的金融危机有一个非常大的不同点,就是金融机构的贷款可以通过证券化手段进行交易,结果推动一体化的全球金融市场,使金融风暴火速蔓延。银行和非银行的金融机构所发放的按揭贷款,占美国全国住宅贷款的14%,投资银行把这些贷款以数千件的规模打包收购,形成一个集合性的财产,接下来投资银行把这些财产通过再发行住宅抵押担保证券销售给投资人,最终使投资人提供住宅贷款的资金,承担最终的风险。在美国,住宅贷款的证券化是从20世纪70年代开始的,到2004年以后,这种次贷的证券化活动越来越活跃。

　　证券化的按揭是非常高风险的,在刚发放贷款之后短时间内发生了很多欠款的事情。2007年之后,一些次贷发放的机构不得不去回购这些贷款,所以不断破产,这个问题一下扩展到整个证券化市场。证券化按揭的手法是非常复杂的,比如说,发行的这些证券,可以按照向投资人发放的时机,按照还债的能力不同分成不同的档位,还可以把证券化的商品打包以后变成别的证券化商品来销售。这种手法在当时被认为是可以扩展金融潜力的一种创新性手法,但是对于历史很短的次贷证券化商品,一些评级公司是按照住宅价格不断走高的形势下的数据定级的。但是后来事与愿违,很多住宅价格降温,所以2007年夏天评级公司把很多次贷证券化的产品都降级了。之后在次贷证券化市场出现了买方不做的状况。比如,当初3A评级的产品60%都出现了滑落,下一个等级的产品当中90%的价值都出现了滑落。这相当于你住在一个五星级的酒店,结果睡在床上发现床到处响,想去洗澡也没有热水,第二天你去前台投诉,他说酒店已经变成三星级酒店了,第三天再去他说又变成一星级酒店了,但是这个产品和酒店不一样的是,金融市场一旦失去了信任,就会向其他市场传播,形成市场恐慌。实际上,证券市场的崩溃,在其他市场引起了投资人对资产重新评估的趋势,这就造成资金成本的提升。

美国的公司债和国债之间的利差(这个显示的是公司债的风险),从前年开始一直上升。也有人说,这次金融危机是信用泡沫的崩溃,所谓的信用泡沫,就是说和实体经济规模相比,金融交易的规模显著膨胀,处于一种不稳定的状态。这次的金融危机在以下的两个方面,促进了这种信用泡沫的发展,一个就是美国以住宅泡沫为源头的资金流的增加。美国的家庭因为住宅资产价格不断上升,不断地消费,超过自己实际的能力,这就诱发了全球性的生产和收入的扩大,这样所产生的储蓄再以各种各样的形式回流到美国的金融市场。这几年美国一直持有巨额的经常收支赤字,中国、日本和中东各国是大幅度的经常收支盈余,即中国和日本等通过向美国出口工业产品来挣美元,之后再把这些钱投入到美国的金融市场。但是2006年美国的住宅泡沫崩溃之后,再加上2007年以后的金融危机,这种循环就停顿了,而且在某一部分领域开始了反向的流向。促使信用泡沫的第二个原因,就是对杠杆的利用,所谓的杠杆,就是利用负债可以来运作超过自我资金好几倍的资产。在这里,下面两点非常重要,第一就是美国和欧洲的投资银行,他们非常积极地利用这个负债,过去投资银行的主要业务是中介兼并业务,股票和公司债的发行佣金等都是一些传统的投资银行业务。但是最近几年,这些业务领域竞争越来越激烈,所以他们用证券担保获得短期资金,或者通过高回报在利差市场获益。典型的例子就是雷曼兄弟①公司,在其2007年的收益当中,资本市场业务占到了64%,而投行的业务只占到20%,资产规模在2003—2007年的5年当中,扩张了2.2倍,资产杠杆比例在2007年的时候达到30倍,即1元的资本可以筹措到29元的负债,整个运用的资产是30元。进入2008年以后,雷曼公司开始降低杠杆率,但是借新还旧的运作方式很难进行,不得不宣布破产。

像这种利用高杠杆率来运作资产的银行,在其他的投行也都出现了。美国投资银行ROE的值是21%,超过了商业银行的15%。为什么会这样呢,我们分析一下,ROE由两个部分组成,一个是ROA,也就是资产回报率,还有一个是杠杆率,杠杆率是资产除以资本,ROE是利润除以资本,这个中间是ROA,商业银行的ROA超过投行的0.8%,但是杠杆率,投资银行是26倍,远远超过商业银行的12倍,即投行与自己的资本相比较可以运作更多的资产,当然获得了很高的资本股本回报率,也会伴随着很高的风险。

第二个杠杆率,即由对冲基金②来进行投资,对冲基金除用本金之外再进行追加投资,从投行那里借了巨额的资金来膨胀自己的资产,而且在次贷证券化商品当中,他们成为高风险产品的最大买家。与直接投资贷款相比,对冲基金可以获得100倍的回报,但是一旦它出现价值贬值的话,损失的风险也很大。而且对冲基金作为贷款的担保,证券的价值一旦下滑,投资银行就会要求他追加担保,如果做不到的话,他就必须销售资产,次贷危机就会越来越严重。这样的话,这个过程当中大家开始进行去杠杆化,于是引起证券化商品的进一步下滑,产生了下行的螺旋现象。还有一种被称为CDS③的金融衍生品的交易,叫信贷违约调期,有点像保险,不仅仅是控制风险,而且还作为交易和投资的手段使用。2004年的CDS的交易余额是6.4万亿美元,2007年年末已经到57.9万亿美元,三年之间

---

① 编者注:雷曼兄弟公司曾是全球最具实力的股票和债券承销及交易商之一,具有150年历史,2008年9月15日,由于受次贷危机影响,公司宣布破产。
② 编者注:对冲基金(hedge fund),也称避险基金或套利基金,是指由金融期货(financial futures)和金融期权(financial option)等金融衍生工具(financial derivatives)与金融组织结合后以高风险投机为手段以以盈利为目的的金融基金。它是投资基金的一种形式,属于免责市场(exempt market)产品。
③ 编者注:信用违约掉期(credit default swap, CDS)通俗讲即贷款或信用违约保险,是一种转移交易方定息产品信贷风险的掉期安排。

第九篇　全球金融趋势变化

涨了9倍。对于CDS的交易流程,举个例子,金融机构A把拥有的融资对象B公司的风险进行转嫁,投行C进行CDS交易,投资银行C原来只是一个中介,但是它和保险公司D进行CDS交易之后,再把这个风险转移了,通过这一系列的交易,A所拥有的B的违约风险,推动C转嫁给D了。通过这一系列的风险转移,A和C并不是就没有任何风险了,一旦保险公司D破产的话,通过CDS交易,C或者A公司都会产生损失,有时候严重的话会形成连锁性的破产。去年9月份美国政府向美国大型保险公司美国国际集团注入了巨额资金,这是因为这个公司通过CDS交易,对证券化产品提供了巨额的保证,一旦这个公司破产的话,美国就担心会给整个金融系统带来巨大的混乱。CDS交易可以说是非常方便、很通用的一种高风险对冲手段,但是随着金融危机的深化,连锁性风险和交易的情况越来越扑朔迷离,去年英国已经创建了CDS的清算机构,通过这样的机构设立,可以缩减因交易对象的破产带来的连锁性的风险,而且可以把握交易量,提高CDS市场的透明度。

综上所述,现在的金融危机,肇始是巨额的次贷,但是下面两个原因越来越关键,一个是复杂的证券化和金融衍生品的扩大,还有一个就是全球的投资资金和杠杆的利用造成了信用泡沫的发生。金融稳定化论坛去年4月份公布了一个报告,这个报告当中作为政策建言提出了要对金融机构的自有资本流动性风险管理加强监管,而且要重新改革评级公司对银行等级的评定。这个方向是非常正确的,迄今为止银行的管制并没有跟上金融技术的革新和全球金融市场的变化,世界的金融市场现在已形成了一体化,所以这些监管需要形成一个全球共同的机制。

这次的金融危机有人讲是华尔街的贪婪造成的,去年4月份,我和一些欧洲人见面,大家都提到金融危机的问题,我当时说金融业本身应该是经济的润滑油,不应该是主角,正因为我们变成了主角才引起这个问题。对我的发言,一个美国的经营者说只要有音乐这个舞就不能不跳下去,他很自嘲地来回应我的问题,所以给我留下了很深刻的印象。

去年4月份有一个欧洲的投资银行,为了说明金融危机所造成的巨额损失产生的经过,向股东提出了报告书。看到这个报告书之后,我认为这个企业的经营管理方面有很大的问题,比如说金融市场面临巨大的压力的时候,这个公司内部没有一个能够统一来把握情况的体制。而且对于风险管理,当时经营层面也不是很关注,没有能阻止当时业绩非常好的投行部门的失控。企业应该把人的欲望向好的方向来引导,而且应该抑制它的害处,必须有这样的一个机制。还有人讲美国的市场万能主义是有问题的,近代经济学之父亚当·斯密,在写《国父论》这本著作7年前曾经出版过一本书叫《道德情操论》,在这本书当中他发表了这样的观点,走向财产之路和走向道德之路,有时候是会产生矛盾的,那么我们如果优先走向道德之路,能够按照公平的规则去行事的话,社会的秩序就会维持,社会也就会繁荣,但是实际上,有很多人优先走向了财产之路,这样的话,整个社会的秩序就会出现混乱,社会的繁荣也就无法实现。他的这段话好像是对这次金融危机的一个预言,他把握住了人所拥有的本质,市场经济的力量是巨大的,但是为了能够把我们引向幸福之路需要一定的前提,对此我们不能忘却,我觉得这是亚当·斯密在《道德情操论》当中所提出的中心意义。

下面做一个总结,也就是全球的金融危机给金融行业的影响,我想主要是四个。第一,我们要重视金融交易的透明度,通过复杂的金融交易来提高附加价值的方法,会让我们很难判断风险的弊病,为了反省这个,我们应该去回避一些复杂的金融产品和金融架构,提高它的透明度。第二,要纠正高杠杆率,特别是投资银行的业务,应该回归到一些资本运营、企业的再生、债券和股票的交易等传统业务,我想对冲基金行业会不断淘汰。第三,我们应该回归到常识,就是回归到基础管理,我们要加强对自我资本进行的合理的风险管理,这些基本原则应该得到重视。这三个趋势的变化,可能在目前会降低金融行业的收益率,但是它是一个非常健全的趋势,可以说是我们克服现在危机的最好的办法,也是一个机会。第四,就是金融机构的重组,美国以金融危机为契机,在去年一年对金融机构进行了大规模的整合。比如说,美国有五大投行,雷曼公司破产了,贝尔斯登被摩根士丹利收购了,美林也被收购了,剩下的高盛和摩根士丹利在法律上的定位也被改变,他们成了银行控股公司,也就是变成了商业银行,所以真正意义上的大型投行全都消失了,现在剩下的是银行和证券进行整合的一种金融集团企业。商业银行和投资银行在文化上有很大的不同,今后我们要在银行这个监管的框架之下让投资银行发挥它的协同效应,提高自己的表现,我觉得这是一个挑战。今后除了金融机构的整合之外,有一些会出售一些部门,而且金融整合的趋势会扩展到欧洲、亚洲,所以今后几年,全球性的金融版图会有很大的变化。金融机构未必就是越大越好,而且合并也并不一定就会使金融机构越来越强,从这一点来说我们可以看一看花旗银行集团,他们可以说是通过合并诞生的巨大金融机构,现在正处于一个危机当中。

三、金融危机给世界经济带来的影响

目前能够左右世界经济发展的是美国和欧洲经济不景气的深度和长度,还有一个就是被期待为世界经济靠山的中国经济的发展动向。在此,我将以这次金融危机的发源地美国经济为主做一下介绍。从2002—2007年,世界经济处于一个长期扩张的局面,美国和欧洲一些先进国家经济持续增长,此外以中国为首的金砖四国①也实现了大幅度增长,但是进行了长期扩张的世界经济,受到金融危机的影响也越来越重。今年1月份,世界货币基金组织预测今年世界经济的增长率只会停留在0.5%的水平,去年是3.4%,之前的2007年是5.2%,可以说世界经济是从踩油门的状态突然紧急刹车。其中特别是先进国家今年的经济增长率,被预测为是负增长,为-2%。金融危机产生最深刻影响的国家,除了美国和欧洲各国之外,就是高度依靠出口的日本,预测日本经济今年也会陷入负增长。今年新兴国家的增长率预测是3.3%,比先进国家虽然好一些,但与去年的6.3%相比还是降了一半,最近的经济预测还在不断地向下进行纠正,越来越严重。我想指出两点内容,一个就是这次的危机震源地的美国经济,必须要进行四个不均衡的调整。

第一个不均衡是住宅价格。美国的住宅价格在2006年达到峰值,比收入高出40%左右,住宅价格在去年12月底累计滑落了28%,收入水平和住宅价格水平能够达到一个平衡的话,还需要再向下调整15%。

第二个不均衡是金融机构资产的膨胀。证券公司的资产压缩现在正在进行,而银行的资产压缩是从现在才开始的,过去进行信用收缩的时

---

① 编者注:"金砖四国"来源于英文BRICs一词,是指巴西(Brazil)、俄罗斯(Russia)、印度(India)和中国(China)四国,因这四个国家的英文名称首字母组合而成的"BRICs"一词,其发音与英文中的"砖块"(bricks)一词非常相似,故被称为"金砖四国"。

候,美国的银行贷款恢复到以前的水平一般要花三年,我想这次也基本上不会少于三年。

第三个不均衡是家庭部门的过剩债务。美国家庭2001年以后因为金融放宽和住宅价格的上升,积极地利用贷款来购买住宅、购买汽车,结果家庭债务和收入之间的比超过了正常水平的30%—40%,从去年后半期开始对家庭的过剩债务进行调整,但是整个恢复到正常水平还要三到五年的时间。

第四个不均衡是巨额的经常收支赤字。这个问题与家庭部门的过剩消费也是密切相关的,美国经常收支赤字与GDP的比例,2007年超过5%,相比1990年的平均值1.6%,是一个非常高的水平。财政赤字的比例,对比2009财年超过12%,这样的经常收支赤字和财政赤字,与实际的零利率政策加在一起成为美元贬值的巨大压力。

接下来我们看一下新兴国家的经济情况。去年7月份原油价格达到了顶点,9月份又出现了雷曼冲击,这次之后除了中国以外,所有主要国家的货币对美元都是大幅度的贬值。这些新兴国家币值的急剧下降,让我们想起像泰国、印尼、韩国曾发生的1997年的亚洲金融危机。当时的金融危机是由于对于国外的短期资金,也就是所谓的热钱过渡依赖所致,但目前新兴国家的外汇储备余额比当时还要高一些,所以我觉得应该不会出现流动性的问题。但新兴国家的经济规模、基础条件、增长动力都是不一样的,所以随着时间的变化,情况也会发生变化,如果国际的资金流出现急剧变化的话,就有可能给一些新兴国家带来重大的影响,我们需要注意。实际上受金融危机影响比较大的,包括像冰岛、匈牙利,实际上已经提出金融支持要求了,冰岛的银行规模超过经济规模的10倍以上,也就是说银行的危机带来了经济的危机。现在一个国家的危机很容易引发其他国家的危机,我们需要通过国际的合作来防患于未然,这是十分重要的。

目前世界经济正在面临严峻的调整,而且即便是在见底之后也很难马上回升,我想这个时候各个国家需要推出景气的对策,为了金融系统的稳定采取一些措施。我们先看一下金融政策方面,美国从2008年8月以后已经10次下调了利率,从去年12月开始已经陷入到几乎零利率的情况;欧盟地区的金融管制放松是比较慢的,但是在2008年9月份以后也是连续下调政策利率;日本下调利率的空间是比较小的,日本短期的利率从

1990年达到8%以后一直在下降,这10来年基本上一直处于零利率附近的水平。当然仅仅下调利率是不够的,现在的金融市场的问题不是利率的问题,而是市场上没有人愿意出钱,大家筹不到钱,这是问题的所在。尤其是去年9月份,雷曼兄弟破产给金融市场带来了更大的混乱,因此各个国家都采取了一些异乎寻常的政策。各个国家采取的政策当然有所不同,但是主要是以下这些做法。第一是向金融市场扩大金融的供应,中央银行以公司债或者是证券化的资产作为担保提供资金,或者是购买民间银行发行的证券,这种做法实际上就是中央银行承担风险,从中可以看出问题的严重性。第二是向金融机构筹资提供支持,比方说通过政府保证的方式,来保障金融机构从市场上获得融资,或者是通过提高存款保险的规模来利用存款保险制度加以保证。第三就是投入公共资金,具体来说政府去买金融机构的股,或者把金融机构的问题债券剥离出来,由政府来保证这些坏账。通过这样一些做法,银行间市场的美元利率最高的时候高达350个基点,但是现在已经下降到100个基点的水平。当然,这样一个水平也还是比较高的,所以金融危机真正结束还是要花很长的时间。

另外我们从未来的角度来看,也还存在着很多不确定的因素。今年1月份,国际货币基金组织公布了一个数字,是他们的推测值,说美国市场最终造成的损失要达到22 000亿美元,另外欧洲市场去年10月份(英国中央银行有一个预测)最终的损失额达到1.2万亿美元,这两个加起来要达到34 000亿美元,如果其中80%都是金融机构的损失,那就要达到27 000亿美元之多。在此之前欧美金融机构处理的损失大概是1万亿美元左右,所以还需要进一步处理17 000亿美元的损失,当然这是一个大致的测算,可能还有没有暴露出来的损失。另外由于情况的恶化,很可能出现更多的呆账、坏账,欧美的金融机构已经从市场上筹措了足够的资金,对现在的损失可以加以应付了,而且从表面上来看,自己的资本充足率[①]比较高。另外每个季度他们也会获得相应的利润,所以如果追加损失出现的话,也会进行很好的应对,但是即便如此我们从数字上可以看出来还是存在一些不稳定的因素的。

---

① 编者注:资本充足率,capital adequacy ratio(CAR),也被称为资本风险(加权)资产率,capital to risk (weighted) assets ratio(CRAR),是指资本总额与加权风险资产总额的比例。

四、日本银行业的发展方向

首先要看一下日本银行的现状。日本银行的贷款余额,十几年以前就已经不再上升了,在此之后出现持平或者是下降的趋势,原因就在于过去我们最大的借款人——企业——对银行借款的需求有所下降或者是停滞。过去经济增长率很高的时候,企业都是竞相扩大设备,所以需要从银行借钱。但是十几年以前,日本经济的快速增长结束了,所以企业对于投资变得很慎重,另外一些优秀的企业,可以通过自有资金或者是发行公司债的方式来筹集资金。同时,我们面向个人的房贷是有所增加的,当然这个并不是所谓的次贷。去年金融危机的影响也冲击了日本的市场,包括企业债或者票据,这种方式现在企业已经不用了,它们更多的是从银行贷款来满足自己的资金需求。在1998年,日本有过金融危机,当时银行由于资本充足率不够,没法满足企业贷款的需求,很多企业都通过发行企业债的方式从市场融资,当时所发行的为期十年的企业债,去年已经到了要还债的时间了。而这次又由于雷曼的冲击,从市场上通过发行企业债的方式来融资比较困难,所以它们就必须再找银行来借钱。所以,构建一个稳定的金融系统,有一个比较多层次的金融体系是十分重要的。日本银行面临的问题是它的贷款和存款之间的利差太小了,美国达到了4.2%,欧洲3%,而日本银行的利差只有1.7%,作为日本银行的核心业务,存贷款的业务重要性不会有变化,但是仅仅靠存贷款是不够的,因此我们以核心业务为基础,满足客户多样的需求,而且要提供更高附加价值的服务。我们看一下国外,刚才已经提到了,2002—2007年,世界经济一直是呈高速增长的势头,新兴经济体占全球GDP的份额五年前只有21%,但是根据RAMF的预测,2008年达到31%,到2013年有可能进一步增长到38%。虽然目前新兴国家可能要面临金融危机的影响,但是它有很大的基础设施需求,同时消费需求也是非常强劲的。新兴经济体的发展会诞生出对于资源、能源或者是社会资本、固定资产投资的庞大需求。为了对这些大型投资项目进行融资,现在采取一种叫项目融资的方式,2004—2007年项目融资已经增长了90%。在新兴经济体里面,我们对于包括中国在内的亚洲国家非常关注,如果把东盟"10+3"①看做一个地区的话,2005年之前的7年里面,它们以1亿的贸易额达到了过去的1.9倍,与美国的贸易额增长了1.5倍,而且区域间的贸易也是大幅度增长。

谈一下中国和日本的贸易关系,作为出口地,日本仅次于美国居第二,而作为进口来源国,日本是最大的,这个跟十年前没有变化。另外从日本来观察中国,作为出口地是仅次于美国居于第二位,如果作为进口来源地是第一位,可以说这两方面无论从哪方面来看,与十年前都是有所上升,也就是说中国和日本已经成为最大的贸易对象国,处于非常密不可分的伙伴关系,而且我们可以看到,中国和日本最大的出口地都是美国,日本和中国都是互为第二位。不远的将来日本最大的出口国就会改成中国,而且这种差距已经缩小了,现在中国经济的增长率是大幅领先于美国。

我接下来要谈一下我们自己银行的情况,我介绍一下最近我们开展了哪些业务。首先是海外的业务,我们这家银行将向那些有望高增长的地区和市场提供我们具有优势的产品,并将此作为一个重点。第一个就是加强在亚洲地区的银行业务,实际上我们把亚洲作为我们的大本营,包括在扩充分行,或者是在当地的运营体制方面都花了很多的工夫,我们希望与那些熟悉当地的市场环境和在当地具有一些有利条件的银行开展合作。比方说,2007年我们和云南的进出口银行、台湾地区的第一商业银行进行了合作,2008年和韩国、中国香港的银行也建立了合作关系,今后我们会进一步推进与亚洲有实力的银行的合作关系,并且要开展多方面的战略,为本地的发展作出贡献。

在海外业务方面还有一个重点领域,也就是具有非常专业性的特定的融资业务。我们银行在2008年的全球排行榜上,无论是银团贷款还是项目贷款、船舶贷款都被列入全球前十位,而且2007年我们的项目和交易融资都获得了当年的交易奖,可以说我们今后为了进一步提高在这些方面的潜力会进一步加强这方面的业务。另外,包括上述领域在内,由于最近世界的金融危机和经济情况的恶化,我们必须进行更有效的风险管理,作为我们来说,会不断加强风险管理体制,并且开展运营。我们和英国的巴克莱银行要进行合作,我们向巴克莱出资,和它进行业务方面的合作,希

---

① 编者注:东盟10+3,指东盟10国加上中、日、韩三国。

望与这个公司建立非常牢固的合作关系,通过协同效应获得长期的收益机会。巴克莱在海外市场,包括南非、印度、俄罗斯这些新兴市场都有很大的渠道和网络。另外在商品和财富管理方面也是一家具有全球竞争力的银行,我们现在在这些领域跟它进行合作,并进行相应的磋商。

接下来给大家介绍一下在日本国内市场我们要采取哪些工作,一个是面向个人的零售,一个是面向法人的营售。

首先是零售业务,我们银行在推进一个金融咨询业务,我们通过向客户提供生活设计和资产管理方面的咨询来提供符合客户需求的金融商品。实际上我们和企业相互之间的资本没有关系,而是采取一种要销售很好的产品这样一种开放的结构式考虑,现在在销售52个基金、42个年金保险产品,而且和证券公司有合作。过去一个银行的分行既负责营售也负责零售,现在我们把它分开了,也就说银行可以销售基金,而且我们要让零售的业务独立出来,并进一步得到加强。日本的银行从1998年开始修改法律,允许销售投资产品,在此之后,分阶段开放了个人年金和保险产品的银行窗口的销售。2005—2007年间,购买投资基金的大幅度增加,当时全球的股市上升,另外汇率方面的日元贬值,使那些投向国外的国债或者是房地产的投资基金获得了很多人的青睐,其中一半是通过银行的窗口来销售的,但是在此之后,由于金融危机带来了全球股价下跌和日元升值,所以投资基金的资金投入是减少了。不过另一方面,大家又有一个切实的需求,为了自己的养老需要有保险产品,所以在所有的分行现在都可以销售保险产品了。

零售业务方面,包括信用卡在内的结算融资业务也是十分重要的。日本的消费支出里面,信用卡结算占的比例每年都是增长的,2006年达到15%,但是与美国相比的话,在这方面仍然有增长的潜力。此外,这几年一些小额的支付,包括网上销售、医疗、交通都是使用信用卡来进行的。因此我们三井住友金融集团有一家信用卡公司叫三井住友信用卡,我们也向其他的信用卡公司出资,使信用卡的业务得到进一步的加强。今年4月份,三个信用卡公司将会实现合并,如果这个新公司和我们三井住友信用卡加起来的话,会员数在日本全国能达到第二位。除此以外我们还与那些与人民生活有着密切关系的企业开展积极的合作。比方说日本最大的运营商和我们就有合作,我们是提供一种在手机里面带了IC芯片的新型信用卡，提供这种结算服务。2005年我们三井住友银行通过我们的信用卡公司，与中国的银联卡开展了业务合作，我们知道中国的银联卡在中国已经发行了16亿张以上，通过这种合作，这几年实际上去日本旅行的中国人不断增加，只要是我们三井住友信用卡的加盟店，中国银联卡都是可以用的。我们也是着眼于这种超越国境的资金和人员流动来提供相应的服务，而且今后也会进一步扩大。

还有一个是零售业务，也就是面向中型或者中小企业的融资服务，我们称之为解决方案服务。具体来说，我们针对法人客户，为了解决他们的经营课题会提出相应的建议，并且请他们利用我们的金融产品来解决自己的问题。这几年他们的需求是比较多的，一个是到海外投资，另外一个是业务的继承。在向海外投资方面，日本企业今后会进一步向包括中国在内的亚洲国家进行投资，与当地的这些业务基地进行合作，我们也会提供相应的支持。

还有一个是业务的继承，日本现在很多的经营管理人员已经是高龄了，但是他们业务继承的方案还没有最后确定，很多的后继人选没有确定，这种情况很多，因此我们会向他们提供建议，并且提供相应的支持，尤其是介绍继承业务的人，或者在他们决定出售自己的业务时向他们提供咨询。除此以外，像并购、融资还有职员的福利方面也是存在需求的，而且这种需求会不断地多样化，且会进一步发展。对于这些客户的需求，我们会由负责客户部门的营业部进行对应，但是仅仅靠它们是不够的，我们还成立了专业的组织来顺利地给予应对。

除此以外，银行的融资方法在这十年里面也有了很大的变化，其中具有代表性的一个是银团贷款①，一个是不可追索的贷款。所谓银团贷款是由一个牵头银行来把这个项目谈下来，而且用同一条件在很多的金融机构里面进行合作贷款。银行和企业双方有很大的好处，不需要分别进行相应的谈判，此外参加的金融机构的数量如果增加的话，就可以满足大型的资金需求，这几年银团贷款有很大的增长。另外一个是不带追索权的贷款，尤其是通过特定资产产生的利润来归还本息和利息的贷款，特别是

---

① 编者注：银团贷款又称为辛迪加贷款（Syndicated Loan），是由获准经营贷款业务的一家或数家银行牵头，多家银行与非银行金融机构参加而组成的银行集团（Banking Group）采用同一贷款协议，按商定的期限和条件向同一借款人提供融资的贷款方式。

在房地产基金方面,作为融资的手段有很多的使用。在房地产基金方面,他们会从筹资人那儿筹资金,然后以获得的利润向投资人分配。去年开始我们精选了一些项目进行支持。

另外我想给大家介绍一下我们在环保领域所开展的工作,我们的环保商务是作为 CSR 工作的一个重点来加以推进的,我想介绍三个例子。

第一个是和排放权相关的业务,我们向企业客户介绍一些排放权,让他们来获得,同时我们也提供那些附带排放权的金融产品给企业客户。另外一个是对于企业与环保相关的业务给予支持,我们对于获得环保认证的中小企业会给予利率方面的优惠,同时我们还举行了一个有关环保业务的创意大赛,叫做生态日本杯,是和政府共同举办的一个大赛。因为我们是银行,因此不像制造业那样有环保方面的技术,但是通过我们的客户网络,能够为解决社会面临的环保问题提供支持,这是我们的使命所在。

最后给大家介绍一下日本金融机构的合并动向。从 20 世纪 90 年代末到 21 世纪初,日本大型银行的重组有了快速的推进,过去有 19 家日本大型银行,2 家破产了,让外资基金给买了,剩下的 17 家银行重新组合成了 6 个金融集团。另外地方银行有 100 多家,它的重组有点迟缓,但是最近终于出现了一些跨越行政区域重组的情况。由于企业的活动范围越来越广,而且很多的企业现在到海外去投资,所以地方银行的合作和合并今后仍然会持续,我们银行也是这样。实际上全球银行的历史,也是一个合并的历史。规模扩大最大的好处就是同一个地区的一些重复成本可以加以削减,从而提高经费的效率。实际上日本银行一般在车站附近,这些好的地方是银行选址的重点,过去在一个车站的旁边有很多银行的分行,但是现在呢,这个数量已经减到了过去的一半以下。从统计学角度说,总资产增长 10 倍,经费率可以改善 10 个百分点,可以说有很大的改变。

以上我给大家介绍了金融危机的结构和带来的影响,以及日本银行今后的发展方向。目前业务环境是急剧变化的,但是我认为,正是在这样的时候,才应该回到我们经营管理的基础,也就是经营理念的角度进行反省。我们银行的理念有三个,第一个是向客户提供有价值的服务,与客户取得共同的发展,对于职员,正是在这样一个严峻的时刻,要与客户进一步加强沟通,为解决客户的课题作出贡献,我们希望成为这样的银行。第二个是力图实现股东价值持续的增长,现在是非常困难的时期,但是我们一方面要妥善应对目前的风险,另一方面也需要打好基础为将来的发展做好准备。第三个是要建立能够让公司职员充分发挥自己能力的环境,也就是说让他们在这儿能够干得好,而且干得值。这几年我们一直在加强面向职员的研修培训工作,今后我们仍然将不断提高客户的价值,并提供高水平的服务,最终成为一个能够获得客户信任、全球通用的金融集团。

五、师生互动

提问:刚才北山祯介先生说在金融危机当中,中国和日本的情况要好一些,您认为是东方文化理念导致的吗?如果与东方的文化理念或者是我们的生活理念有关系的话,是什么样的关系呢?

北山祯介:刚才你提到了文化的问题,文化对实体经济的影响会小一些,但在欧美开展商务和在我们亚洲开展商务的方法、企业的经营方式、想法等方面,有很大的不同,公司的体制、评估的体制也不一样。这些确实会有影响,但是更大的影响是欧美有一个信用泡沫,特别是不动产的泡沫产生,造成资产不断膨胀,在美国所产生的泡沫又传到欧洲。日本和中国是不太一样的。在1997年发生以泰国为首的亚洲危机的时候,有很多国际货币基金组织注资的国家,日本当时一直是通缩,有推动外需这样一个过程,与欧美整个经济的增长路径是不一样的,我觉得这方面的影响是更大的。

提问:日本银行和企业有很好的合作关系,如果企业出了问题,也会拖累银行,这次金融危机使实体经济也遭受了一定的影响,我相信日本企业肯定也会受到影响,这种情况下,您觉得应如何去防范和化解这种可能存在的潜在的风险?

北山祯介:你说得非常对,从大的角度来说,日本银行和企业的关系,与美国银行和企业的关系相比的话,它的亲密关系确实是更重一些。日本企业过去有一种主办银行制度,虽然现在和过去有所不同了,但这种现象仍然存在。由于经济情况的大幅度变化导致的企业业绩下降是结构性的、暂时的,我们如何做才能解决这个问题,对于这些经营不善的企业,我们银行也是给予很大帮助,积极去参与,而且这是银行的业务,或者是我们的理念基础所在。因此十年之前,我们面临非常严重的通缩,当时政府成立了产业再生机构部门,集中把企业的坏账给接过来加以拯救。但在正常情况之下,我们会与客户进行对话,来找出各种各样的预案。

对于大企业和中型企业我们是这么做的,但是问题是中小企业、规模更小的企业,我们又该如何处理呢?实际上基本的做法没有什么变化。现在为了让中小银行顺利地获得融资,日本政府会支持银行。我们是用客户的存款作为资金来进行贷款的,对于那些我们知道会倒闭的企业,我们不会贷款给他们。但是现在的情况急剧变化,比方说一些周转困难的企业,我们会尽量、尽早地给他们提供咨询,而且即便不能直接给他们贷款,特别是中小企业,我们也会通过政府的信用担保,或者是政府的金融机构,或者是作为这种保险网的金融机构来给他们做介绍,让他们出面来支持,通过某种手段使他们的流动性得到解决。当然还要研究到底能不能获得担保。通过这种做法,来找到解决问题的办法。

提问:我想知道三井银行是因为做得很少所以受到的影响小,还是有一些独特的风险管理的系统或者理念,如果是后者的话,能不能简单加以介绍一下?另外CDS作为三井银行将风险转嫁给卖方的一个避险机制,三井银行在未来对这样的产品是希望加强发展,还是说因为金融危机的关系,会打算收缩?

北山祯介:我们在贷款组合当中,通过各种各样的手段来防范风险,我们并没有把CDS产品作为一个交易的主流,而只是把它作为我们组合当中一个风险防范的手段,而且它有一个交易风险,虽然有一定的损失额,但不是让大家吃惊的一个金额。两年前,我们的CDS产品组合大约有4 500亿日元的规模,到了去年的4、5月份,当美国次贷问题出现的时候,我们卖出3 500亿日元。最后剩到1 000亿日元规模的产品,当中950个亿是当年作为损失来计提了,并不是我们完全没有操作,只是4 500亿当中,我们卖出去了3 500亿,我们很幸运,如果我们没有卖出去,则损失90%。这要求我们对风险很敏感,我们不可能百分之百让风险不发生,只是我们对风险管理要非常严格。在风险控制方面有各种各样的手段,比如说银团贷款也是分散风险的方法,但是一些复杂的金融产品今后不会再有了,最简单的就是证券化的产品,还有在二级市场按揭的一些交易,如果这个市场恢复正常的话还会有的，但是这个风险就要比以前更加严格去控制，必须进行这样的运作。

提问：金融危机爆发后，日本很多大型的企业都有巨额亏损，但是令我吃惊的是丰田，分析它亏损的原因，有一个说法是因为它的产品大量地卖到渠道里面，并没有到消费者手里，或者认为是现金流出现了问题，对此我本人是比较同意的。想问北山祯介先生您怎么看，丰田的新社长上任后会采取什么措施，或者会发生什么变化？

北山祯介：我不是丰田的人，他们的经营方针我不好说，因为丰田公司是我们客户，所以也可以谈一下。客观来说，包括家电、电器现在确实很困难，像家电，包括半导体在内，降价非常快，设备出现了过剩，库存需要下降70%、80%，所以现在的开工率只有78%。汽车也是这样的，3月底就要迎来财年的结束，为了3月底把库存降下来，对生产进行调整，又因为汽车涉及的产业非常广，很多企业受到了牵连，所以很多企业在减产。目前像混合动力、纯电动汽车，都是比较节能的，是有益于环保的。其实美国在这方面的研发也投入了很大的精力，因此日本的汽车行业在此之前的一些做法是通过技术研发来增加自己的竞争力。但是在这几年里，生产能力有很大提高，在全球市场，它会在多大程度上得到恢复，现在大家都很悲观，都不向汽车提供贷款了，这是很大的问题。比如，美国每个月都是以同比30%、40%的幅度大幅下滑，相当于日本过去全年的销售额。过去日本卖得最好的时候能达到五六百万辆，现在国内需求只有300万辆左右，今年一年包括中东的销售数量也在下降，因此全球的新车销量，过去是5 000万辆，今年可能减少2 000万辆。但是在这个中间，中国的增长会有所下降，或者是持平的状况，巴西也差不多，因此从全球角度来看，要走向低端车，或者是高端的混合动力，或者是电动车，我们现在看不透。但是汽车企业里面会出现一些重组，优胜劣汰。经常说美国现在有2.5亿辆车在跑，即便只能卖1 000万辆，一辆车就要跑25年，所以肯定会有一个解决的办法，但是卖得出去的车是什么样的性能，如何使之拥有更高的性价比，值得考虑，我觉得过去定价是比较贵的，所以这方面可能会有调整。

提问：不知道您有没有意向向中国的经营者或者个人提供融资，就是说中国的市场如果开放的话，您会不会领先于其他的企业来中国进行这种尝试呢？

北山祯介：你所说的属于零售业务，也就是面向个人客户，向个人企业主提供融资或者是投资。我们的上海分行、北京分行，主要是面向大企业或者是中型企业做一些趸售的法人业务，以此为主。在中国开展零售业务，是一个中长期的课题，去年我们与东亚银行开展合作，东亚银行在中国有十几个分行，我们通过东亚银行向中国内地提供一些零售业务，借机向他们取经。实际上我们不准备在香港开展全业务的服务，但是在中国内地，我们愿意与东亚银行进行零售业务合作，因此向他们出资了。对于零售业务，目前还没准备好，但是通过这种出资合作把东亚银行所拥有的和我们在日本积累的结合在一起，希望将来能够开展这方面的业务。

提问：北山祯介先生您好，我来自中国长城资产管理公司，尽管美国银行出现了很多问题，发行的股价已经低至一美元，但是在与摩根、德意志银行这样的欧美顶级大银行在国际市场进行拼杀的时候，三井的优势在哪儿？因为我们当初成立是想处理不良贷款，在这方面三井有什么好的办法？

北山祯介：说到优势，我们企业的特点就是决策快，这一点已经为日本企业或个人所认可，对此我们也充满自信。因此在我们开展业务方面，我们是有信心的，日本在20世纪90年代泡沫破灭之后，又于2002年迎来了经济的低谷，实际上在此之前，日本海外的业务减少了一半，而且人员也裁了一半，并且一直处在重组裁员中。政府向我们注资达到13 000亿日元，我们不断地精简经费，两年半前就还清了，加上4 000亿日元的利息，我们一共向政府还了17 000亿日元，我们通过自己的努力，有很好的资本充足率，现在有4 000亿日元。我们的核心资本充足率是非常高的，因此我们目前承担的风险并不是很大，我们会在不断吸收风险的前提下持续扩大我们的业务，而且要进一步充实我们的资本实力。

坏账方面大家都是很清楚的，公司所存在的问题是结构性的，只要它的主业务能存续下去，就会迎来新生。关于这些，我们必须要有很好的判断能力，在经济衰退的时候，肯定会出现一些结构性的问题，有一些不需要勉强维持的业务，我们需要对此有很好的判断，我想就这些问题能够开出很好的处方的话，这些企业应该有很好的发展，我们也遇到了很多这样的实例。

（时间：2009年3月6日）

第十篇
危机下的困境和金融业的前景

演讲嘉宾：

迈克尔·科尔：德意志银行投资银行总裁

一、金融危机是如何产生的

当前的金融危机是非常严峻的，但在中国及很多亚洲国家却很平静。有这样一个真实的故事，在2000年前中国的齐国，一个人早上起来去村里的"市场"，到卖金子的店里抓了一把金子就跑，这个"市场"上有很多人，把他抓了交给"警察"，"警察"对他说，"你为什么犯这么愚蠢的错误，有这么多人你竟然敢去偷金子"，这个人说"当时我眼睛里只看到金子，没有看到人呀"。人们都看到了钱，但是没有看到他们的行为会带来的后果。市场在某种程度上是被贪婪所驱动的，通常人们不会全部让贪婪占据自己的心灵，因为人们还是有一些恐惧，常识也会让人保持一些理智，而且有的时候伦理道德也会敦促人们采取一些行动。实际上整个世界可能看到了这些财富，但是他们没有看到其他的事，所以他们现在处在一团糟当中。

一般情况下，在任何的金融危机发生之前，都会有一个平静期，这一次金融危机也不例外。股票市场不错，利率比较低，信用的利率是非常高的，商品的价格在上升，因为经济是繁荣的，而且波动性是比较小的，所以这个世界看起来是很安全的。特别是进入2007年的时候，我们在美国也有很多的监管规定，格林斯潘制定了很多政策，当市场波动的时候，利率就会下降，然后市场会自我纠正。我们知道格林斯潘在反思的时候也说了，也许货币政策太宽松了，他不应当让泡沫累积起来。我们可以看到整个经济的杠杆化快速上升，金融危机的根源就是杠杆化，全球都借了太多的钱，在全球我们都有过高的负债，德意志银行也采用了很多的杠杆化，跟其他银行一样，所以从某种程度上讲，我们每家银行都是有负罪感的。

另外一个特点就是，短期融资的爆炸性增长，这也是银行家玩弄的一个历史最久的游戏，就是短期借款，然后长期把它借出去，这是一个很好的对冲。在这个危机当中，不仅是短期借入、长期借出，银行还创造了一些结构性的投资工具，通过表外购入资产，融资的资产是5年的时间，货币市场的短期融资通常是3—6个月，银行家都是做这个游戏，然后把这些收益放到资产负债表上，这些都是很轻易得来的资金，资产就因此达到很高的程度。这一次危机是有关美国的房地产行业，以及有关杠杆化在美国的破灭。我们看到家庭住宅的价值已经降到了43%，所以人们用负债来购买房屋，也就是说实际上他们是没有那么多钱的。人们使用他们的住宅，就像是一个储蓄罐一样，这个资产值一点钱，随着房屋资产的上升，他们就把这个上升的房屋资产的收益做第二、第三次抵押贷款，所以美国人把他们的房屋当做一个ATM取款机，房屋价值上升了，银行继续给他们发放贷款，全球都因此而收益，因为这个钱也花出去了。美国人不存钱只花钱，所以我们看到全球的借债率在不断上升，美国的住宅价格也不断上升。住宅的收益、价值增加了，他们就更有意识地去花钱，更有胆量去花钱。

抵押贷款在美国是一个很大的市场，我们可以把它分成几类，一个是刺激贷款，一个是Alt-A[①]，从历史上来讲这是质量最低的贷款，大概有10%发放贷款额度。原来刺激贷款额度只占10%，后来增长到40%，风险

---

① 编者注："Alt-A"贷款介于优质抵押贷款和次级抵押贷款二者之间，这种贷款通常包括那些信用分数在620—680分之间的借款人的贷款。

就大大提高了。我们可以看到品质比较低的贷款增长很快,这说明抵押的质量在快速地下降。那么在做 Alt-A 的时候,有人不让它在账上出现,或者发放者会到房利美或者房地美销售产品,但是在这方面增加的时候,大家又想做一些事情,就是把一些资产移走,聪明的人就会把资产进行证券化,也就意味着他们把按揭分成块,即高风险、中风险以及低风险的板块,然后卖给投资者,因为有很多的按揭,从统计上来看是不错的,证券化本身不是什么坏事情,实际上银行现在面临的难题就是不能做到充分的证券化。但是证券化也被指责,因为它把事情弄得复杂了,很多人买了高风险的证券化的贷款,里面有这种隐藏的刺激按揭,可能存在违约的风险。他们买了一些资产,觉得是 AAA 的,不会有违约现象,但实际上他们买到的资产及很多证券化资产还会有违约现象,因为证券化把情况弄得更复杂了,很多的机构对买的产品是不理解的。整个按揭的利得增加得很快,这是由于公众政策的倾斜,美国希望有这个刺激信贷,让不太富裕的人可以借贷买房屋,整个制度表现得不错,房屋的价格上升,大家可以从股本里面取得一些价值,然后拿出来偿付,但必须要房地美和房利美买他们的产品,因为要进行证券化,当时的政策好像也没什么问题,私营部门开始竞争,开始做类似的事情,但问题是很多的银行在买的时候没有把这个钱移到表外,还是放在表上。我们做了一些测试,知道房屋价格非常重要的指数一段时间上升得很快是由于按揭的易得导致的。

我们看一下金融业发生了什么,我们看到借债率不光是银行在借,我们也看到对冲基金增长很快,但是也不是该受责备,因为很多人认为对冲基金如果管制不好的话,会导致竞争。

当时的管制还不错,他们增长很快,因此当出现危机的时候,任何有债的都赶紧卖,这样就把资产的价格迅速地拉起来,我们也看到这些公司,他们借债很高,因此从负债表我们看到这个私营部门,就说你可以用举债来买这个资产,然后还可以给你非常大的回报,可以降低借债率,还有结构性的产品,还有衍生产品,这都不是坏的主意。但是有一个问题,在这个 OTC 市场[①],大家都不知道交易的对方是谁,他们在场外进行交易,并没

[①] 编者注:OTC(场外交易市场,又称柜台交易市场或店头市场)和交易所市场完全不同,没有固定的场所,没有规定的成员资格,没有严格可控的规则制度,没有规定的交易产品和限制,主要是交易对手通过私下协商进行的一对一的交易。

有一个清算的机制,这方面需要做些调整。我们看到很多结构性的产品被发放,这也不是问题,但是其中有一个事实,大家买的时候并不知道在买什么东西,与此同时,房屋债务也涨到了历史最高水平,如果回到20世纪20年代,消费者是很难获得这方面的信贷的,同样,政府一直是赤字运行,因此需要增加我们整个制度的借债率。

在美国有长期发行政府债券的传统,说谁买这些债,他们对买方非常感谢。但是随着赤字越来越大,外国的债券拥有者因此要问,美国是不是值得信任的国家?这是非常好的问题,因为这个危机里面诸多的因素是需要考虑的,我们要考虑一下美国的赤字,这个赤字说明纳税率要增加。英国也有类似的问题,它们的税率也增加了,这是非常清楚的。虽然值得信任,但是这个国家必须增加税率才能支撑。

从另外一个角度,在这个危机里信用评级机构评级的情况如何。全球有12家AAA级的公司,但是结构性的产品有64 000样,而它们都是AAA级,表面看起来没什么问题,但是如果你有常识的话就会问一个问题,有没有可能有这么多的AAA级的结构性的产品?它们为什么增长得那么快?信用违约掉期也增长得非常快,成了一个非常大的市场,这种差别的缺点是透明度低,外汇比率没有列出来,也没有中央的清算资质,交易方并不清楚,这样也容易导致金融危机。总体来讲,由于诸多的原因,美国经济变成了非常高的借债率的经济。它的债务率在增加,房屋的价格也在增加。有人在购买其他的公司,甚至花费了六七百亿美元,但是用的是举债的方法,因此这种增加是非常快的,市场的变化非常快。但一些购买者并不见得是根本性的投资者,它只是用短期的举债进行购买,买家并不会真正长期持有这些资产。

IKB是德国工业银行,是全欧洲最先让我们看到在刺激信贷方面出现问题的公司。在德国政府资助的众多公司中,它们的证券化产品非常多,这都是由于刺激市场产生出来的。人们可能认为这家银行是非常保守的,认为它不会冒很大的风险,但是如果了解了这家银行产品结构的情况,比如了解到IKB的银行间拆借情形时,大家会非常紧张,其负面影响会很快传染开来。因此,可以认为结构性的产品刺激了各种金融产品。另外一个角色的扮演叫Monolines,就是单一产品的保险。在美国有一些人,他们购买市政的债券,这些市政债券是造公路的,主要是靠税收来支持的,往往是安全的。因此单一产品保险公司愿意在这方面多做生意。但它们背后的证券化产品并不是市政债券,和市政债券非常不同,这样也刺激了泡沫的产生。

在美国有一种基金,就是货币市场基金,也就是放一美元进去,你总能把一美元再拿出来,这不是法律,而是一种习惯。由于市场出现了各种问题,放一美元进去,只能得到80美分,这时候就造成了恐惧,投资者就会觉得这个不安全了。这样他们不断借贷,然后把这些资产跟按揭进行捆绑、进行出售。当信用市场下降得非常快时,债券的发放下降得也非常快。去年10月,雷曼兄弟破产了,引起了很多人的关注。有的人说让它破产是一个错误,那么如果不允许它破产的话,就会鼓励银行去冒更大的风险。雷曼兄弟在一个周末很快破产了,它本身并不是一家很大的公司,只拥有7.85亿美元的账上资产。但是我们看到雷曼兄弟破产实际上导致银行开始不信任任何人了,它们买了很多产品,却不知道交易对手是谁,缺乏透明度。雷曼兄弟的破产带来了非常大的震撼,银行业的人开始停止了银行业务,尤其是银行间的相互借贷开始停止了。

当银行业开始往后缩的时候,又产生了金融市场上的一些问题,并且这些问题会从金融业转到实体经济。因为当金融业出现问题,出现倒闭的时候,公司就不能获得信贷来做项目。因此实体经济的活动下降得非常快,证券市场的下降也非常快,信贷风险、产品的价格也下降得非常快。

二、金融危机对金融业的影响

银行业遇到了很大的问题,它们很多时候不能给自己找到资金,资产的价格在银行业开始下降,最后的局势是不光银行不能够提供借贷,它们也开始对自己的资产进行向下评级。在欧洲和美国,多数的银行有 market to market 的制度。当市场较好的时候,这个制度优点特明显,但是市场不好的时候,当你把价格下调的时候,就会引起恐慌,因为资产负债表表现不好了,就会引起市场的混乱。由于有太多的复杂性和短期借贷,由于雷曼兄弟的违约,我们看到市场不是那么积极,而价格还是迅速地下降。人们发现他们不能用短期的借债还长期的债务,他们就得把资产进行出售,那就意味着资产的价格会急剧地下降,对银行来说就越来越糟了,雪上加霜。因为对银行业这个行业来讲,当你的竞争对手有麻烦的时候,你也一样有麻烦。但如果你是做巧克力的,你的竞争对手陷入困境,对你来讲可能并不是一件坏事,因为你可以扩大你的市场份额,把他的工厂设备买过来,赢得他的顾客。在银行业我们有非常大的资产负债表,它们是由抵押品组成的,很多银行都是类似的,当银行陷入困境的时候,它们必须要出售。那不仅仅是它的资产负债表下降,同时也会是整个行业的资产负债表下降,所以这个压力是非常大的。有一些金融机构的减值行为使得危机前的价格下降幅度非常大,德意志银行的情况相对还不错,它们也要做一些减值,占危机前的资产的很大一部分。

现在金融业陷入了困境,银行很难像以前那样做生意,当金融业陷入这样的困境的时候,它就会对实体经济产生巨大的影响。利率在上升,波动性在扩大,联储也希望削减利率解决这个问题,但是这招不像以前那么奏效了,在雷曼兄弟破产之前,波士顿也快破产了,被摩根大通收购了,而且 AIG 和美林也差不多破产了,被政府接管了,所以在雷曼兄弟破产后对于美林来讲命运就很清楚了。如果让美林和 AIG 都破产的话,整个华尔街就都破产了,所以政府就注入资金来进行救助,我们可以看到它的利差有多大,波动性也达到了前所未有的水平,是我们的职业生涯以来没有见到的高水平,我们现在所用到的很多模型,并没有预见到市场上会出现这么大的波动。

在这个危机当中,基本上所有的资产类型都受到了影响,从国债到公司债券等,每一种资产类型都碰到了问题。当一个资产类型出现问题的时候,其他的资产类型可能是朝另外一个方向走,这能够对你有所帮助,但是我们现在所面临的情况是我们的所有资产的类别都是具有相关性的,它们都在朝一个方向走,这对我们管理当前的局面是极其困难的。在很多情况下银行必须重新筹资,唯一的方法就是从政府那儿获得资金。在雷曼兄弟破产后,欧洲、美国的政府,对银行业进行注资,每个银行由此获益,而德意志银行是少数几家没有政府注资的银行,但它们也获得了一些帮助。因为在雷曼兄弟破产后,所有的政府都给自己设定了一个任务,就是一定要让这个市场再流动起来。我们可以看到在很多情况下,对银行注入的资金是不够的,或者说是再注入的资金也不够,德国、美国、英国的政府,基本上都是给这些银行提供担保,这样的话它们可以自行筹集部分资金。

那就意味着,对于银行业发生了重大的变化,过去的银行有的消失了,有的要进行重组,改变自己的营业模式,原来是中间商,现在它们要重组作为银行控股集团,摩根士丹利和高盛都是这个情况。

三、金融危机对实体经济的影响

我们下面就要考虑所有这些问题对于实体经济产生了什么样的影响。

我们可以看到从宏观经济的角度而言,我们离正常的状态还差得很远,信用市场、信贷市场还在运转,但是成本非常高,住宅市场在美国还是继续下挫,GDP 的增长在很多国家放缓了。大家还没有认识到一个问题,就是美国的消费者仍然是一个大问题,因为他们现在想存钱了,他们个人的资产负债表还是很糟糕,同时不管是信用卡、汽车贷款、房屋贷款都会大幅地受到影响。美国银行第一季度的报告表明这个趋势已经有所显示。美国消费者现在已经捂紧了钱包,因为银行已经不想跟他们打交道了。另一方面他们就业的稳定性也出现了问题,对于政府来讲现在就业是一个很大问题,因为想让人们花钱是很重要的。我们知道想要脱离这个危机,消费者必须要使自己个人的资产负债表能够清理出来,所以我们很肯定违约率会上升。美国已经进入了一个严重的衰退期,我们现在唯一可以谈的就是美国的衰退是持续到 2009 年、2010 年还是 2011 年,抑或者要持续更长的时间。

有一点有些不同,我们有几次金融危机,比如说 1907 年在旧金山发生了大地震,还有我们亚洲的金融危机,还有互联网的危机,这次的危机也许跟我们 1929 年的有所类似。因为这是一个全球性的危机,这是一个很大的问题,这样的一个危机波及了整个世界,现在中国还不错,GDP 还在增长,而且我也预期中国的 GDP 还会增长,但是中国 GDP 的增长不像过去那么强劲了。欧洲的经济今年是负增长,美国的经济也是负增长,这个危机蔓延到了全球各个地方,这是一个很大的问题,因为金融业是各个国家都有的,我们并没有全球的监管机构,我们也没有全球的监管体系,每个国家都有自己的监管体系,当各个国家单独有金融危机的时候,一个国家的监管体系可以应对这样的一个危机,但如果是全球性的危机的话,就很难去应对,因为我们没有这样的一个全球的政策工具。

我们看到各国的政府都来进行协调和磋商,他们进行全球性的协调、利率的削减,也进行资本的注入,美国政府做了前所未有的承诺,承诺要注入7000亿的资金。现在美国在加紧印钱,这样才能够有钱来应对这个危机的成本,这是一个短期的问题。但是长期怎么做,奥巴马的新政府推出了一个刺激经济增长的计划,就是要很快把这个钱花出去。有一个好消息可以告诉大家,尽管现在很多领域都还在萎缩,但是下滑速度已经没那么快了。

我们也看到一些稳定的迹象,比如说石油的价格,还有住宅的价格。美国的住宅价格已经下降了25%,可能还要再下跌15%。就业率在欧洲和美国都是很大的问题,零售商的效益不是太好,美国汽车的销售极其糟糕。有一个指数叫Baltic Dry指数①,有一段时间想在标准的路径上租一条船的话是每天117 000美元,现在这个价格是10 000美元,Baltic Dry指数已经在一个月内下降了90%,这是前所未有的。所以全球经济是在急速地萎缩,整个全球都受到了影响。

尽管股票市场有所上扬,但是总体的股票市场还是急剧地波动,以前出现严重的经济萎缩的时候,通常危机会持续35个月,现在此次危机已经持续17个月了,历史告诉我们这个危机还远远没有过去。

四、如何结束此次金融危机

最终这个危机会怎么样呢?想让它过去的话,我们要做四点。

第一点是美国的住宅价格要稳定,这一点目前还没有做到。

第二点是消费者必须要行动起来,美国的消费者过度借债,但是他们也驱动了美国的经济,在美国70%的经济活动都是由消费者驱动的,现在消费者把钱包都捂紧了,他们根本不花钱了。我们必须要让消费者知道这一点,无论如何至少让他花点钱买点东西,这样的话经济才会复苏。坦白地讲美国经济不复苏的话,全球经济也很难复苏,因为美国经济占的比

---

① 编者注:Baltic Dry指数,英文简写BDI,中文译名波罗的海干散货指数,它是研究航运股未来业绩和投资价值的重要指数,也是国际贸易和国际经济的领先指标之一,它集中反映了全球对矿产、粮食、煤炭、水泥等初级商品的需求。该指数由位于伦敦的波罗的海交易所每天发布。

重非常大。

第三点是机构也必须复苏。在很大的程度上全球现在太混乱了,很多人都不再购入风险产品了,我们必须要让机构投资人行动起来,不管政治家是怎么说的,银行已经开始放贷了,所以我们可以看到有一些迹象表示机构投资人也开始采取行动了,他们的需求已经复苏了一点点。所以如果价格非常具有吸引力的时候,机构投资人就可以出手了。

第四点是对银行的资产负债表进行全面的清理。如果银行的资产负债表不健康的话,就不可能有经济的复苏。我们看一下日本这个例子,他们也曾有一个抵押贷款的危机,持续了12年的时间,也是因为银行的资产负债表没有得到清理,所以对其的清理是非常重要的。

前面讲了与危机相关的问题,现在很多运营都是全球性的,如果想要解决危机产生的问题的话,就要解决各国政府之间的互动,就是要有一个正式的系统和渠道。我们需要更高的透明度,特别是在衍生品这个市场上。还有一些金融机构公司治理也有很大的问题,评级公司也要对它们进行考察,看它们扮演了什么样的角色。全球杠杆过高的问题也需要解决,所以我们要做的工作非常多,我担心这些问题都是在各个国家的层面来解决,而不是在全球的层面去应对。

应对这场危机可以从以下几方面进行考虑:风险管理,资本处理,对宏观、微观谨慎的态度,技术架构等。

在风险方面我们有几件事情是需要思考的,太多的机构对风险的规划不足,在它们的盈亏表里面,我们如果把风险放进去,就会看到实际的盈利可能还不足25%,如果你的资产负债表是一万亿、两万亿的话,你会被这个迷惑,会冒一些你不该冒的风险。另外IT也能够起非常重要的作用。德意志银行非常幸运,它们的存款的基础非常大,大的存款基础是非常重要的。美国的中间商的机制是非常显眼的,有些投资银行就通过这一些代理商去运作。但是有时候投资银行自己的资本金根本不够,因此以后就要审视存款的大小、存款的规模,如果规模不够的话,就不能够保证我们整个制度是安全的。

另外资本的周期性也是非常重要的。资本在市场好的时候看上去非常好,但是在市场不好的时候会显得非常非常糟,有时候在市场糟的时候,我们觉得很糟,实际上并没有那么糟。在银行里非常重要的就是提供资金,以及偿付能力,你会把好的资产放到表上,随着时间的推移,这个资产就会增值,有时候增值非常小,这是由于市场上有危机,就像我们目前所面对的一样。但是如果你有资金支持的话,你总会度过这个困难阶段。但是现在我们看到有些人找不到资金,这样他的资产就开始下降,然后就会缺乏清偿能力,就造成了问题,因此银行的资金支持是非常重要的,这方面我们要审慎地考虑。

还有宏观审慎的态度,我们要考虑整个体制上的风险,要努力把会计制度标准化。我们的会计制度可能和我们的竞争对手不一样,并不见得是我们的好。银行界的会计制度是不一样的,每个国家都有自己保护的存款者。在美国我们看到随着危机的继续,每个州都会说,如果你到了我们这个州的话,你的存款是安全的,一个州这么说,存款就会往那个州跑,因为人都是很聪明的。还有爱尔兰,爱尔兰先这么宣布的话,人们的存款就跑到爱尔兰了,那么其他的国家也会这样宣布,存款于是就在各个国家间移动。西方有危机,使得人们很恐惧,不知道怎么存钱好,不知道哪些银行真的有清偿能力,因此跨国界的会计制度非常重要。我们需要建立这样一个论坛,考虑未来会怎么样,在宏观的审慎原则方面,我们有很多的地方需要纠错。一方面我们需要更多的宏观的谨慎监管,但是我要提到两家金融机构,房利美和房地美,它们是受监管最大的金融机构,但是监管并不见得能解决所有的问题。

我们也需要强化市场的基础设施。另外在价格上我们需要更高的透明度,如果大家不了解后果的话,就做不好交易。

五、全球金融业展望

除中国以外,很多国家的处境不是那么好,而且这个金融危机的延续时间比很多人预期的都要长。2010年欧洲和美国的经济表现也不会很好,有的人说2010年经济表现会好起来,但是我看到的问题更大。可以有所作为地来调整、处理一些问题,其中一个就是要有更好的全球金融架构,也就是全球的监管机制。

我们也要保证有一些规则要具有透明度,要做以下几种测试,资本和负债率,以及对两种银行进行测试(有存款的还是无存款的,无存款的要求资本准备金更多）。另外对银行来说负债率要降低,要有恰当的负债比率。另外我们要做流动资金的管理,流动资金应该是有两三个月的准备时间。我们看到房利美、房地美、雷曼兄弟,都关闭了,因为它们手中的流动资金往往只够一天使用,这样的话容易造成恐慌。一恐慌的话,就会导致资产的价格迅速掉下来,因此我们需要有一种流动资金的缓冲,这样能够让银行更加安全。

另外要看货币政策。格林斯潘最后站出来承认自己的错误,他说自己不够快,在资产泡沫产生的时候,采取的货币政策不够积极。因此在看到泡沫的时候,我们应该由货币政策进行纠正,虽然这样做很难,但如果采取积极的货币政策的话,就能够更好地处理这个泡沫了。另外是国际合作的重要性,因为现在全球还有很多的民族主义,各个国家的政府在接管大的银行,它们往往不想对境外进行借贷,美国的一家大银行就说必须取消对外国银行学生申请贷款的请求,这是非常大的教训。我们从 20 世纪 30 年代的危机里总结出当保护主义出来的时候,事情只会变得更坏,而且速度非常快。因此我希望各个国家的监管者都要看到全球的贸易、全球的合作,都能够帮助其他国家解决困境,保护主义现在非常盛行,我们是要小心的。

我们还要加强管制,但是对冲基金不需要加强管制了,因为对冲基金一开始在危机的时候出现了问题,但是总体来说表现是不错的。首先我们要来看现在的情况,在一种情形下,监管者不知道发生了什么。德意志银行也有 CDO[①] 产品,但是它们观察 CDO 的价格在下降,知道在卖什么,知道 CDO 是什么,以及它的市场份额是什么,它们主动找监管者,指出这个可能会存在麻烦。监管者很奇怪,它们检查了以后发现德意志银行是对的,这说明监管者可能没有看到我们看到的,银行可能也不对自己的资产做非常好的估值,因此我们需要一个制度,这个制度带来更高的透明度,使得人们可以看到它的交易对方在做什么。最终我们也需要一些冲击的缓冲机制,过去银行有准备金,就是在好的时候它们会准备一些钱,准备应对情况变得不好的时候。会计可能不让你做这种潜在的准备金,但是准备金是非常好的东西,因为流动性就是一个非常好的缓冲,因此,

---

① 编者注:CDO,担保债务凭证(collateralized debt obligation),资产证券化家族中重要的组成部分,它的标的资产通常是信贷资产或债券。

我建议一要有准备金,二就是要开放准备金,这样的话如果遇到麻烦,就可以非常有效地进行修补。

下面让大家看一下中国,以及谈一下我们的商业银行的业务。中国的前景是非常好。中国经济的一些特点意味着未来是更加光明的,相比美国、相比欧洲的今天来说是更加光明的。但是现在事情还没有完结,因为中国出口量很大,出口到美国去,我觉得内需不会完全取代中国的出口,因此中国会经历一个 W 形的发展成长曲线,中国需要平衡或者再平衡,就是说出口的损失,需要内需来补充,但这需要一些时间,因此中国的经济会有所下降,但之后会上升,总体来讲中国的情况是很不错的。中国的外汇储备是非常高的,如果我们看一下中国政府所持有的资产的话,就会发现中国政府有多种工具可以使用,如果情况变得更加糟糕,美国经济对中国会产生重大的影响,欧洲经济也会对中国产生影响,也就是说中国的成长会慢,但是不会是负增长,这方面我们要谨慎。

德意志银行的办事处在亚太地区有很多,我们的大本营过去在欧洲,欧洲在过去和现在增长得非常慢,因此金融机构要想增长的话,就要转到像中国、巴西这样的国家来,到新兴市场国家来。我们在全球有 54 个办事处,我们是一个非常全球化的、多文化的银行,有很多事情我们感到非常自豪。我们在中国的存在历史很长了,事实上我们在上海的办事处是在 1872 年建立的,比法兰克福还早。因此我们对中国的承诺有很长的历史。最近,虽然我们的一些金融对手离开了中国,但是我们还在加大在中国的投资,我们对中国感到非常有信心,更何况我们在中国有 130 多年的历史。

六、师生互动

提问:请问您怎么看待此次金融危机,有没有人为操纵的因素,会不会有一些大的财团背后人为操纵,使经济下行,如果有的话它们是怎么做的?还有一个问题,刚才听您说美国可能比较严重,但是有人说欧洲和日本可能会遭受比美国更大的创伤,请问您怎么看待这个问题?

迈克尔·科尔:很难想象有这么大实力的公司去操纵这次危机,我们知道此次危机有很多小的事件同时发生,最终导致了一个巨大的金融危机,没有证据表明有人在操纵,也没有证据表明有人由此而获益,因为大家都受到了很大的打击。此次危机的资金规模达到525万亿美元,即便在《007》的电影里面,坏蛋也没有这么多资源来操纵这样的事件。

我们很难说得清在欧洲和日本的情况,美国的情况也不是很糟,应当说是欧洲的情况更糟。而事实上这个危机是在美国爆发的,美国的消费者获得了美国政府的支持,美国政府获得了银行的支持,所有这些最终导致了金融危机。美国的经济现在快速地萎缩,但很有可能美国经济会在欧洲之前复苏,因为美国的经济是非常有活力的,它们非常有企业家精神。美国人在过去已经显示出这样的能力,美国有很多的技术创新,比如说登月计划第一次在美国实现,所有的这些装置都是依赖于科技的进步,所以美国的经济活力是存在的,而且它会比欧洲复苏得更快。

提问:您刚才提到如果美国要保证利差不继续扩大的话,必须要扩大税收,世界的经济如果想恢复的话,美国要继续花钱,美国政府如果继续花钱的话,它的赤字就会继续扩大,不花钱的话,世界的经济很难好转,现在美国政府应该怎么做,或者美国政府的一些政策是不是完全独立?

迈克尔·科尔:我能理解你的问题,这是一个两难的境地。一方面我们希望美国人来储蓄,另一方面我们又必须让他们花钱去消费。美国有一个很大的赤字,现在很多的美国政客都没有想出解决的办法。我觉得要解决这个问题,就意味着储蓄率必须上升,所以我是悲观的,我认为这个问题很难很快得到解决。消费者必须对自己的负债进行重新平衡,因为美国的消费者必须在消费之前考虑一下他们的支付能力。美国人消费的东西都是他们所不能承担的,我们可以看到这样的后果,以信用卡为例,美国平均一张信用卡有6 000美元的负债,很多人还不起信用卡的负债了,所以我们必须要有耐心,他们需要花一段时间重新平衡,银行也需要重新平衡,不可能很快就完成。

很多的预测者都说,美国在2010年就会恢复经济的增长,我觉得可能至少要再多花一年的时间,才能够使过度的杠杆化真正消除,这样经济才能够解决一些其他的问题。

提问:谢谢迈克尔·科尔先生。我们当年学金融学的时候是在20世纪80年代,当时金融学的知识里面很大一部分是马克思主义的资本论,这个不是笑话,中国经济发展和银行改革的起点就是来自于德国人卡尔·马克思。您现在经营德意志银行,您认为卡尔·马克思的经济学对现代银行的发展有没有执行意义？听中国一位有名的经济学家讲，20世纪30年代金融危机的时候，列宁就提出一次银行的国有化。现在美国很多银行的发展，国家财政注资这块实际上就是完成银行国有化的过程。确实我们是社会主义国家，以前很多年是批判资本主义。中国银行改革就讲到8%的核心资本，银行杠杆化最主要的就在这个地方，请您推断一下将来的银行发展核心资本有什么新的大变化？另外一点，我们当时展望21世纪的时候，听过IT业一位巨人的演讲，他说"银行业是21世纪的恐龙"，IT业、互联网的发展一方面促进了银行的发展，另外一方面对银行危机的扩散也起到加倍的推动作用。概括来说，我想问三个问题：第一是您觉得卡尔·马克思的金融学对现代银行业发展有没有什么执行意义？第二是那个8%是不是世界金融危机的主要根源之一？第三是比尔·盖茨曾经说过"银行业是21世纪的恐龙"，您有什么看法？

迈克尔·科尔：很高兴你问到了卡尔·马克思，马克思主义是一个经济理论，但我不认为这是资本主义的终结。但是在苏联时期，资本主义给它很多负面的评论，有一些集中的计划并不是一件坏事，中央的计划也并不是一件坏事。有几十年在美国和英国，有个概念就觉得政府计划不是件好事，特别是英国的撒切尔夫人，当时她的解决方案就是私有化，撒切尔夫人做得很成功，英国也开始现代化，很多的行业效率也提高了。美国也借鉴了撒切尔夫人的很多想法进行了私有化，所以美国认为政府应当是不作为的，应当退出很多产业，来让产业更好地发展。

美国对银行进行担保、进行保险，在欧洲、在美国有非常积极、活跃的政府参与和介入。我觉得这个市场定价还是有效的，但我们不能够让市场自行地运转，而是要对市场进行监管。人的本性很贪婪，我们要用恐惧来克制贪婪，这些监管者要确保贪婪得到一定程度的抑制，使其不会走得太远，不会太过火。市场从长期而言是高效的，但是短期并不一定都是高效的。所以我个人的观点就是政府应当扮演一定的角色、很重要的一个角色，然后在接下来的几十年里，我们可以预想，中国在全球经济中将会扮演一个更加重要的角色，美国也希望从当前的困境当中脱身。我们希望中国和美国之间可以相互学习。

你也说到了一级资本，或者是核心资本，现在新的一级资本的要求更高了，如果我是做一个监管者，我觉得至少要有15%的核心资本，对于那些接受储蓄的机构,我觉得它们的核心资本应该是 10%。

提问:我们现在对中国是不是过于乐观了,因为中国做大量基础设施的投资。也有一些行业发展比较快,而且也有出口,政府在给这些公司提供出口抵押贷款时,政府的负债已经比上一年度有所上升。我认为政府的负债会上升会改进中国的低消费。那么从美国看来,消费是否会下降,是否会使全球更加平衡,这样的话金融的生态是否就会更好?

迈克尔·科尔:我想在中国这块,美国进口减少、需求减少了以后需不需要补上,这是一个问题。你说得非常对,在第一季度,中国的银行贷款相比往年增加了三倍,但是我还是乐观,有几个原因:

第一个原因,中国银行本身花了很多时间来改善自己的风险管理制度,比过去要好多了。从风险管理方面看,中国更好了。

第二个原因,中国政府的财政能力非常强劲,银行如果遇到麻烦,中国有自己的财政力量给它们提供资本。

第三,国家是需要很多的基础设施建设,中国政府也理解这一点,随着国家的进一步发展,基础设施要追加。我们还看到汶川地震后也需要重建,也需要很多基础设施的投入,因此我觉得在这方面中国的余地很大。而且中国政府的经验也比其他国家丰富。在项目的管理上、花钱方面,它会利用内需、利用政府的一些支出来补上现在出口的一些损失、缺口。我相信中国不会和其他的地方脱节,中国现在不会是双位数增长了,只会是单位数的增长。2009 年 8% 这个目标对于中国来说也是充满挑战的,但是有一条可以肯定的,中国的客户仍然在积极作为。美国的问题是什么呢,就是人们不再投资、消费了,他们停下来了,因为未来发生什么他们不太清楚,他们停滞了。在中国我们是乐观的。

提问:美国有一位经济学家说"资本主义的发展是创造性的毁灭",新体制建立在对旧体制摧毁的基础上。1929—1933 年经济危机后,美国的监管出现了一个非常大的变化,此后还出现了很多新的经济增长点,比如电子业、制造业。我想问一下迈克尔·科尔先生,这次经济危机后,您怎样看待美国监管业的变化,或者说您认为美国会有什么样新的经济增长点出现?

迈克尔·科尔:我想最大的监管变化是过去投资银行模式的死亡。《格拉斯法案》是把投资银行和商业银行分开了,我们看到投资银行和商业银行混合的模式不在了。商业模式过去发生了变化,现在我们也要考虑让投资银行要么接受存款,要么减少它们的投资规模,这个变化是非常大的。美国的投资银行从1933年开始就占据世界主导地位,但这种模式是需要变化了。最根本、最应该做的就是改善全球的监管制度,但这不会很快发生,因为每个国家都想继续自己的,根据自己的法律来进行监管,但是非常复杂。在德国我们要遵从一些规则,这些规则可能在另外一个国家是不适应的,这样的话就会使我们的处境很尴尬,但是我们也努力应对。最终需要一种全球的所谓法律,也需要给全球的监管者权利,但政府又不愿意放弃。

提问:谢谢迈克尔·科尔先生,在这个危机当中,很多的银行遇到了很大的麻烦,在全球都有这样的现象,您能不能讲一些方法来避免风险,最重要的是从银行的制度方面进行一下介绍?

迈克尔·科尔:德意志银行表现良好是因为德国银行业的规则非常好。但是首先看到次贷危机迹象的也是一家德国银行,因此我不能说德国做的比其他国家好。在中国,监管制度是非常严格的,目前我觉得相比其他国家的那种混乱来说中国的银行监管还是比较恰当的。监管者往往会距离中心地带远一些,有些问题他们能够了解得比较透,做比较好的监管。因此如果我是监管者,我会建立一些非常简单但是很严格的规则,针对资本金、举债率和流动资金,如果你有危机的话,你就有应对的办法了。

武常岐:我想大家可能还有很多的问题,因为时间的限制,我就用主持人的身份再问最后两个和大家有关的问题。第一个是您谈到了德意志银行办事处,亚太有很多,尤其是在亚洲的南半部,比中国内地本身还多,这是为什么?第二个问题,您对金融业的学生未来职业选择有什么好的建议、忠告?

迈克尔·科尔:首先我们看关于中国的问题,我们希望在中国建更多的分支,但是中国的监管机制非常严格,我们正在申请开第三个分支,但是不太容易通过。我们刚建立了一个证券合资公司,我们在中国的一个银行有股本,还有一个资产管理公司,但是在中国,一个外国金融机构想扩张会很困难。但我们看这次危机的时候,就会觉得中国监管的这些做法是聪明的。

关于未来的职业选择,我们现在需要新思维,这个新思维是非常重要的,有一点是非常肯定的,证券化市场不是坏的事情,资产抵押贷款也不是坏的事情。其实我们正在进步,我们未来还会有更多的金融创新,金融作为一种职业是非常美好的,我非常喜欢我的职业,原因是我能够和我的客户面对面,我会替他们考虑他们的问题、他们公司的问题,他们把他们机密的信息跟我分享,我会对他们的预算提出挑战,来帮助出售公司找到买家,买家找到卖家,这样获得独特的视点,你会看到不同的公司来自不同的地方,也能见到非常有趣的人士。

在交易方面我们也需要最好的人才,因为我们做的事情是非常复杂的,因此我们要想推进金融业的科学性,就要保证我们有最好的人才,他们有好的思路来解决问题、帮助客户。现在金融学的学生在2009年、2010年的就业机会会减少,但同时他们也会面对很多很好的机会,因为危机延续的时间会比我们想象的要长,当银行出现问题的时候,世界也会同时出现问题,但是世界需要银行。这个行业本身是非常技术性的,而且会继续成为每个经济体很重要的部分,并且可能会变得更重要。对于新兴市场来说,对于中国这样的国家来说,对于发展中国家来说,随着中国的经济继续增长,中国在世界的地位也会越来越重要,银行业会变得越来越重要。

(时间:2009年4月29日)

第十一篇
世界潮流与日本及日本企业
——综合商社所扮演的战略性角色

演讲嘉宾：

　　寺岛实郎：日本综合研究所会长，多摩大学校长，三井物产战略研究所会长

一、三井物产及我的工作经历

　　企业的经营是对时代的认识，就是我们现在所生活的时代在多大程度上能够得到把握，这是决定经营管理的全部前提。所以我希望我今天讲的内容能够给大家带来一个启示，能够思考我们现在生活在什么样的时代。

　　首先我要做一个简单的自我介绍，我想这样的介绍对我的演讲内容是有帮助的。35年前我加入了三井物产公司，在那里得到了培养和锻炼。当时有个词叫"综合商社"，很多人可能不理解是什么意思，因为中国现在没有"综合商社"这个企业形态。每个国家都有自己的历史，而根据自己国家的发展历史，可能有一些特殊的企业类型。日本之所以会有"综合商

社"得以发展,是为了弥补日本产业的弱点,这是日本的产业特点,是通过日本人的智慧所创造的一种新的企业形态。日本的综合商社,关键在于"综合"二字。它不仅仅是经营一个产品的买卖,这里的买卖包括进口、出口,内贸、外贸,还有金融的功能,进行直接的投资或者并购?即它不仅仅是让物品流动,实际上它还有金融的功能,而且以企业的信息、情报能力为其基础,因此具有很好的解决问题的能力,这是综合商社的特点所在。

我在三井物产工作的时候,给我印象最深的是要在伊朗做一个巨大的石化工程项目。这是日本和伊朗之间的一个综合企业,当时有3 000多的日本研究人员在其中工作,再加上3 000名来自印度和巴基斯坦的工人,一共有6 000多人在中东的伊朗这样一个沙漠地区建设一个巨大的石化工程,这是20世纪七八十年代的事情。1979年伊朗爆发了霍梅尼革命,在此之后又有伊拉克战争,因此我们的建筑工地遭受过30多次伊拉克空军空袭,让我们受尽了苦头。为什么哈佛要把这个作为经典案例提出来呢?这就要谈到所谓"国家风险",因为经受过战争洗礼的项目实际上是非常非常罕见的。我们是怎么解决这个问题,怎么完成这个项目的呢?伊朗革命后,我们和新政权,也就是所谓的奉行伊斯兰原教旨主义的政权,又是如何打交道的呢?我本人当时负责中东的信息工作,像以色列相关的研究所,华盛顿的布鲁金斯研究所,还有英国的战略研究所我都拜访过。我们和全球著名的战略研究所认真地讨论如何去克服在伊朗面临的困难。通过这些工作,我获得的教训是什么呢?就是这个项目对于三井来说最终是一个悲剧,我们最后做出了一个不得已的决定,就是全部毁坏然后撤出。当时要计算的话,我们的损失达到5 000亿日元,这对我们来说是一个很大的教训。中东的民族、宗教问题非常复杂,一个企业要去做一个这么大的项目应该需要什么样的条件,做出什么样的判断都是需要慎重考虑的问题。

三井物产这家公司成立于1876年,现在已有将近130年的历史。公司成立之时正值日本明治维新,也就是日本要实现现代化,当时的贸易99%都是由欧洲贸易公司控制,因此我们需要把贸易控制权夺回到日本人手中。我们的社长叫枪田,当时27岁,可能和现在在座的各位同学年纪差不多,他创立了这家企业,而且在日本每次产业结构调整的时候,三井物产都起到了非常重要的作用。比如,日本最先引进的近代工业——棉纺——就是三井物产引进的，在重化工时代，我们又把重化工所需要的相关材料、设备引进到日本，我们一直走在时代的前列。我们是从产业的角度，用产业的方式解决需求的企业，因此需要不断地进行创新，来创立新的商务模式，只有这样才能实现这个目标。我们把这些东西集中在一起形成了当今这样一个综合商社。大家听了我的解释可能就比较清楚了，比方说我们在俄罗斯有一个萨哈林二期的能源开发项目，我们组成一个跨境的银团来做这件事情，不是说我们所涉及的产品多才是综合，而是我们公司所积累的功能非常多、非常综合，因此形成了综合商社。从某种意义上来说，日本的产业所遇到的问题、所存在的缺点我们都要予以解决和弥补，在这个过程中，我们的公司不断发展成长起来。

三井物产可以说是综合商社这种企业经营模式的先驱，像伊藤忠商社等企业，它们的历史可能也都不太一样，但是现在在日本被称为综合商社的几家大型企业，基本上都已经在中国开展业务，而且是在中国积极地开展相关的业务。刚才我听了各位的发言，听说现在三井物产在中国有 17 个分支机构，中方的雇员达到了 6 000 人，现在正准备在中国大展宏图做一番事业。我所负责的三井物产战略研究所与三井物产的经营战略是相关的，我们要找到全球创新的方向，来提供解决问题的方案，现在一共有 100 个人在东京，另外在伦敦、纽约、华盛顿和布鲁塞尔都有我们的分支机构。

除了任职于三井物产战略研究所，我目前担任的工作职务还有两个：日本综合研究所会长，这是由日本的经济产业省来管理的一个国家的智囊机构；多摩大学校长。我在日本综合研究所工作也有 10 年了，现在任会长，参与各种各样公共政策的制定工作。同时从今年 4 月份起我开始担任多摩大学的校长，这是一所私立大学，现有学生 2 000 余人，主要学科是社会人文、经营管理等，还有研究生院。我本人也是日本文部科学省中央教育审议会的委员，因此我现在正在从事与日本的教育有关的工作，这是我目前比较感兴趣的领域。以上就是我目前所开展的一些工作。我每个月都会更新各个统计数据，我今年夏天去了欧洲、美国和亚洲的一些国家，包括中东国家，我也是亲眼或者亲身去体验、去看，除了统计数据以外还有很多东西需要自己去体验，然后通过这些数据来思考问题。

二、我们如何看待今天这个世界

世界现在正处在一个非常重要的转折期,而且处在非常严重的经济危机当中。为什么现在世界充满了混乱,或者说具有一个很大的危机因素?冷战结束已经 20 年,1989 年柏林墙倒塌,1990 年民主德国和联邦德国合并为一国,1991 年苏联解体。之后的 20 年,中国改革的成功让世界震惊,但是以俄罗斯为首的东欧在这 20 年当中还是经历了一拨又一拨的混乱。冷战结束后,世界很多人都在想,好像是西方战胜了东方,资本主义战胜了社会主义,今后应该是作为资本主义的冠军,也就是美国将会引导世界,即以美国为中心的世界秩序将会形成,很多人 20 年前是这么想的。那时候登场的人物,也就是唯一的一个超级大国美国,而且金融体系也是以美元为主导的一个体系,就是一国独大的体系。日本的很多经营者也在想,今后美国是世界秩序的中心,是唯一的一个超级大国,今后的时代也将会是以美国为主导的一个时代。但是今年夏天我去了 G8 峰会的专家会议,中国当时也有几位专家参加了这个会议,现在在讨论世界问题的专家当中,估计没有任何一个人会再认为现在这个世界还是以美国一国为主导的体系,现在谁都不会那样想了。现在世界有很多混乱,也有很多危机的因素,造成这些混乱、危机的本质因素是什么呢?是冷战以后世界体系当中确立主导地位的美国,它的真正的凝聚力正在削弱,这是一个主要因素。

三、美国凝聚力丧失的原因

为什么美国的凝聚力会逐渐地减弱、丧失呢,特别是进入 21 世纪以后。一个就是"伊拉克战争",另一个就是"次贷问题",这是两个非常关键的事件。首先伊拉克战争,称为"非对称战争"更好,它不是一个正规军的战争,巴格达陷落只花了一个星期,这样一些战争你根本就不知道敌人什么时候会攻击你,所以称为"非对称战争"。截止到今年 9 月 10 日,在伊拉克战争当中死亡的美军士兵人数达到 4 339 人,这个数字非常重要,在"9·11"以后的八年中美军的死亡人数达到 5 161 人。经常有人会说老人引发的战争使得很多年轻人牺牲了,在伊拉克、阿富汗美军死了 5 161 人,所以很多人认为这是布什的一种犯罪行为,5 000 多个士兵的坟墓会给人一种非常震撼的冲击。在讨论时政问题的时候,经常需要的一个素质,就是要对数字敏感,死了 5 000 多个年轻人的美国,我们应该如何看待它?而且不仅仅是美国的士兵牺牲了,加上多国部队的战士,以及伊拉克平民的死亡人数,最保守的推测也会有 10 万人以上。布什前总统去伊拉克访问的时候曾经遭到记者扔鞋这样的待遇,我们也充分理解这个记者的心情。伊拉克战争是依据错误情报发动的一场战争,为了这场战争而牺牲了 10 万多伊拉克平民和 5 000 多个年轻的美国士兵。曾经有诺贝尔经济学奖获得者在一本书中提到,美国为此牺牲了 5 000 多士兵,花费了 3 万多亿美元。结果是什么呢,美国在波斯湾的地位越来越得到削弱。美国这次甚至选择了反对伊拉克战争的奥巴马作为新的总统,我们所看到的美国在波斯湾的影响力越来越减弱,美国号称伊拉克进行了民主化选举,但是伊拉克最终变成了什叶派的伊拉克。邻国的伊朗是什叶派的一个主要地区,实际上伊拉克现在反而变成了受伊朗影响最大的一个国家,美国如果从波斯湾撤离的话,这个地区实际上无意当中就形成了什叶派占据主导的波斯湾地区。就是说伊拉克战争使得美国受到了如此大的内耗,结果在中东、海湾地区的影响力反而是越来越弱。领导者需要具有正当性和凝聚力,正当性也就是一个理念性和指导性,这对于领导人来说是不可缺少的。在亚洲我们在和别人讨论问题的时候,大家对于美国的敬爱之情实际上是越来越弱、越来越少。美国这个国家也是很多人愿意离开自己的祖国而向往的一个国家,是一个多民族的国家,多民族的国家之所以成立就需要有理念。美国也被称为"理念共和国",曾经的一个理性国家,在伊拉克战争以后,选了奥巴马为新的领导人,实际上已经显得非常的疲弱了。

　　接下来我们再分析一下次贷问题,雷曼兄弟倒台的冲击,引发了一年多来的困境,这到底是一个什么事件?美国政府为了振兴经济承诺投入的政府公共资金的总额是 8 万亿美元,而对于 AIG 和 CITI 集团,政府也进行了直接的注资。通用公司是美国汽车行业的三大公司之一,对于通用公司,政府也需要出资 60% 来予以支撑。美国本来是一个标榜新自由主义的国家,它们所举的旗子就是竞争主义、市场主义、改革开放、放松管制、民营化等这样的一些旗帜,但是现在,美国也降下了新自由主义的旗帜。最近美国的经济杂志上出现了一些标题,大家可能都认为是一个黑色幽默,20年前遭到批判的"社会主义"这样的词反而出现在现在的经济杂志上,也就是说美国现在需要依靠公共资金来支撑他们的经济。在达沃斯会议上,美国是怀着非常复杂的心情来听胡锦涛和普京的讲话的,曾经作为新自由主义国家的美国现在不得不接受国家管理的这样一个经济体制。美国正在丧失领导世界的能力,经济危机要花8万亿美元,伊拉克战争要花3万亿,这11万亿美元等于中国和日本两个国家两年的GDP加起来的规模,这些压力都会成为美国财政的巨大负担。

四、中国为什么成功

在分析美国经济的时候经常用到"双赤字"这个词,美国的财政赤字今年达到17 500亿美元,而明年的赤字在预算的阶段就达到12 000亿美元,规模非常之大。对于美国的经济我们可以从各个角度来进行分析,而这些分析人员所得到的一个结论也可以说是一种常识,就是美国的消费过度,已经超过了自己的产业实力,同时军事实力过强也超过了自己的产业能力。美国的经常项目收支大幅逆差,但是它却又有很强的消费能力,又有一个非常强的军事实力。之前是通过以纽约这样一个金融市场作为窗口,把全球的钱都吸引到美国去,这个机制过去是成立的,所以美国能够正常地运转下去。财政赤字要得到弥补,方法是什么呢?就是大量地发行赤字国债。那谁来买这个国债呢?现在买美国国债最多的是中国,有一段时间超过了8 000亿美元,第二位的就是日本,因为美国不光采用国债的方式,还通过其他的方法来吸引国外的资金,如果这种做法不能够持续的话,那么美国现在就一直在出血、大出血,但是它又能够不断地往里面输血、大输血,而且输的血比出的多,所以它能够维持下去。最典型的一个情况就是让国外来给自己埋单,而其中最大的埋单者就是中国,中国如果拥有比现在更多的美国国债,或者美国发行更多的赤字国债的话,美元的贬值是不可避免的,因为已经失去了信任,而美国国债的价值也会缩水,那中国怎么办呢,现在中国很头疼,所以现在已经向美国提出一些很严厉的要求,说我可以继续买你的国债,但是我是要以人民币来计价买你的国债,美国现在是得到了中国的支持来保持美元的稳定,这方面的需求十分之大。大家都知道国际货币基金组织要继续发挥作用,也需要中国进一步增资，也就是它现在采取了一种鼓励中国的政策，让中国更进一步地加入国际活动、国际社会之中，我们从中也可以看出这种趋势来。

在座的可能比较清楚，20年之前在冷战刚刚结束的时候，是美国单边控制全球的一个时代，然后G8的时代也过去了，现在已经到了G20的时代，就是20个国家包括中国、印度在内的这些新兴国家也参与进来，就全球秩序进行讨论的一个时代。但是现在我们看到国际社会、国际会议里参与的人有一个共同的认识，是说虽然叫做20国团体，但实际上应该是一种多极化的社会。并且现在实际上正在出现一种两国集团G2的趋势——美国和中国这两个国家。日本的媒体都已经开始进行报道了，所谓的"两国集团论"、"G2论"，是两个国家来引领世界的发展，而且其中中国所占的地位越来越重，这是我们目前世界所面临的现实——中国的崛起。我想从与日本的位置关系谈一下，对于日本来说中国所意味的内容已经出现了很大的变化。可以看一些具有象征意义的数字。现在日本的贸易对象国所占的比重，今年1—7月份，日美贸易占整个日本贸易的比重已经降到13.6%，中国是20.5%，去年是17.4%，这是战后日中贸易首次超过了20%。对于战后的日本来说，主要的贸易对象国一直是美国（直到四五年以前），可能连日本的高中生都知道这事，就是日美是最大的贸易伙伴，这是一个常识。日本是一个贸易立国的国家，三井物产是以贸易为主业的一个企业，所以非常清楚这一点，但是在几年之间有了很大的变化。刚才我提到了冷战结束，苏联解体，与东欧地区相比，中国可以说比较成功地获得了今日的发展。为什么中国取得成功呢，我觉得可以从大中华区里面找到答案，可能中国人对这个词不太感冒，但是我接下来还要解释，大家可能就能理解了。

中国有内地，就是中华人民共和国，我们不能仅仅把中国看做是内地，中国内地和香港地区还有所谓的华侨国家，以及中国台湾地区，我们可以把它看成一个有机地结合起来的产业带，这就是所谓的大中华区的概念。内地的中国是陆地的部分，但是新加坡、中国香港地区、中国台湾地区与中国内地之间在产业上已经是不断地加深联系，已经成为一个很大的有机体，这是所谓的大中华区的概念。作为内地的中国和由华侨区组成的中国的一种相互关系得到加深，而且能够发挥一种沉积效应，这样的话就使中国的力量更强大了。现在内地每年经济增长率都有10%左右，所以华侨认为内地在商务上来说是非常有吸引力的。比如,据说有100万台湾地区的人已经移居到内地生活了,他们把企业都搬到中国内地,然后把生产出的产品向全球进行销售。因此无论在政治方面海峡两岸存在着什么样的障碍,在产业方面他们的联系是不断加深的。刚才我用了"大中华区"这样一个词,这不是一个表面上的分析,而是说从产业角度上来说联系不断加深,而且这样的一种有机的联系对于中国的可持续发展有着非常重要的意义。中国的贸易结构,过去非常依赖于美国贸易,跟日本是一样的,现在我们看到正在发生一些变化,比方说2006年出口的21.4%是对美的贸易,今年是下降到17.7%,而从美国的进口过去占到中国的8.8%,但是去年已经是降到了5.7%。而另一方面大中华区相互的联系,或者是中国与亚洲的区内贸易比例是不断地上升的,也就是说中国要想持续地发展,与大中华区的各个地区、国家之间的相互联系是相当的重要,它对中国有多大的正面作用是大家可以看到的。正因为如此,我觉得从大中华区这样一个角度来观察全球是非常重要的,我们把它称为网络化的发展。

实际上我八月份被台湾地区方面邀请,台湾是中国的一部分,这是我的一个基本认识,然后我见到马英九先生,他与陈水扁前政权是不一样的,马英九政权非常愿意和中国内地加强联系,而且对于大中华区这样一个思路非常感兴趣。去年奥运开幕式仪式非常长,超过两个小时,我看了以后很吃惊,这里面所发出的信息,不知道中国人是怎么看待的,我觉得这是一种创新,在全球的创新中中华民族起到的作用完全表现出来了,包括指南针、火药、造纸、印刷,就是人类的"四大发明",都是中国人所发明的。这种信息是完全被融化在奥运会的开幕式里面了。我因为对历史比较有研究,因此对一个事情很感兴趣,中国实际上在公元前800年就已经对石油——用一个词叫做"可燃的水",当时可能叫"黑水"——有认识了。人类的四大发明是中国人创造出来的,它所发出的这种信息,不光引起了生活在内地的中国人,也引起了新加坡、香港地区、台湾地区的这些华人、华侨很大的共鸣,现在欧美人常常用"Chinese"这个词,在整个大中华圈产业结合的过程当中,大家把中国实际上看得越来越广、越来越大,在这样一个情况下,大中华是一个非常重要的词,而且日本贸易比例的33%是与大中华圈有关的,日本已经成为不仅仅是依靠美国的贸易来生存的国家了,今后可能谁都会那么来想,亚洲对中国也好、对日本也好,都是一个非常重要的存在。

五、创新的价值

全球 GDP 的 22% 或者 23% 是由亚洲来创造的,到了 2050 年的时候,全球 GDP 的 50% 将会由亚洲创造,这就是我们今后可能看到的一个时代。在 1820 年的时候,世界 GDP 有一个模拟的数据,当时全球 GDP 的 50% 是由亚洲创造的,包括中国、印度和日本,在今后的半个世纪,世界的经济增长模式或者格局将会产生很大的变化,这是我要强调的。另外一个,美国这个国家经常会创造一些新的东西,实际上这和我们现在说的创新是有关的。现在奥巴马作为新的总统,承担着外交和经济的双重十字架,虽然他当总统只有半年,但他已经得到了诺贝尔和平奖。奥巴马政策中的关键词就是"绿色新政",实际上奥巴马自己并没有用过"绿色新政"这个词,这实际上是媒体和记者创造出来的,在他的上任演讲当中的内容被记者们归纳成了"绿色新政"。他是这么说的:我们的能源使用方法使得我们的敌人越来越强,并且威胁世界,所以今后美国的能源使用结构要从化石燃料向绿色能源,比如太阳能、生物质能,就是可再生的能源转变。这个能源结构调整,就是被记者们称为"绿色新政"的内容。奥巴马总统说的"我们的敌人"到底指的是谁呢,我和在华盛顿的朋友交流过这方面的意见,坦率地说,比如委内瑞拉的查韦斯、伊朗的哈米尼,这些对美国的能源安全保障构成威胁的人,就是奥巴马所说的敌人。美国这个国家对于能源政策是从战略角度出发考虑的,比如他们使用的石油依赖中东地区的话只有不到 20%,40% 由国内生产,剩下 40% 来自中南美,也就是说中东的依存度只有 20%,但是日本有 90% 是依存中东地区的。即使是这样,美国还是考虑到伊朗的不稳定,或者是委内瑞拉的查韦斯政权,因为他们都是非常反美的,所以他们对石油也进行了国有化管理,这是美国不愿意看到的。从能源安全保障方面来看,可再生能源对任何一个国家都是国产能源,因此奥巴马就提倡尽可能依赖国内能源的方向。另外从环境保护的方面看,自《京都议定书》以后美国在这一领域是落后的,因此对美国来说他也需要来向世界展示在环保方面的决心,这也就是奥巴马的

"绿色新政"。那么"绿色新政"是否真的会成功呢？2007年美国的一次能源的供应结构中，化石燃料占78.8%，核电占11.7%，可再生能源加上水利和地热占9.5%，太阳能只占0.1%，风力和生物质能分别占0.4%和5%。大家可能看到生物质能这块好像比例还是挺高的，这主要是因为该比例中包括了从玉米当中提取的乙醇然后混合到汽油当中来使用这一部分，加利福尼亚的这一比例按此方法计算的话能够达到10%，所以美国生物质能的比例比较高，但是即使加上这个，新能源这块也只有5.5%。奥巴马政策当中，三年以内要将可再生能源的供应提高一倍，那么2020年美国电力供应的1/4将会采用生物质能来发电。三年前我参加过日本的新能源政策制定，从常识来看，可再生能源要提高到这样的一个比例的话，真的是很理性的吗？我感到有疑问。世界很多的能源专家们也提到，可再生能源说起来可能非常好听，可以作为一个"清凉饮料"，但是并不能成为一个"主食"。为什么呢？可再生能源只能局限于小型的分散性的发电，比如说每一个家庭装上一些太阳能或者是进行风力发电，相比来说，建一个核电站的规模和功能会更大一些。对于一个小规模的分散型的能源来源，你太执著的话，实际上并不太现实，也不太理性。因此类似于这样的一些问题，奥巴马在政治上虽然去大力地宣扬，但是我们应该理性地看待。

我刚才提到我们的脑子要有一定的柔性，专家经常要有一些质疑，这是指什么呢？美国这样一个国家很会讲故事。在20世纪80年代末，实际上和现在有很多相似的地方，比如说在日本出版了很多关于美国的书，曾经有过一本书叫《美国衰亡论》，当时很多书都会悲观地说美国今后将衰亡，当时美元也暴跌，日元则明显升值，甚至有人说日本可以买下美国，比如索尼买了哥伦比亚大楼，曼哈顿也是由三菱买下了，很多人都认为美国没有希望了。但是到了20世纪90年代，就是冷战结束以后，美国并没有真的衰亡，它不仅仅是冷战的胜利者，而且还实现了复苏。这个主要是由于美国的IT革命，是IT革命使得美国经济得以复苏。实际上在任何一个年代，信息革命都是存在的，比如说电信、电话，包括我们远古的烽火时代都有信息革命，那么现在的IT革命的特点是什么呢？就是信息网络化革命。网络化是十分关键的，它的一个象征就是互联网的诞生，现在世界上所有的年轻人可能都在看着自己的手机，如果没有互联网就没法生活了。互联网技术在1962年由美国的五角大楼开发出来，美国国防部向兰德公司委托一个打包方式的网络技术,这就是现在互联网的最初模型,它是冷战时代的一个产物。在此之前,信息是通过中央管理系统,再由中央计算机进行情报管理的,但如果遭受到苏联的袭击,所有的信息系统、情报系统都会崩溃,因此需要一个开放型和分散型的网络,即一个炸弹炸了某一个中心,整个网络还不至于被摧毁,这就是我们现在互联网的一个最初的原型。在1969年开发成功以后开始运行的ARPA属于军用技术,之后转向民用技术就诞生了互联网。ARPA真正民用化是在1993年,之后的16年,世界发生了巨大变化,现在都在依赖互联网,美国也是通过IT的技术得到了复苏。美国的IT公司通过股票上市发行募集资金,不断得到发展,他们从世界各地吸收投资于IT的资金,使得美国得到了真正的复苏。美国现在就寄希望于奥巴马的"绿色新政",这个"绿色新政"我们怎么看,实际上创新是非常重要的,希望大家要注意几个关键词,即EV、RE、IT,以及这三者之间的一个相乘效果,希望大家能够用一种灵活的思维来看待这个问题。

　　刚才我提到这些所谓的再生新能源具有小型化、分散化的特点,但是它当中也蕴涵着一些范式创新的契机。EV是指电动汽车,刚才提到了通用公司,它曾经是美国辉煌一时的汽车公司。1908年福特先生创立了福特公司,生产出大量福特汽车,它是用石油、汽油作为燃料,通过内燃发动机来驱动的产品,是一个具有象征性的、大量生产、大量消费的产品。日本人都知道在1853年美国的贝利来到了日本,当时他本来是要来中国做生意的,但是美国的捕鲸船需要补充一些东西,贝利这个人就首先闯进了日本,打开了日本的国门。在此之后的1858年,美国发现了石油,他们启动了石油时代,但实际上真正最早利用石油的是中国,公元前800年中国就开始用油来取暖了,但是从正式记载来说,石油时代还是1858年在美国启动的。在刚开始的时候,美国人点燃灯油用的是鲸鱼的油,而通过使用燃烧汽油的内燃机作为动力源的汽车的普及,使得美国的石油产业与汽车行业很好地结合在一起,而且这种发明带来了美国时代。1939年,在纽约举行的世界博览会上,最吸引人眼球的是女孩子的尼龙袜,而尼龙袜是石油化工产业象征性的产品。从石油里面我们可以生产出穿的东西来,在过去人们都认为穿的东西应该来自丝绸或者是棉花,但实际上石油化工带来了人们衣着的革命。而且石油最初在衣着或者是服装方面开始使用是为了制造军用降落伞。我们刚才提到了石油被发现，然后和汽车相结合，又和服装行业相结合，产生了一种沉积效应，最终使美国在20世纪成为世界的主要舞台。我们现在提到的首先是电动汽车，因为现在用汽油的车已经走到了死胡同，各个企业都在花很大的力气开发再下一代的汽车，汽车已经从内燃机时代走向电动时代，这个大的方向是没有问题的。但是问题是给这些汽车提供燃料的到底是什么，如果是可再生能源的话，又在多大程度上能给汽车提供燃料。刚才提到了可再生能源可能一直都是处于一种分散的、小型的状态，但实际上不是这样，比方说能不能把它做成一种给电动汽车提供燃料的东西呢，这个可能是值得思考的。

还有一个是IT，也是非常重要的，大家都知道谷歌是一个经营搜索引擎的企业，现在它正在非常认真地做一件事情，就是"绿色新政"，这里面有一个关键词叫作"智能电网"，也就是下一代的双向输电网。刚才提到了小型分散的电源发出来的电，各个家庭里头可能都有一个光伏面板发了一些电，如果有富余的话，我们能够通过网络的技术将其输送到其他所需要的地方，而且是双向的，这样的话就可以克服小型分散的限制，通过网络使可再生能源接入到电网，而且能够进行有效的管理和利用。现在谷歌正在开发"谷歌电表"，如果这个双向的输电网能够建立的话，并且它能够给汽车时代带来新的有效的电能的话，是一个非常好的事情。

所以最近我和谷歌正在就这个问题进行非常认真的讨论，为什么谷歌对于"绿色新政"这么感兴趣，我也有一些疑问，我能够理解他们的想法，因为环保问题非常重要，所以谷歌要为解决环保问题作出贡献，但这只是一个表面上的原因，实际的本质是什么？我们的手机可能要从图像走向影像的时代，也可能是走向动画的时代，而要对这么大容量的东西进行管理的话，需要有很大容量的存储设备。如果要满足谷歌的需求，最起码需要在美国建设两个新的核电站专门给它供电，否则的话它的存储器的电力将无法解决，所以不仅仅是说环保的问题，谷歌是不得不全力以赴地参与到智能电网的建设当中。刚才我提到EV电动车，RE可再生能源，还有IT这三个关键词，大家放在自己的脑子里面，就是创新所诞生的瞬间应该是这种相关联或者沉积效应发挥的瞬间。记得我刚刚进入三井工作的时候参加的一个研究会，当时有一本叫做《软性能源通道》的书非常畅销，我们觉得这本书不错，准备把它翻译过来，当时我们也认为软能源就是再生能源,但是当时没有能够实现它,为什么呢?因为20世纪70年代没有这方面的需求,当时的油价很便宜,我们烧汽油开汽车更高效。现在我们的可再生能源到底能够发展到哪一步呢?我觉得它的发展前景取决于能够在多大程度上和汽车时代相结合。大家知道现在美国提出了"绿色新政",但是欧洲实际上是领先于美国的,德国和北欧国家在可再生能源方面已经做了很多的工作。我们必须关注的是这一年里头奥巴马政权会做什么,美国现在准备就能源环境问题进行综合立法,建立起相关的制度,一年之内我们就能看出前景来了。但是我们就怕一年以后觉得他们做的没有什么了不起,或者将来得出结论,它是改变世界的一个奇迹。美国的这些分散的可再生能源的发电设施到底是怎么做的呢,是要通过一种固定的价格来统一地并网收购,还是会怎么做,另外它和其他的一些产业能不能进行很好的结合呢,如果能够有很好的结合的话,我觉得会有非常好的前景,会有爆发性的增长。

IT革命诞生的时候,是克林顿的第一个任期,戈尔是副总统,当时有位日本籍的美国信息专家,我问他如何看待那次革命,他说IT没什么了不起,美国所做的不过是模仿日本的信息高速公路的做法,对此他没有给予很高的评价。但结果,在作为基础设施的信息高速公路和刚才所说的数据包的交换方式,也就是军转民的这部分结合在一起的时候,一切都变了,产生了沉积效应,在过去的仅仅16年里面改变了全球。因此"绿色新政"对于我们会带来什么样的影响我们要思考。而且实际上我要客观地来说,与"绿色新政"相关的技术基础,欧洲和日本比美国的技术更好。比方说光伏发电的相关技术,是以日本的新材料为基础,如果没有日本的这些新材料技术的话,直径超过100米的风力发电设施根本建不起来。

接下来还要谈一下日本和中国的关系,刚才说到大中华圈,它正在不断地成长,中国本土的GDP规模也非常巨大,对中国来说今后最重要的关键词应该是技术,与环保和能源相关的先进技术则是中日之间应该要共同来推进的合作。如何能够有效地、战略性地来推动它,对中国的经济增长将非常有利,而且要脚踏实地地来推进。日本现在也换了新的政权,比如东亚共同体将来可能是我们的目标,但是我们不能让它只停留在一个梦想的程度上,而是需要逐步地、阶段性地来推进它,这种想法和做法可能是我们今后所需要的。因此对中国来说日本所拥有的技术基础如何能够跟中国有机地结合起来，需要有一定的战略。日本在东亚地区也需要承担起责任来。

六、师生互动

提问：感谢寺岛先生精彩的发言。我们知道在20世纪70年代三井公司是日本最大的商社，当时三菱集团并不是那么大，但是过了这么多年，我们发现三井集团成了第二位，我们也知道这几家商社各有各的文化，比如说三井集团就以个人能力强著称，我想问一下在竞争当中您认为三井和三菱各自有什么样的优势和不足？

寺岛实郎：你提了非常好的问题，从我的观点看，三井集团和三菱集团之间产生的差异主要是在能源这个领域。20世纪70年代，两者在能源领域产生了差异。比如刚才提到的伊朗项目的开发，就是三井在油井的开发方面没有成功，但是对伴生气体的利用也在合同当中作为附属条件签署，所以在伊朗的项目当中三井参与了进来。在能源方面，我们经验的不足造成了那个项目的失败，但是这也给了我们另外一个积累，比如我们现在和俄国萨哈林的合作也充分利用了以往的经验，我想在能源方面今后将具有无限的合作空间。

大家经常会说组织的三菱，人才的三井。我们三井的创始人在27岁时创建了这个公司，他当时对从美国留学回来的人才给的工资比他自己的还多，对于人才的投资是三井历来的一个传统。经常会有人说三井把纯粹的一个商人培养成了一个商务人士。在日本，人的等级是非常严的，比如武士、农民、手工业者、商人。商人会被很多人认为是靠嘴皮子来做生意，但是我们的创始人认为要把这种传统理念上的商人培养成商务人士，因此他就用重金招聘了从美国留学回来的人才，而且培养出很多人，把这个商务模式发展成工程模式，所以我们经常会把三井称为是人才的三井。我们三井培养出很多日本政坛和商界的优秀人才，三菱公司似乎没有一些非常有特长、特点的人才，但是它们是依靠团队的力量，这是我们要学习的。比如说有人问我，你如果进三菱公司的话会怎么样，我的回答是我不会在那儿工作30多年的，正因为是三井公司，像我这样具有丰富个性的人，或者说想自由发挥的人才可以在里面长时间地工作。

提问：我要问的第一个问题是您刚才谈到学习的重要性，您谈到柔和的思维，您能不能谈谈您成功的经验。第二，您谈到三井对中国有很多研究，三井怎么看待中国对铁路系统的投资，因为我们了解到三井在铁路系统有很多的经验。第三，您谈到三井准备在中国大展宏图，但是我们了解到三井已经在中国有很多的布局，请您谈谈以后的思路。谢谢。

寺岛实郎：你的这个问题与其问我，不如问小川先生，他是三井中国的最高负责人。我觉得只能从战略研究的角度谈一下中国的情况，大家都知道三井在台湾的捷运系统上下了很大的力气，当时我们知道中国是很大的潜力市场，而不仅是在高速铁路方面。中国所积累的铁路技术无论是安全还是效率方面都是非常出色的，尤其是中国引进了德国的技术，建立了磁悬浮的试验线，实际上在磁悬浮的技术方面三井也有很多的积累。现在在东京和大阪之间的新干线是两个半小时，我们准备要采用磁悬浮实现从东京到大阪一小时，因此在日本不光是有现有的商用技术，还有非常好的尖端技术，日中之间合作的余地是非常大的，三井物产和日本的铁路公司关系非常好，对于中国的铁路我们是非常感兴趣的。另一方面，今后对中国来说非常重要的是环保问题、能源问题，尤其是水污染的处理。在水处理方面，因为中国经济发展很快，从广义上来说水资源的问题会越来越显露，因此海水淡化、水的循环利用就显得至关重要，在这些领域日本有很多技术的积累，新加坡的污水处理循环设备用的就是日本的技术。还有一个是能源，尤其是与环境相关的，我们可以建立一个能源的共同合作平台，我们不用"东亚共同体"这样比较大的词汇，但是可以做一些具体的工作。刚才我和张副校长提到了，在大阪有一个亚太研究所是最新成立的，我们准备研究东亚合作的问题，希望能够把它建成与中国进行合作的重要智库。

提问：我看过一本书叫《日本第一》，说日本人是将传统和现代结合得最好的民族，您认为日本人在这方面的心得是什么？

寺岛实郎：我不认为日本是唯一把传统和现代结合在一起并取得成功的国家，其实中国在这方面做得很好，而且付出了很多努力，我很尊敬。日本的江户时代，是一个锁国的时期，但当时所培养的一些文化是很好的。在明治维新时期，日本下大力气引进西方的一些东西，最显著的代表性人物就是 27 岁创立了三井物产的，他当时做的并不仅仅是创立了三井物产，日本有一家报纸叫做《日本经济新闻》，也是他建立的，他把日本的江户文化，也就是包括茶道在内的传统的一些艺术、文化、文明加以保存，并且将其放在核心的位置。因此日本在实现现代化的过程中，并不仅仅是醉心于西方的东西，我们觉得更重要的是要充分地理解日本的文化，保存、珍视日本的文化，这是基础所在。比方说日本有浮世绘这种绘画的形式，还有像日本的歌舞剧这样的传统艺术，并不是国家去保护它，而是日本的经济界的人士、产业界的人士非常珍视它，下大力气去加以保护，可以说这是一种奇迹吧，很难想象的一种事情。

日本过去吸收了中国的文化、文明，并根据日本的实际情况进行相应的改良、改进，这是日本的前辈们所付出的努力。当时是江户幕府要实现明治维新，英国和法国各支持一派，法国是支持江户幕府，英国则是要倒幕，他支持打败江户幕府的长州、萨摩这两个州。但是我们日本的前辈对于海外的这些政治的介入采取了坚决拒绝的态度，江户幕府的人说我不需要借助法国的力量来维持我的统治，可以说这是一种"悬崖边的智慧"，这也是日本的智慧所在吧。通过引进国外的势力来使国内陷入混乱，混水摸鱼获得自己的利益，当时的日本人没有这么做。经过明治维新，日本在亚洲各国里第一个引进了西方文明，实现了现代化，同时对于在长久历史之中所形成的日本文明、文化并没有丢弃，可以说是日本的特点所在。

提问：非常感谢寺岛会长的演讲，我的问题是寺岛先生如何看待鸠山首相所提出的"构建东亚共同体"的想法？同时我想请问寺岛先生，如果东亚共同体能够在数年之后构建出来，美国是否应该加入到这个团体中？另外，据我所知，鸠山首相在担任首相后在《泰晤士报》上刊登了一篇文章，在美国遭到了一些怀疑或者批判，请问一下寺岛会长是如何看待这篇文章的？

寺岛实郎：我不能乱说，因为鸠山先生和我从学生时代开始就是很好的朋友，关于东亚一体化方面我也和他交换过意见，应该说某种意义上我和他有很多共识。首先东亚共同体到底是什么，它会不会是像欧盟这样，马上能够实现呢，实际上并不是，它需要阶段性地去实现。比如最近鸠山先生来到北京，在中日韩三国首脑会议上就一些项目达成了共识，其中有一项就是大学之间的合作，这个是我们今后要去推进的。在欧洲，有一个计划，也就是不管哪个大学毕业的学生在学校的学分都可以互相承认，今后我们日本的大学生来到北大学习所获取的学分在日本国内也可以得到承认;当然相反也一样,中国的学生在日本的大学所拿到的学分在中国的大学也可以得到承认。这种合作机制已经取得了一些进展,明年日韩之间可以互相承认,中日之间今后也会实现互认。对于这种项目我们能够走出这一步,也是朝向东亚共同体目标迈出的第一步。我们通过这样一些项目逐步地去实现、实施,最终去接近我们东亚共同体这样一个目标。

另外再补充一点,鸠山的文章在发表时受到了一些批评,明年是第二次世界大战结束65周年,作为同样的战败国,德国在冷战以后的1993年采取了立刻减少美军基地的计划,但是日本在冷战后十年没有采取任何动作。直到"9·11"事件爆发,日本实际上要压缩美军基地,确保日本的地位,这不是一个简单的民族主义的想法,也就是说按照常识来判断,我认为不管需要花费多少时间,在日本的美军基地应该朝着逐渐减少的方向发展。对这样一些问题,也有人认为提出这样的想法会影响到日美的关系,的确,在《泰晤士报》上发表这篇文章后,也有人认为日美关系会更加疏远。实际上不是这样,而是向更加正常化的方向发展。但是,日本和东亚之间又是一种缺乏信赖的关系,从中国的角度看,如果美军基地撤离日本的话,倒是一个让人不安的因素,因为美军驻军在日本的话,可以遏制日本军国主义的复苏,如果为了让日本不对东亚造成威胁的话,实际上美军驻在日本反而是更好的,即美军基地在日本实际上是更为理想的,即维持现状更好。另一方面,可能中国对于美国从根本上来说有很多的不信任,而中国经济越来越发展,军事力量越来越强,对于日本也许会构成威胁,因此为了实现东亚共同体,和周边邻居一起共同努力,实际上是非常重要的。欧盟之所以会存在,是为了遏制德国过于强大,当时法国非常担心曾经挑起世界战争的德国随着实力的增加再次成为这样的国家,因此通过煤炭与钢铁的同盟逐渐起步,后来最终发展成了欧盟的这样一个模式。从德国自身来看,为了提高在东欧地区的影响力,减轻东欧地区对自己的不信任感,在欧洲这样一个共同体当中,让大家放心自己,也有必要建立欧盟这样一个体系。中日之间也同样需要双方的信任和理解,不将对方视为威胁,因此东亚共同体的建立是有必要的。而且这个结构当中是不能排除美国的,也就是要把美国一起放进来,然后我们逐步地去形成一个可以互相信任的机制,这就是东亚共同体的一个本质。

(时间:2009年10月)

作者简介

北山祯介 三井住友金融控股集团董事长。1969年毕业于东京大学教育系,1990年入职株式会社太阳神户三井银行,任综合企划部副部长,1992年入职樱花银行,历任横滨站分行行长、泰国总经理兼曼谷分行长、董事、执行董事。2001年入职三井住友银行,在广报部、经营企划部等部门担当董事,后任三井住友金融集团副社长执行董事,现任三井住友金融集团董事长,三井住友银行董事长。

陈永正 NBA(中国)CEO。1978年于中国台湾交通大学获得应用数据学士学位,1982年在俄亥俄州立大学获得数据系硕士学位和计算机系硕士学位,1991年获芝加哥大学(企业管理项目)MBA学位。曾任摩托罗拉总公司资深副总裁,摩托罗拉(中国)电子有限公司董事长兼总裁。2003年8月正式加盟微软,出任微软公司副总裁、微软大中华区首席执行官。2007年9月离职转投NBA(中国),任NBA(中国)首席执行官、大中华区总裁。

厉以宁 北京大学光华管理学院名誉院长,教授、博士生导师。1955年毕业于北京大学经济系,毕业后留校工作。历任北京大学经济管理系主任,北京大学光华管理学院院长。现任北京大学社会科学学部主任、北京大学光华管理学院名誉院长、北京大学管理科学中心主任、北京大学国家高新技术开发区发展战略研究院院长、北京大学民营经济研究院院长、北京大学贫困地区发展研究院院长。厉以宁教授在经济学理论方面有多部著作,并发表了大量文章,是我国最早提出股份制改革理论的学者之一。他提出了中国经济发展的非均衡理论,并对"转型"问题进行理论探讨,这些都对中国经济的改革与发展产生了深远影响。厉以宁教授还主持了《证券法》和《证券投资基金法》的起草工作。因在经济学以及其他学术领域中的杰出贡献而多次获奖,其中包括"孙冶方经济学奖"、"国家中青年突出贡献专家证书"、"金三角"奖、国家教委科研成果一等奖、环境与发展国际合作奖(个人最高奖)、第十五届福冈亚洲文化奖——学术研究奖等。

陆昊　共青团中央书记处第一书记。北京大学经济管理系国民经济管理专业学士,北京大学经济学硕士,高级经济师。1990 年 8 月至 1998 年 12 月在北京制呢厂工作,相继担任厂长助理、副厂长、厂长兼厂党委副书记;1998 年 12 月至 1999 年 8 月,任北京市纺织控股集团有限责任公司党委常委、董事、副总经理;1999 年 8 月至 1999 年 11 月相继担任中关村科技园区管委会党组副书记、副主任,管委会党组书记、主任;2003 年 1 月至 2008 年 5 月任北京市副市长(期间兼任市委工业工委书记、市经济委员会主任);2008 年 5 月至今担任共青团中央书记处第一书记。

迈克尔·科尔　德意志银行投资银行总裁。哈佛大学文学士和 MBA 学位,1981 年在纽约加入高盛集团,开始金融家职业生涯,1988 年来到伦敦负责高盛集团欧洲股票资本市场部,1995 年从华宝集团(SG Warburg)加入德意志银行,负责全球股票资本市场部,从 2004 年起负责德意志银行的全球并购、企业融资、股票资本市场以及企业金融交易业务,现任德意志银行全球投资银行和商业银行业务总裁、集团执行委员会成员,并于 2009 年成为集团董事会成员。

孟晓苏　幸福人寿保险有限公司董事长、中房集团董事长。北京大学文学学士、经济学硕士、经济学博士。1992年进入中国房地产开发集团公司，任公司总经理、董事长、中房集团总裁、理事长，2007年起兼任幸福人寿保险股份有限公司董事长。他是中国企业联合会执行副会长、中国企业改革与发展研究会副会长、中国企业投资协会副会长，曾担任的职务包括国务院万里副总理秘书、全国人大常委会办公厅副局长、中华人民共和国国家进出口商品检验局副局长，兼任北京大学光华管理学院、中国人民大学、上海财经大学等多所著名高校教授，曾应邀在英国剑桥大学、伦敦经济学院、美国维吉尼亚州威廉·玛丽学院等国外高等院校讲课。孟晓苏是"国务院特殊津贴专家"，获得奖项和称号包括："特级经营大师"、"中国地产风云人物"、"房地产十大英才"、"最具价值经理人"、"楼市最具影响力人物"、"房地产创新人物"、"中国房地产领军人物"、"中华名人"、"终身成就奖"等。在1996年受到美国维吉尼亚州参众两院联合决议的特殊表彰。

枪田松莹 日本三井物产株式会社社长。1967年东京大学工学部精密机械工学科毕业，之后进入三井物产株式会社。1969年美国Dartmouth College研修生，1971年开始分别在三井物产电气机械部、英国伦敦分公司项目部、电力机械部、秘书室、日本Univac株式会社（现日本Unisys株式会社）、电气机械部、秘书室等部门工作，1993年开始相继担任三井物产电机本部电气机械部长，机械信息总括部长，机械信息总括本部长、董事，信息产业本部长、董事，常务董事、业务部长，董事兼总裁，董事长。枪田松莹先生于2007年开始担任日本经济团体联合会副会长，2010年担任日本贸易会会长。

石定寰 国务院参事，中国可再生能源学会理事长。1967年毕业于清华大学工程物理系剂量与防护专业，曾任国家科学技术部预测局副处长、工业技术局副局长、工业科技司司长、高新技术发展及产业化司副司长（正局级）、科技部秘书长、科技部党组成员、国家中长期科学和技术发展规划领导小组办公室成员、战略研究组组长。现任国务院参事，兼任中国可再生能源学会理事长、中国生产力促进中心协会理事长、中国科技咨询协会理事长、中国产学研促进会常务副会长等职。

施正荣 无锡尚德太阳能电力有限公司董事长兼 CEO。1983 年于吉林大学获学士学位，1986 年于中国科学院上海光学精密机械研究所获硕士学位，之后赴澳大利亚新南威尔斯大学留学，师从国际太阳能电池权威——2002 年诺贝尔环境奖得主马丁·格林教授，以优秀的多晶硅薄膜太阳电池技术获博士学位，后任该中心研究员和澳大利亚太平洋太阳能电力有限公司执行董事。个人持有 10 多项太阳能电池技术发明专利，2000 年回国创办无锡尚德太阳能电力有限公司，现任无锡尚德电力控股有限公司董事长兼 CEO。

寺岛实郎 日本综合研究所会长，多摩大学校长，三井物产战略研究所会长。早稻田大学大学院政治学研究科硕士毕业，1983 年派驻美国布鲁金斯研究所，1987 年进入美国三井物产后，历任纽约总部情报企划科科长、华盛顿事务所所长、业务部综合情报室室长和战略研究所所长，2003 年任三井物产株式会社执行董事，2006 年任三井物产株式会社常务执行董事。2001 年起分别兼任日本综合研究所理事长，早稻田大学亚太研究院教授，日本文部科学省中央教育审议会委员，国立大学法人评价委员，内阁官房宇宙开发战略本部宇宙开发战略专门调查会、政府审议会主席等多项职务。

王登峰 国家语言文字工作委员会副主任、教育部语言文字应用管理司司长。北京大学心理学学士、硕士、博士，后赴美国加州大学圣迭戈（UCSD）进修。1990 年 8 月到 2006 年 4 月，相继担任北京大学心理学系副主任、校团委书记、校学生工作部部长、校党委副书记兼北京大学人格与社会心理学研究中心主任。2006 年 4 月至今担任国家语言文字工作委员会副主任、教育部语言文字应用管理司司长。其他社会兼职包括：北京大学—香港青年协会青少年发展研究中心联合主席，中国心理学会常务理事，中国井冈山干部学院、华东师范大学等多所大学的兼职教授以及《心理学报》和《中国临床心理学杂志》编委等职务。荣获北京大学优秀共产党员、北京大学教学优秀奖、北京大学科技成果奖三等奖、中国心理学会全国学术年会优秀论文一等奖、北京市"五·四"奖章、国家教学优秀成果奖二等奖等多种奖项。

野中郁次郎 日本一桥大学名誉教授。1958年早稻田大学政治经济系政治学专业毕业,后赴美国加州大学伯克利分校经营学研究生院攻读MBA、工商管理学博士。毕业后回国担任南山大学、防卫大学、一桥大学教授以及克莱尔门大学德鲁克管理学院名誉学者。历任一桥大学商学系产业经营研究所所长、科学技术厅科学技术政策研究所第一研究组统筹主任研究官、北陆尖端科学技术研究生院大学知识科学研究科科长等职务,荣获勒芬天主教大学政治经济社会学名誉博士,圣加仑大学经济科学名誉博士和紫绶褒章(日本政府对于在教育、艺术领域有杰出贡献者的一种奖励)。主要著作有《组织与市场:组织的权变理论》、《企业进化论:创造信息的经营》、《创造知识的经营》、《美国海军陆战队——非营利组织的自我创新》等。

后 记

在"北京大学三井创新论坛系列丛书"即将出版之际,我们要特别感谢北京大学各位校级领导,包括杨河教授、张国有教授、于鸿君教授给予的大力支持,他们多次主持论坛和会见论坛嘉宾,付出了辛勤的劳动。特别感谢北京大学光华管理学院的陈丽华教授、蔡曙涛教授和北京大学国家高新技术产业开发区发展战略研究院的邱文江同志为三井创新论坛的组织工作所作的贡献。在此还要特别感谢北京大学光华管理学院的王亮博士,他在本系列丛书的组织编写中花费了大量的心血。编者也要感谢参与编写工作的光华管理学院的相关人员,他们是北京大学光华管理学院的杜国臣博士、钱婷同学、马骁骁同学、陈祚同同学、卢晓同学,南开大学商学院的周荣海同学、王平同学,以及"三井创新论坛"的工作人员许海芬、于鸿媚女士,感谢他们所付出的辛勤努力。

最后,要特别感谢北京大学出版社的贾米娜、马霄、刘京编辑,她们的辛勤劳作使本系列丛书增色不少,并最终得以与广大读者见面。